Werner Bätzing
Michael Kleider

Die Seealpen

Naturpark-Wanderungen zwischen Piemont und Côte d'Azur

NATUR PUNKT

Rotpunktverlag.

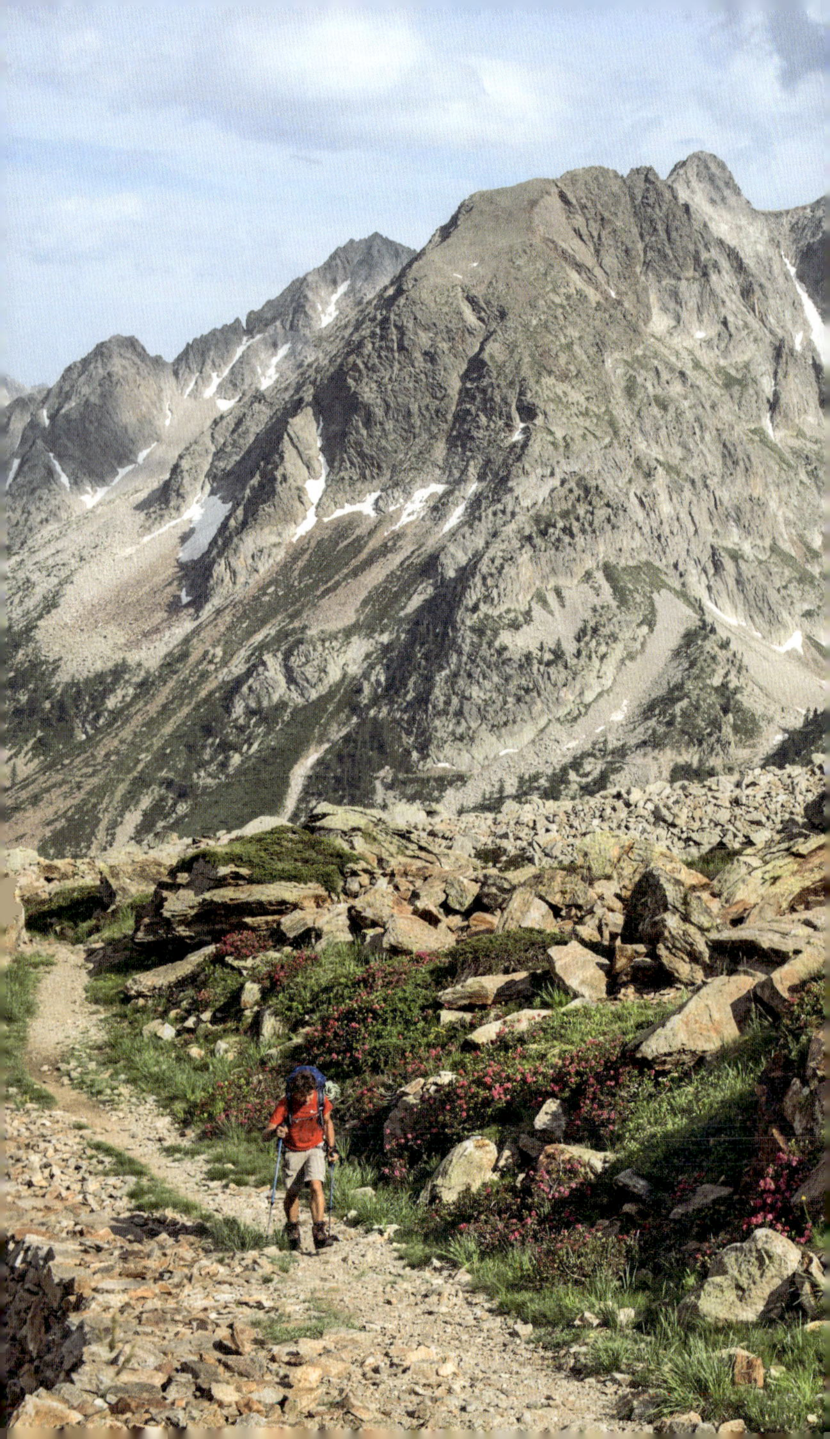

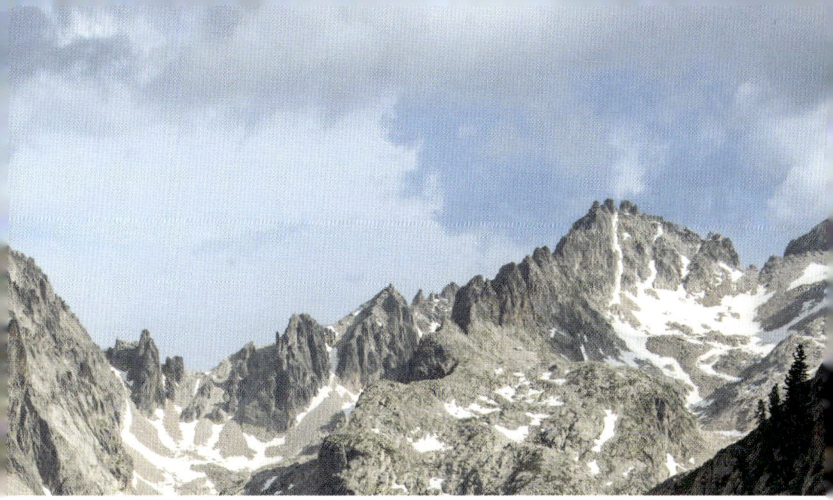

Werner Bätzing, Michael Kleider

Die Seealpen

Naturpark-Wanderungen zwischen Piemont und Côte d'Azur

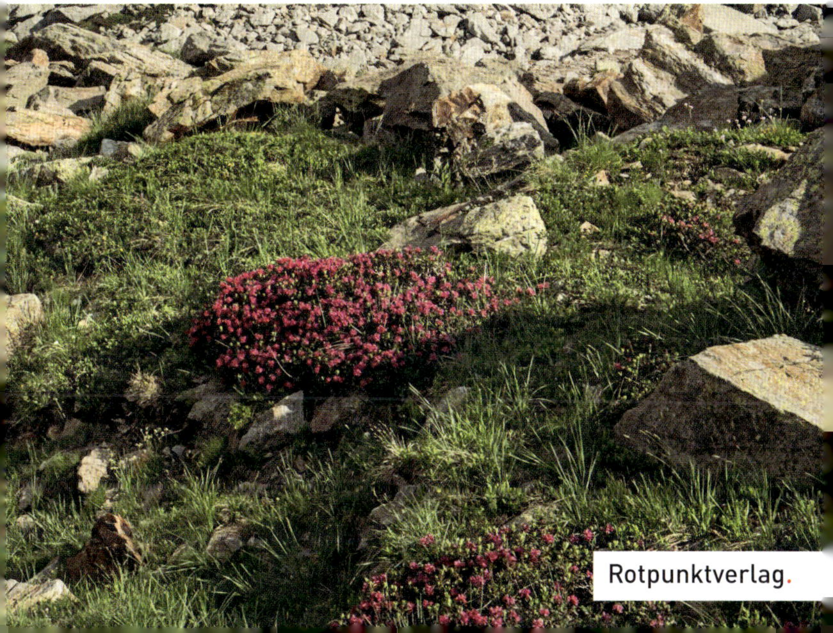

Rotpunktverlag.

Inhalt

Vorwort zur Neuausgabe

18 Jahre nach dem Erscheinen dieses Wanderführers ist nun eine dritte, vollständig aktualisierte Auflage notwendig geworden. Dies ist ein Beleg dafür, dass sich die Faszination dieser im deutschen Sprachraum zuvor kaum bekannten Alpenregion langsam herumgesprochen hat: Die Seealpen sind im Gegensatz zum verbreiteten Vorurteil, so weit im Süden gebe es keine »richtigen« Alpen mehr, eine echte alpine Landschaft, denn die südlichsten 3000er-Gipfel der gesamten Alpen mit den südlichsten Alpengletschern liegen bereits in Sichtweite des Mittelmeers, und die Nähe dieser geografischen »Extreme« führt zu dramatischen Landschaftsbildern. Hinzu kommen eine besonders große Blumen- und Pflanzenvielfalt sowie die 40 000 Felszeichnungen im »Tal der Wunder«. Und darüber hinaus sorgt ein dichtes Netz von gut erhaltenen historischen Saum-, Militär- und Jagdwegen in dieser immer noch einsam gebliebenen Region dafür, dass Bergwanderer problemlos in die aussichtsreichen Höhen vordringen können.

Einer der Auslöser dieses Wanderführers war das Engagement des Naturparks Seealpen für die Aufwertung und Stärkung eines umwelt- und sozialverträglichen Wandertourismus im Rahmen einer nachhaltigen Park-Entwicklung. Dazu sollten auch gezielt deutschsprachige Wanderer angesprochen werden, und die in den letzten Jahren gemachten Erfahrungen zeigen, dass dabei wichtige Teilerfolge erreicht wurden, denn die Zahl der Wanderer ist in den letzten Jahren gestiegen, auch wenn sie im Vergleich mit bekannten Alpenregionen immer noch gering ist.

Im Gegensatz zum Weitwanderweg Grande Traversata delle Alpi (GTA), wo meist in privat geführten Unterkünften übernachtet wird, bei denen Änderungen häufig sind, stützt sich der Wandertourismus im Parkgebiet auf Park-Infrastrukturen und Alpenvereinshütten. So gibt es hier eine große Stabilität bei den Wegen und Unterkünften – und dies wird auch in Zukunft so bleiben.

Deshalb sind für die dritte Auflage dieses Wanderführers auch keine grundsätzlichen Veränderungen bei den Wanderrouten erforderlich. Auch sind unsere Wegbeschreibungen offenbar so verlässlich, dass an keiner einzigen Stelle aufgrund von Rückmeldungen nachgebessert werden musste. Die notwendigen Aktualisierungen betreffen zahllose Kleinigkeiten, die mit Veränderungen in den Orten, Veränderungen in den Strukturen und Angeboten der Parkverwaltung, bei privaten Unterkünften und mit aktuellen Ereignissen zusammenhängen. Außerdem konnten wir das Angebot beziehungsweise die Attraktivität bei den »Tipps für den Anreisetag« im Kapitel »Die Ausgangsorte« erhöhen, da gerade hier, im unteren und mittleren Talbereich, neue Wegangebote durch den Park geschaffen wurden. Bei all diesen Dingen haben wir wieder sehr eng mit der Parkverwaltung – und ganz besonders mit Nanni Villani – zusammengearbeitet, wofür wir uns sehr bedanken möchten.

Zusammen mit unserem Wanderführer *Die Ligurischen Alpen,* der die Fortsetzung im Osten darstellt, und zusammen mit dem Führer zur GTA gibt es damit sehr attraktive Möglichkeiten, sich in den unbekannten Alpenregionen zwischen Turin und Mittelmeer verschiedenste Wanderrouten nach eigenen Interessen zusammenzustellen.

Wir würden uns sehr freuen, wenn durch diesen Wanderführer mehr Menschen diese faszinierende Alpenregion kennenlernen würden: Die umwelt- und sozialverträglichen Wanderformen und Wanderrouten, die in diesem Führer vorgeschlagen werden, fördern nicht nur eine nachhaltige Entwicklung in den Seealpen, sondern ermöglichen auch besonders eindrückliche und intensive landschaftliche und menschliche Erlebnisse.

Werner Bätzing und Michael Kleider
Bamberg und Leinburg, im Frühjahr 2024

Geleitwort

Ein großes Naturschutzgebiet, das wie eine Insel im Herzen Europas liegt. So werden die Zwillingsparks der Seealpen und des Mercantour, die im Westalpenbogen und nahe am Ligurischen Meer liegen, in ihren Veröffentlichungen beschrieben.
Normalerweise besteht das Risiko eines Slogans darin, sich der Realität nur zu nähern und sie für Werbezwecke zuzuspitzen. Dies ist hier nicht der Fall. Die beiden Schutzgebiete, der Nationalpark Mercantour auf der französischen und der Seealpen-Naturpark auf der italienischen Seite, grenzen auf einer Länge von mehr als fünfunddreißig Kilometern aneinander und bilden zusammen ein Schutzgebiet mit einer Fläche von weit über hunderttausend Hektar. Es handelt sich also wirklich um ein riesiges Territorium, das zusammen mit anderen Naturschutzgebieten das Netz Natura 2000 bildet.
Die Seealpen haben eine lange Tradition einer »Sonderverwaltung«. Mitte des 19. Jahrhunderts entdeckte Vittorio Emanuele II., später König von Italien, im oberen Gesso-Tal ein Gebiet, in dem er seiner Jagdleidenschaft freien Lauf lassen konnte. So entstand das Jagdgebiet Valdieri-Entracque, eng verbunden mit dem des Gran Paradiso. Dort widmete sich der König vor allem der Steinbockjagd, während er in Valdieri-Entracque vor allem Gämsen jagte. Auch sein Sohn Umberto I. und sein Enkel Vittorio Emanuele III., kamen im Sommer in die königlichen Jagdhäuser in Sant'Anna di Valdieri.
Nach den Monarchien und dem Zweiten Weltkrieg gingen die sogenannten Jagdgebiete zu einem kleinen Teil an Frankreich über (dies sollte der ursprüngliche Kern des 1979 geschaffenen »Parc du Mercantour« sein), während sie auf italienischer Seite zunächst von einem Konsortium und ab Anfang der 1980er Jahre vom neu entstandenen Argentera-Park, dem Vorläufer des heutigen Seealpenparks, verwaltet wurden.
Mit der Schaffung dieser Schutzgebiete wurde ein lang diskutiertes Projekt verwirklicht, dessen erster Befürworter Fritz Mader war, ein deutscher Gelehrter und Kenner der See- und Ligurischen Al-

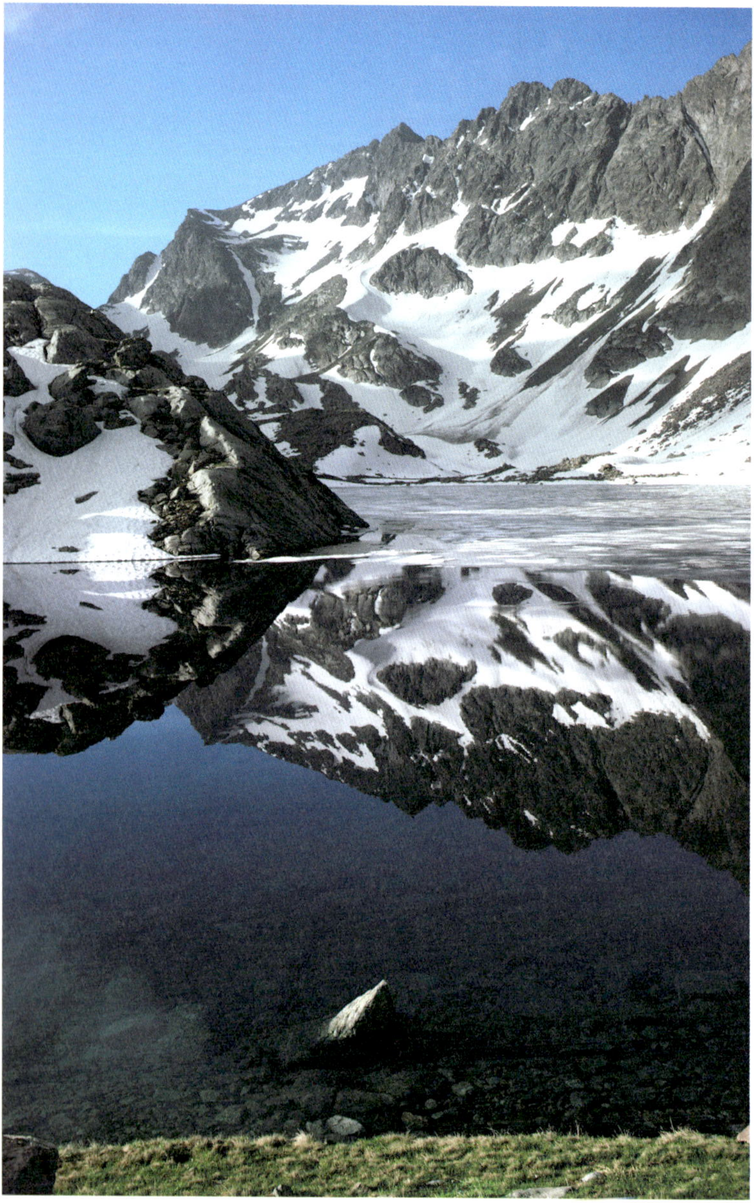

Der Karsee Lago Soprano della Sella, 2329 m, im Vallone della Meris (Gesso-Tal, Etappe 3).

pen. Er beschrieb bereits 1914 die Schönheit dieses Gebietes und kam zu folgendem Schluss: »Wer die Initiative zum Schutz dieser Region ergreift, kann sich auf die ›Königliche Jagdverwaltung‹ stützen, die seit der Zeit von Vittorio Emanuele II. (der auch Gentleman-König genannt wurde und der die Ausrottung des Steinbocks in den Alpen zu verhindern wusste) zu Recht als Vorbild für das deutsche Sprichwort ›Kein Heger, kein Jäger‹ angeführt wurde.«

Majestätische und strenge Berge, grenzenlose Panoramen, eine Fauna, die nicht nur alle alpinen Huftiere, den Wolf, Adler und Bartgeier, sondern auch viele seltene Arten von Wirbellosen umfasst. Und noch mehr: Seen und Wasserfälle, eine in Europa einzigartige botanische Artenvielfalt, ein sich über Hunderte von Kilometern erstreckendes Netz von ehemaligen Militärstraßen und Saumpfaden aus der Zeit der Jagdreservate ...

Die Attraktionen in den Seealpen sind also reichhaltig. Aber vielleicht ist es vor allem die Atmosphäre, die diese Berge so besonders macht: eine Welt alter, oft verlassener Dörfer, die darauf warten, entdeckt zu werden, die Intimität, die sich aus begrenzten Besucherzahlen ergibt, die Klarheit des Himmels, den die Mittelmeerwinde freigeblasen haben.

Um all diese Dinge zu würdigen, muss man in aller Ruhe vorgehen und den Blick schärfen und zuhören, so wie es nur auf einer Wanderung möglich ist. Schön, wenn man dafür einen guten Wanderführer im Rucksack hat – so wie diesen hier.

Nanni Villani, Verantwortlicher für die Aufwertung
und Kommunikation der Seealpen-Schutzgebiete

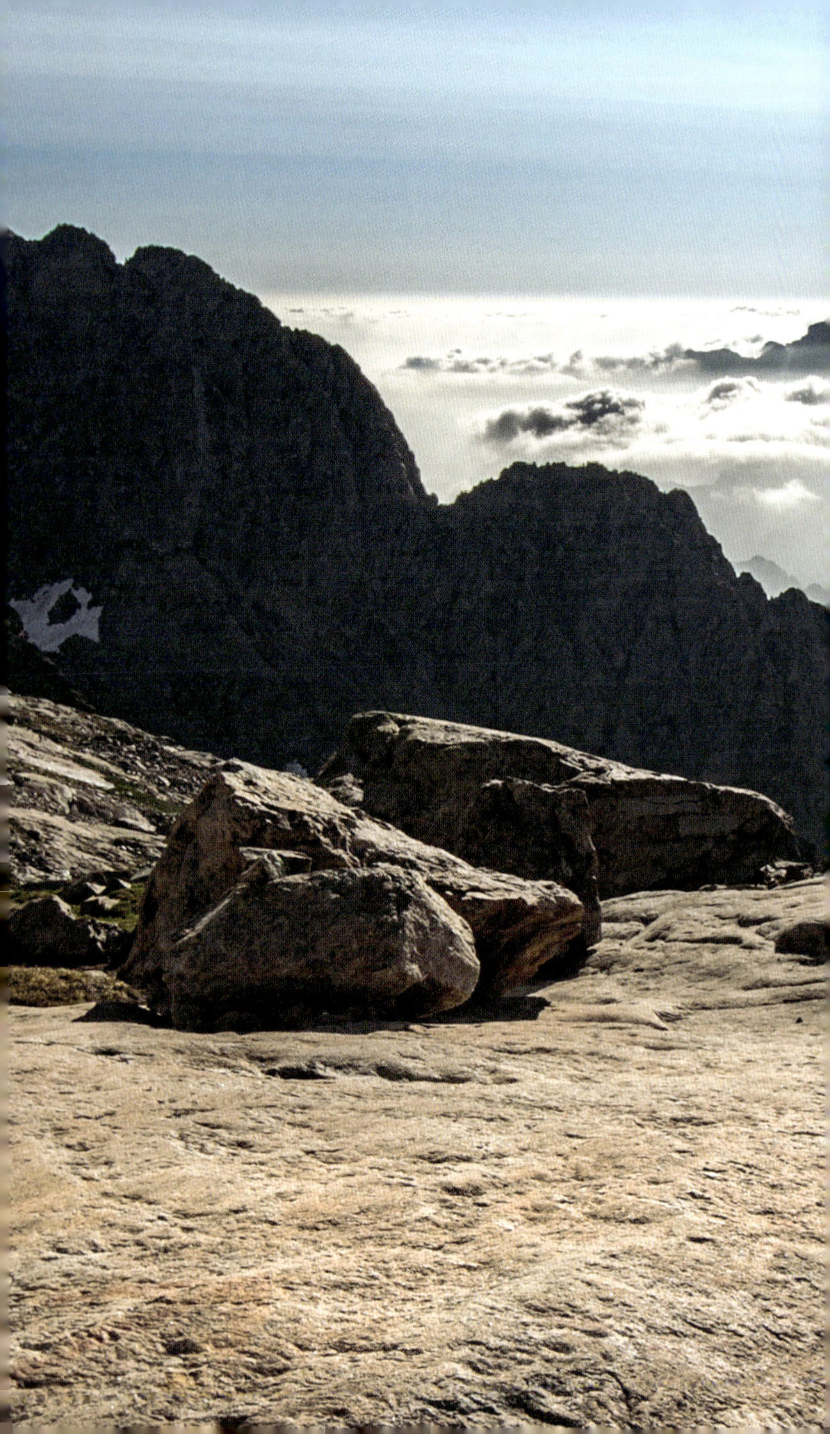

Einführung in die Seealpen

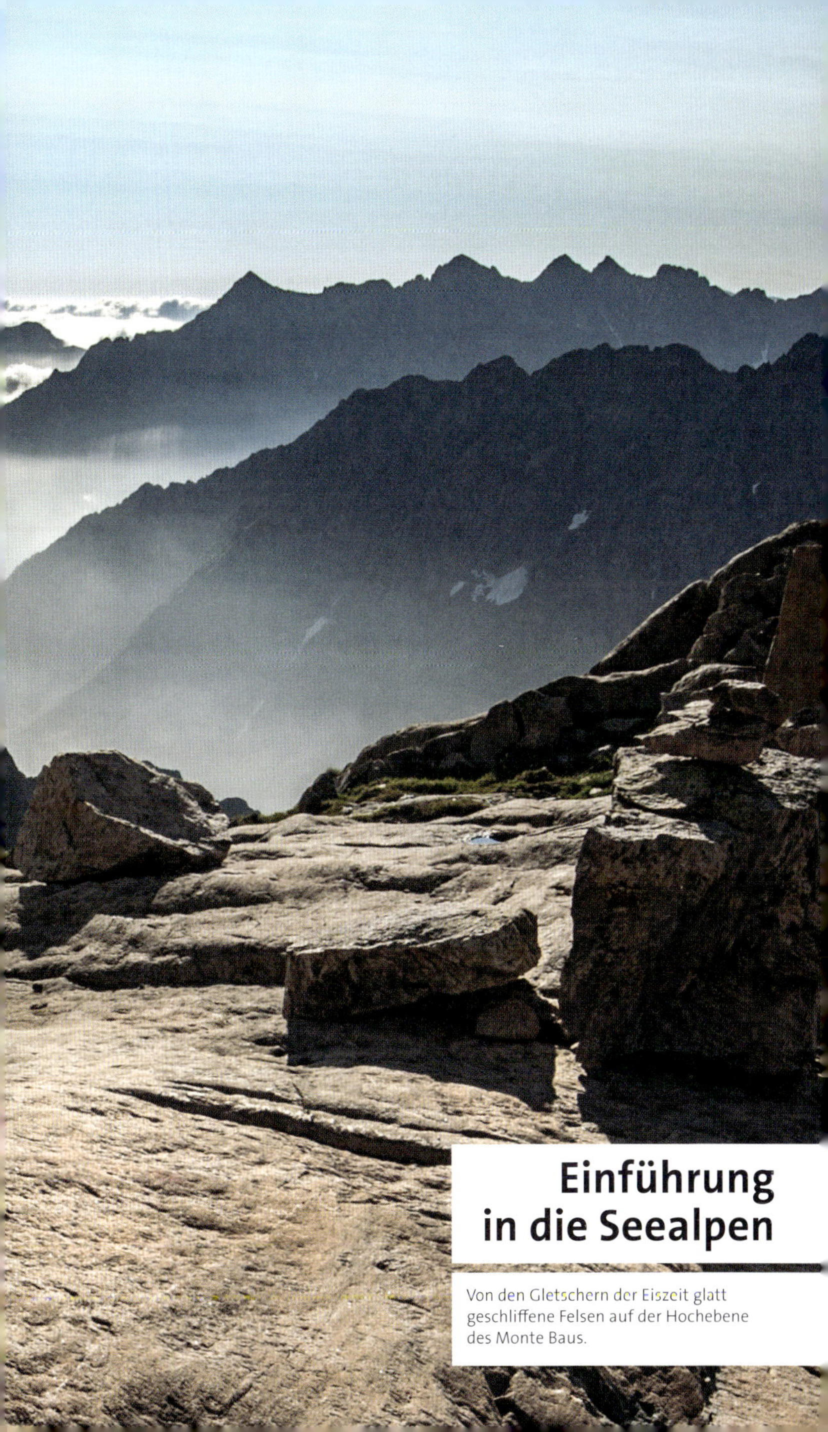

Von den Gletschern der Eiszeit glatt geschliffene Felsen auf der Hochebene des Monte Baus.

Lage und Charakteristika

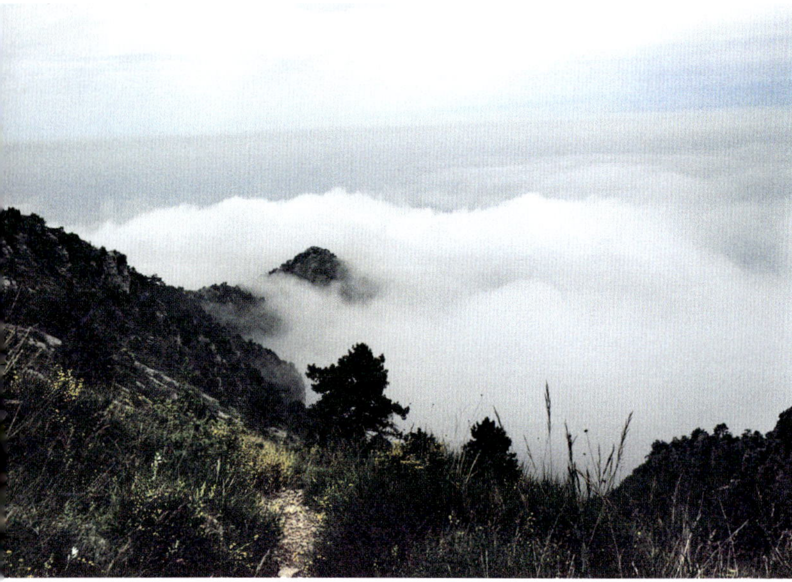

Blick vom Grenzkamm Frankreich-Italien bei Castel del Lupo, 864 m, direkt aufs Mittelmeer. Die Seealpen fallen hier steil ins Meer ab, und das Relief ist sehr zerklüftet.

Die eindrucksvolle Hochgebirgslandschaft der Seealpen bildet den südlichsten Zipfel der Alpen. Der Hauptkamm, der die Wasserscheide zwischen Adria und Ligurischem Meer und zugleich die italienisch-französische Grenze darstellt, erstreckt sich in einem leichten Bogen von etwa 80 Kilometer Länge vom Maddalena-Pass bis zum Tenda-Pass. In Italien bildet der Fluss Stura di Demonte die Grenze zu den Cottischen Alpen im Norden und der Tenda-Pass die Grenze im Osten zu den Ligurischen Alpen, die den Abschluss der Alpenkette bilden. In Richtung Norden laufen die Seealpen in die piemontesische Tiefebene aus. Auf der französischen Seite erstrecken sich die Seealpen zwischen den Flüssen Ubaye / Durance und der Roya und fallen sehr steil zum Mittelmeer ab.

Die Reliefunterschiede sind hier sehr groß: Die Seealpen bestehen aus hohen, über 3000 Meter aufragenden Gipfeln, zwischen die sich die Täler sehr tief, teilweise schluchtartig, eingegraben haben. Das hatte zur Folge, dass die Landschaft schwer zugänglich war und dass damit deren wilder und einsamer Charakter bis heute erhalten geblieben ist.

Die Seealpen sind politisch zweigeteilt. Der größere französische Teil gehört zur Region Provence-Alpes-Côte d'Azur (PACA) beziehungsweise zum Département Alpes-Maritimes, der kleinere italienische Teil gehört zur Region Piemont beziehungsweise zur Provinz Cuneo.

Drei Besonderheiten prägen die Seealpen: Das ist einmal eine besonders große Blumen- und Pflanzenvielfalt mit zahlreichen sogenannten »Endemiten« (Pflanzen, die nur hier und sonst nirgends vorkommen), die dazu geführt hat, dass sowohl auf der italienischen wie auf der französischen Seite große Naturschutzgebiete ausgewiesen wurden.

Die zweite Besonderheit ist das ausgesprochen dichte Netz von sorgfältig gebauten historischen Wegen, das vom Tal bis in die Gipfelregionen führt und »normale« Wanderungen in dieser Region überhaupt erst möglich macht; zahlreiche Touren bis in die aussichtsreichen Hochlagen hinauf, die sonst Alpinisten vorbehalten wären, sind dank diesem ausgezeichneten Wegnetz für Wanderer – also ohne spezielle Ausrüstung – ohne weiteres machbar. Die dritte Besonderheit stellt das »Tal der Wunder« mit seinen gut 40000 Felszeichnungen in Höhenlagen zwischen 2000 und 2800 Metern dar – die zweitgrößte prähistorische Fundstelle der gesamten Alpen.

Trotz dieser drei Besonderheiten sind die Seealpen vom Massentourismus unberührt geblieben. Aber es gibt eine Reihe von hoch gelegenen Alpenvereinshütten, die hier zahlreicher sind als in den benachbarten Alpenregionen. Diese sind die Ursache dafür, dass es hier im Sommer einen gewissen Wandertourismus gibt, der auf der italienischen Seite schwächer, auf der französischen Seite stärker ausgeprägt ist. Lediglich das »Tal der Wunder« ist zur Zeit der französischen Sommerferien etwas überlaufen, ansonsten finden Besucher in diesem Gebiet erholsame Stille.

Die sehr harten Gneise und Granite des Argentera-Massivs bilden markante Sägezahngrate und Gipfel mit schroffem Aussehen und steilen Wänden aus. Hier die Roc und Punta di Finestrelle beim Abstieg vom Colle di Bròcan (Etappe 6).

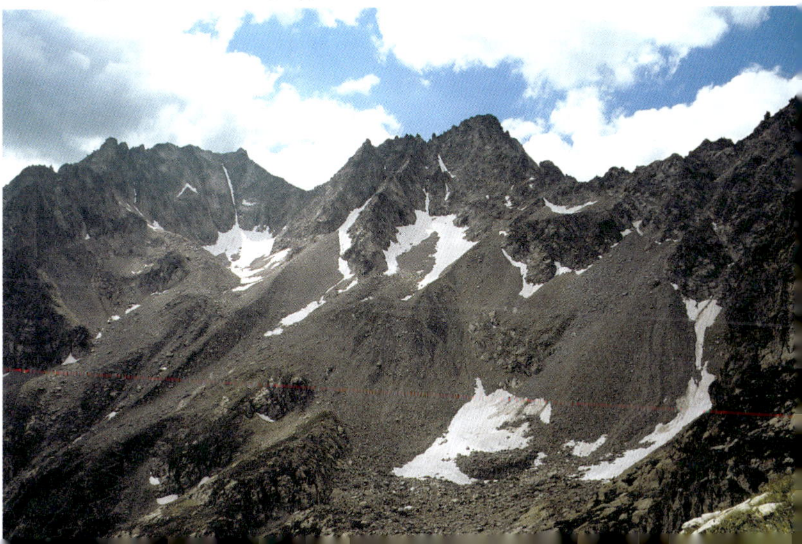

Politische Geschichte

Die ältesten Spuren menschlicher Besiedlung in dieser Region lassen sich im Mont-Bego-Gebiet, im Valle delle Meraviglie (französisch: Vallée des Merveilles, deutsch: Tal der Wunder) finden. Es weist eine sehr lange Alpnutzung auf, und man hat dort etwa 40 000 Felszeichnungen aus der Zeit vom 4. Jahrtausend vor Christus bis zur Zeitenwende gefunden. Auch am Lago del Vei del Bouc (im obersten Gesso-Tal) gibt es solche Felszeichnungen, die auf eine Jahrtausende alte sommerliche Beweidung der alpinen Matten durch transhumante Hirten aus den benachbarten Tiefländern (Provence, Mittelmeerküste, Po-Ebene) schließen lassen. Im ersten vorchristlichen Jahrtausend drangen allmählich Ligurer und Kelten in diese Alpenregion und vermischten sich mit der ansässigen Bevölkerung. In dieser Zeit entwickelte sich bereits eine spezialisierte Berglandwirtschaft, die sich hauptsächlich auf Viehzucht, Käseproduktion und Waldnutzung stützte. Im Jahr 15 vor Christus eroberten die Römer diese Alpentäler aus militärstrategischen Gründen und schlossen sie in ihren Wirtschaftsraum ein. Ihr riesiges Siegesdenkmal »Tropaeum Alpium« aus dem Jahr 6 vor Christus, auf dem sie die Unterwerfung von 45 Alpenvölkern feiern, ist heute noch in großen Teilen erhalten. Es steht dort, wo die Seealpen an der Küste steil ins Mittelmeer abfallen, nämlich in 480 Meter Höhe an der Via Julia (heute im Ort La Turbie direkt nordwestlich von Monaco). Die Römer bauten Straßen (Tenda-Pass von Cuneo nach Ventimiglia, Maddalena-Pass von Cuneo in die Provence) und brachten Wein- und Kastanienanbau in die Region.

Die Reliefunterschiede sind in den Seealpen sehr groß. Die tief eingeschnittenen Täler und die hoch aufragenden Gipfelketten verleihen der Landschaft einen wilden Charakter. Hier der Blick vom Colletto della Forchetta, 2951 m, auf die Seen Bròcan und Chiotas (großteils verdeckt) im Vordergrund und zur piemontesischen Ebene im Hintergrund.

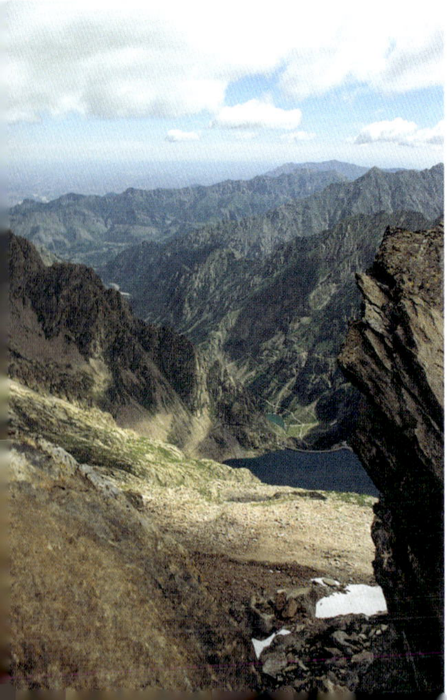

Nach dem Untergang des Römischen Reiches zogen plündernde »Barbaren«-Stämme und Sarazenen durch die Täler und benutzten dazu die von den Römern angelegten Straßen. Im 8. Jahrhundert fiel die Region an die Franken, und als das Frankenreich etwa 100 Jahre später zerbrach, kam es zur politischen Teilung der Seealpen. Der französische Teil fiel an die Burgunder, der italienische an Friaul. Ab

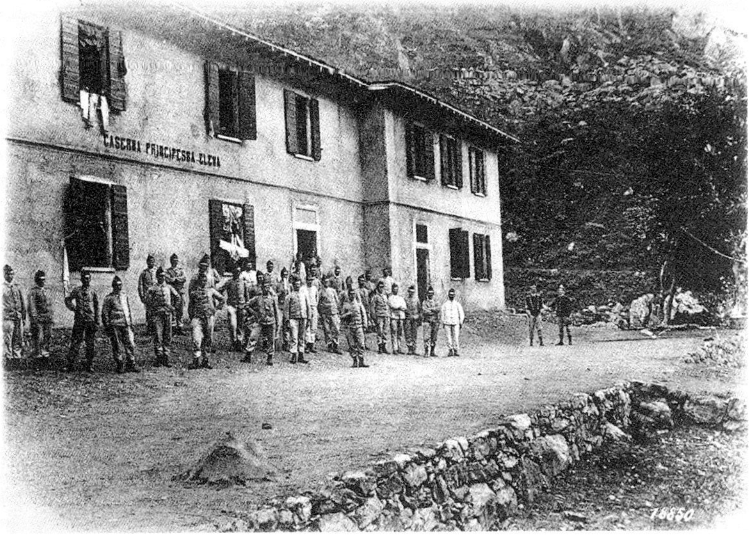

Soldaten vor der Kaserne in San Giacomo di Entracque im Juni 1900.

1033 gehörten beide Regionen jedoch wieder zum Römischen Reich, aber davon merkten die Talbewohner kaum etwas, weil die konkrete Herrschaft von zahlreichen kleinen Grund- oder Feudalherren ausgeübt wurde.

Im 13. Jahrhundert, nach dem Untergang der Staufer, änderte sich die Situation grundlegend: Der kleine Passstaat Savoyen, der um 1000 nach Christus um die Pässe Großer und Kleiner St. Bernhard und Mont Cenis entstanden war, wurde schnell immer größer und breitete sich nach allen Seiten hin aus. Ein strategisches Ziel war es, einen Zugang zum Mittelmeer zu erhalten, was im Jahr 1388 mit dem Erwerb der Grafschaft Nizza, zu der große Teile der Seealpen gehörten, gelang. Damit gehörten die Seealpen bis 1860 zum gleichen staatlichen Gebilde, waren also politisch vereint; über den Seealpenhauptkamm verlief nur noch eine Zollgrenze, die Ursache für einen gewissen Schmuggel war. Nach 1388 richtete sich die Expansion von Savoyen-Piemont auf das schwache und zerrissene Italien. Mit der aggressiven Außenpolitik Savoyen-Piemonts hängt auch die ab 1500 stark militärisch geprägte Geschichte dieser Region zusammen, die immer wieder Schauplatz von Kriegshandlungen war. Je nach Kriegsgeschick fielen zwischen dem 16. Jahrhundert und 1860 immer wieder kleinere Teile der Seealpen für einige Jahre an Frankreich.

Durch den Wiener Kongress 1815 wurde Savoyen-Piemont nochmals aufgewertet und versuchte von da an die italienische Einigung mit militarischer Macht durchzusetzen (ähnlich wie Preußen in Deutschland), was im Jahr 1861 gelang. Als Preis musste Piemont beziehungsweise das neue Königreich Italien die Gebiete Savoy-

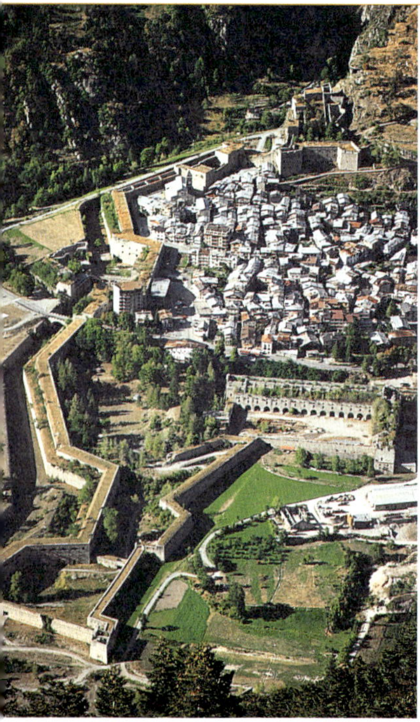

Militärbauten prägen das Gesicht der Seealpen. Hier die riesige Festungsanlage von Vinadio (Stura-Tal).

en und die Grafschaft Nizza an Frankreich (das bei der Einigung und beim militärischen Sieg über Habsburg geholfen hatte) abtreten, was mit einer »Volksabstimmung« vertuscht werden sollte. Seitdem, also erst seit 1861, sind die Seealpen zwischen Italien und Frankreich geteilt und Grenzregionen. Und erst seit diesem Zeitpunkt entwickeln sich beide Teile unterschiedlich.

Ende des 19. Jahrhunderts und nach dem Ersten Weltkrieg, in dem die Seealpen von Kämpfen verschont blieben, entstanden auf beiden Seiten zahllose Militärstraßen, Festungsanlagen, Kasernen und Bunker (»Alpen-Maginotlinie« in Frankreich, »Vallo Alpino« in Italien).

Im Zweiten Weltkrieg startete Mussolini im Juni 1940 einen großen Angriff auf Frankreich an der Alpenfront, der aber misslang. 1943 besetzten deutsche Truppen das Gebiet. Der erbitterte Widerstand der Einheimischen, die »Resistenza«, ist ein wichtiges Kapitel in der Geschichte der Region (s. *Militärische Befestigungen*).

Der Parco Naturale delle Alpi Marittime

Ein großes Naturschutzgebiet

Aus dem Zusammenschluss des Naturparks Argentera (gegründet 1980) mit dem Reservat der Wälder und Seen von Palanfrè (gegründet 1979) entstand 1995 der »Parco Naturale delle Alpi Marittime« (Seealpen-Naturpark). Der größte piemontesische Naturschutzpark und einer der größten Italiens erstreckt sich mit einer Gesamtfläche von etwa 28 000 Hektar in den zentralen Seealpen, nämlich in den Tälern Gesso, Stura di Demonte und Vermenagna. Der Großteil des Schutzgebietes liegt im Einzugsgebiet des Flusses Gesso. Hier ragen die höchsten Seealpengipfel auf. Dem großen Flächenanteil des Gesso-Tals (Gemeinden Entracque und Valdieri) an dem Park steht der geringe Flächenanteil des Stura- und Vermenagna-Tals gegenüber (kleinere Teile der Gemeindeflächen von Aisone und Vernante). Das Parkterritorium umfasst – wie bei allen Schutzgebieten im Alpenraum – in erster Linie wenig oder gar nicht genutzte Hochgebirgslandschaften und spart die besiedelten und intensiver genutzten Talböden aus. Im Gesso-Tal beginnt der Park daher erst oberhalb der Orte Valdieri und Entracque, und die beiden Weiler S. Anna di Valdieri und Terme di Valdieri liegen als einzige Siedlungen mitten im Parkgebiet. Im Parkgebiet gibt es zahlreiche Wiesen, Wälder, mehr als 80 Seen, einige kleine Gletscher – die südlichsten der Alpen – und vierzehn Dreitausender. Beeindruckend ragen Berggipfel wie Gelàs, Clapier, Maledia und Matto empor, der Südgipfel des Argentera-Massivs erreicht die Höhe von 3297 Metern. An klaren Tagen ist von hohen Aussichtspunkten die Küste und das Mittelmeer zu sehen, das Fürstentum Monaco an der Riviera liegt Luftlinie nur 45 Kilometer entfernt.

Seit 2016 werden der Seealpen-Naturpark zusammen mit dem Naturpark Marguareis (er umfasst Teile des Pesio- und Tanaro-Tals und liegt ebenfalls in der Provinz Cuneo, siehe auch Bätzing/Kleider, *Die Ligurischen Alpen*), und acht kleinere Naturreservate der Provinz (z. B. die Riserva Naturale Ciciu del Villar im Maira-Tal) gemeinsam verwaltet. Dieses Amt nennt sich »Ente di Gestione delle Aree protette delle Alpi Marittime« (www.areeprotettealpimarittime.it).

Auf der französischen Seite der Seealpen wurde 1979 der »Parc National du Mercantour« mit einer Kernzone von 68 500 Hektar ausgewiesen, und auch hier bildete ein kleines Jagdreservat den Beginn des Schutzes. Ein »Nationalpark« stellt zwar eine strengere Schutzkategorie dar als ein »Naturpark« (wie auf der italienischen Seite), aber in der konkreten Naturschutzarbeit sind die Unterschiede minimal, und beide

Blick vom Passo di Rostagno, 2536 m, also von Westen her, in die zentralen Seealpen. Im Hintergrund (Bildmitte) der breite Gipfelgrat der Cima Argentera. Der Südgipfel, 3290 m, und der Nordgipfel, 3287 m, sind die beiden höchsten Erhebungen der Seealpen.

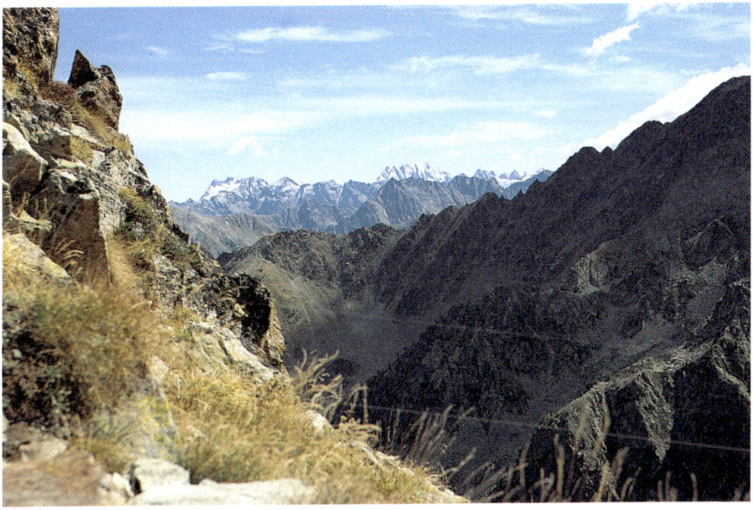

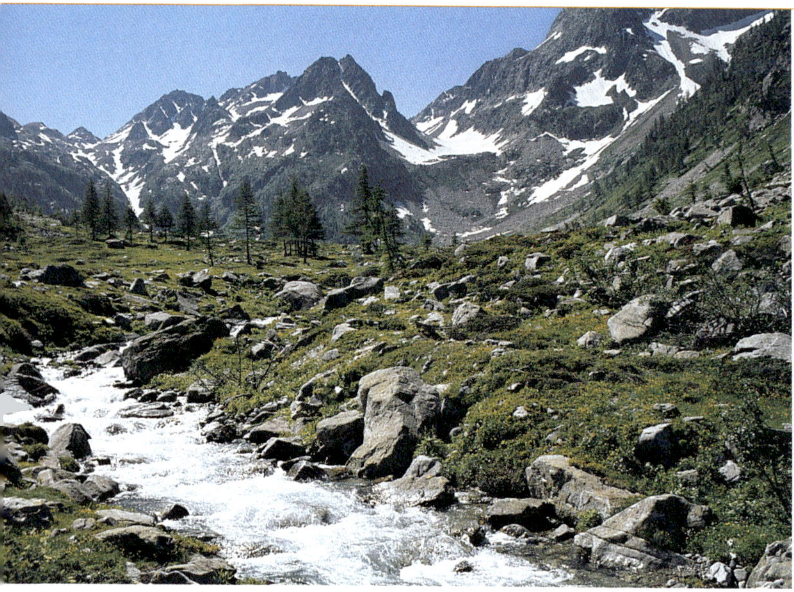

Im Valletta-Seitental mit der Cima di Mercantour (Mitte) und dem Colle di Ciriegia (rechts, Etappe 4).

Schutzgebiete arbeiten seit langer Zeit eng zusammen. Während die Fläche des Parco Naturale Alpi Marittime relativ kompakt ist, ist die der Kernzone des Mercantour-Parks sehr zerrissen (s. Karte in der vorderen Klappe). Dies liegt daran, dass hier größere Gebiete um Siedlungen (oberes Vésubie- und Tinée-Tal) und um Skizentren (Isola 2000, Auron) herum bewusst ausgespart wurden. Andernfalls wäre der Widerstand gegen den Nationalpark zu groß gewesen.

Ein »königlicher« Park

Im Jahr 1855 besuchte König Vittorio Emanuele II., ein Bergliebhaber und leidenschaftlicher Jäger, das Gesso-Tal. Er war begeistert von der Schönheit der Berge und dem Reichtum an Gämsen und anderen Tieren. Die Region war beeindruckend schön, aber auch bitter arm. Daher entschlossen sich die beiden Bürgermeister von Entracque und Valdieri, dem König die Jagd- und Fischereirechte auf großen Teilen ihres Gemeindegebietes anzubieten. Sie hatten die Hoffnung, dass die Anwesenheit der Königsfamilie wirtschaftliche Vorteile für die Bevölkerung bringen würde.

So entstand 1857 das »Königliche Jagdrevier Valdieri-Entracque«, in dem nur der König jagen durfte – die Voraussetzung für den Erhalt des hohen Tierbestandes. Zwischen 1865 und 1870 wurden einige Jagdhäuser (sogenannte »Palazzine di caccia«, s. Kapitel 2: *Die königlichen Jagdhäuser)* für den König und sein Gefolge sowie für die adeligen Jagdgäste errichtet. Die Hoffnungen der damaligen Bürgermeister wurden nicht enttäuscht: Die (zeitweilige) Anwesenheit des Monarchen brachte Arbeitsplätze für die einheimische Bevölkerung, denn einige Bewohner wurden Jagdaufseher, viele andere wurden saisonal für die Jagd und den Bau und die Pflege der Maultierpfade, von denen der König Dutzende im Jagdrevier anlegen ließ, angestellt. Zusätzlich kamen der Bevölkerung und den Gemeinden Schenkungen und finanzielle Hilfen vom König zu, und schließlich führten die königlichen Besuche zur Anwesenheit von weiteren Politikern und Adligen, was indirekt noch zusätzliche Arbeitsplätze für die Einheimischen schuf.

Sehr wichtig war ohne Zweifel der Schutz der Fauna. Die Tiere vermehrten sich, geschützt vor einer unkontrollierten Jagd, zahlreich. Der vorher ausgerottete Steinbock wurde von Vittorio Emanuele III. in den 1920er Jahren wieder angesiedelt. Die Exemplare stammten aus dem Gran-Paradiso-Gebiet, dem damals letzten Refugium wilder Steinböcke in den Alpen. Nach dem Zweiten Weltkrieg und dem Ende der Monarchie in Italien war die Zukunft des königlichen Jagdreviers fraglich. 1953 wurde jedoch ein Konsortium, bestehend aus öffentlichen Institutionen, zur Verwaltung dieses Gebietes gegründet. Eine Verringerung der Jagdlizenzen und 14 Jagdaufseher sicherten in dieser Zeit den Tierbestand.

Ende der 1960er Jahre begann die staatliche Energiegesellschaft ENEL mit dem Bau der riesigen Wasserkraftwerke Piastra und Chiotas. Naturschützer versuchten erfolglos, dieses Projekt zu verhindern. Im Mai 1980 – nicht zufällig erst, nachdem die Kraftwerksprojekte fast fertig waren – beschloss dann die Regierung der Region Piemont die Einrichtung des Naturparks Argentera (Parco Naturale dell'Argentera). Schnell war das erste Besucherzentrum in

Der König in seinem Jagdrevier Valdieri-Entracque.

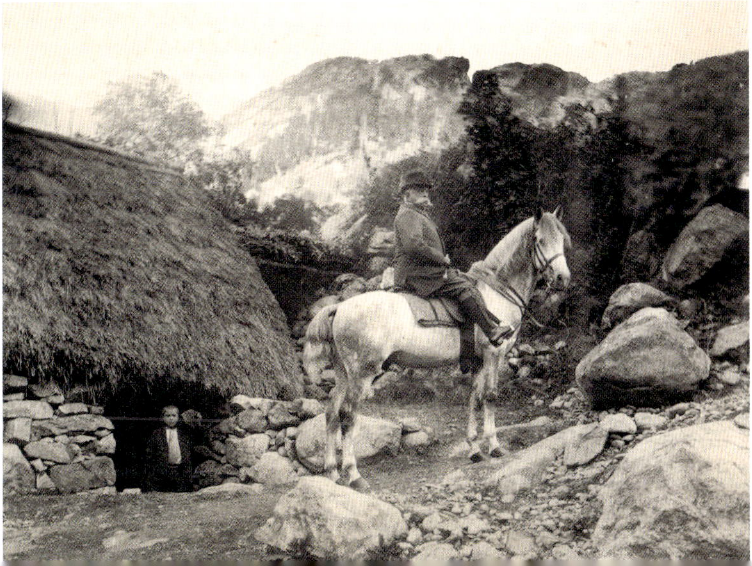

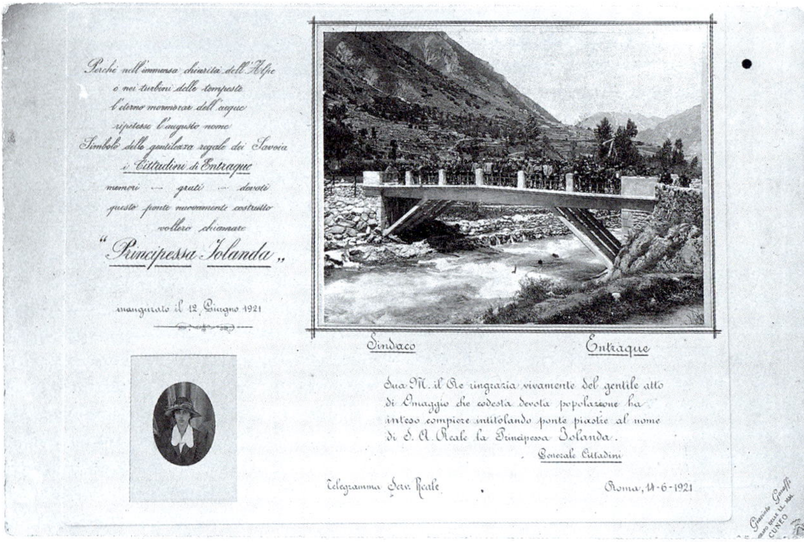

Die Anwesenheit der königlichen Familie brachte den Gemeinden Entracque und Valdieri wirtschaftliche Vorteile, wie zum Beispiel die Schenkung einer Brücke von Prinzessin Jolanda an die Gemeinde Entracque im Jahr 1921.

Entracque gebaut, und schon 1987 wurde ein erstes gemeinschaftliches Projekt mit dem benachbarten französischen Nationalpark Mercantour (gegründet 1979) realisiert – die Einführung weiterer Steinbockkolonien im Gebiet des Naturparks (zum Beispiel beim Monte Matto), um deren räumliche Ausbreitung zu sichern, und die wissenschaftliche Beobachtung der freigesetzten Tiere.

Parkstrategie der »Nachhaltigkeit«

Mit der Gründung des Seealpen-Naturparks (Zusammenschluss des Argentera-Parks mit dem Reservat von Palanfrè) setzt 1995 ein weitreichender Paradigmenwechsel im Schutzgebiet ein. Viele Jahrzehnte lang bestand das zentrale Ziel der Naturschutzgebiete im Schutz der Natur, der als Schutz der Natur vor allen menschlichen Nutzungen verstanden wurde. Damit waren fast überall heftige Konflikte mit der lokalen Bevölkerung verbunden, auch im Gebiet der Seealpen. In den 1990er Jahren setzte sich dann allmählich der Gedanke der »Nachhaltigkeit« als neuer Strategie durch. Dabei sollten die Naturschutzziele nicht mehr durch Ausschluss oder Verbot von menschlichen Nutzungen erreicht werden, sondern im Gegenteil durch angepasste, umweltverträgliche Nutzungsformen, die zum Beispiel das Verbuschen und Verwalden der Landschaft verhindern und damit die Artenvielfalt erhalten. Es liegt auf der Hand, dass diese neue Strategie viel leichter von der lokalen Bevölkerung akzeptiert wird.

Mit dieser neuen Zielsetzung tritt ab 1995

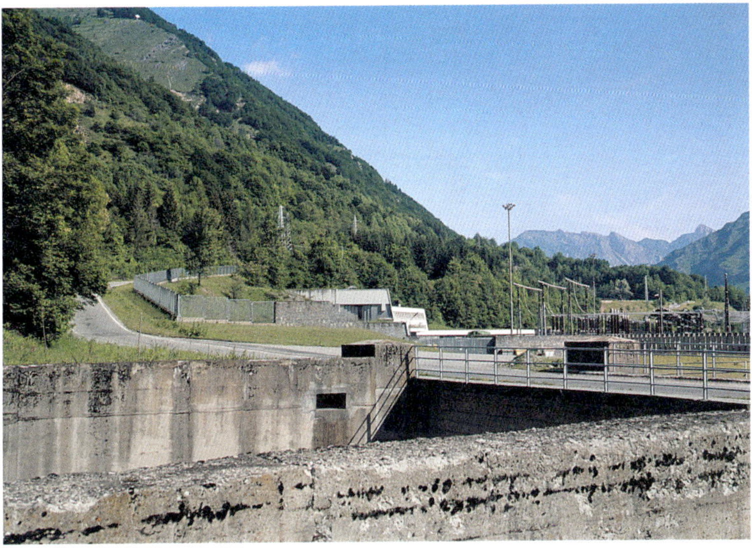

Die Brücke war schon 2005 einer Neukonstruktion gewichen. Im Vergleich zur historischen Aufnahme von 1924 ist die Verbuschung und Verwaldung der ehemaligen Kulturlandschaft auf den Hängen hinter der Brücke deutlich sichtbar.

Heute ist die Vegetation im Hintergrund deutlich gewachsen, und jenseits der Brücke ist ein neues Gebäude der ENEL zu sehen. Der Zaun im Vordergrund ist ebenfalls neu und schützt vor einem Sturz in den Auslauf der Staumauer.

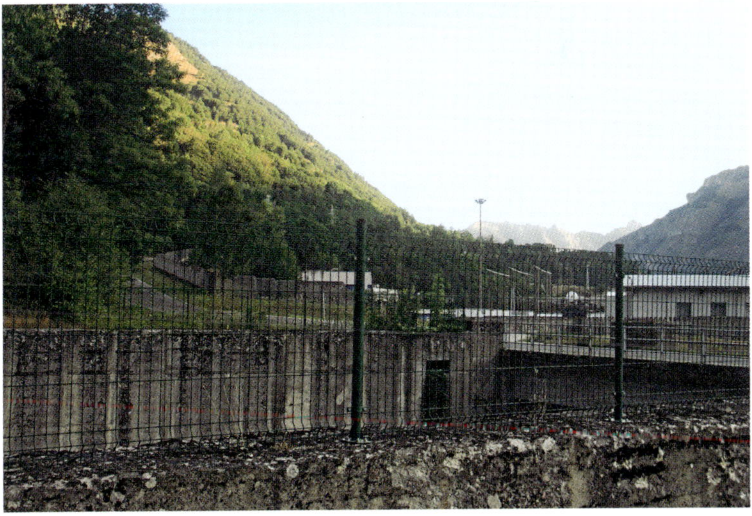

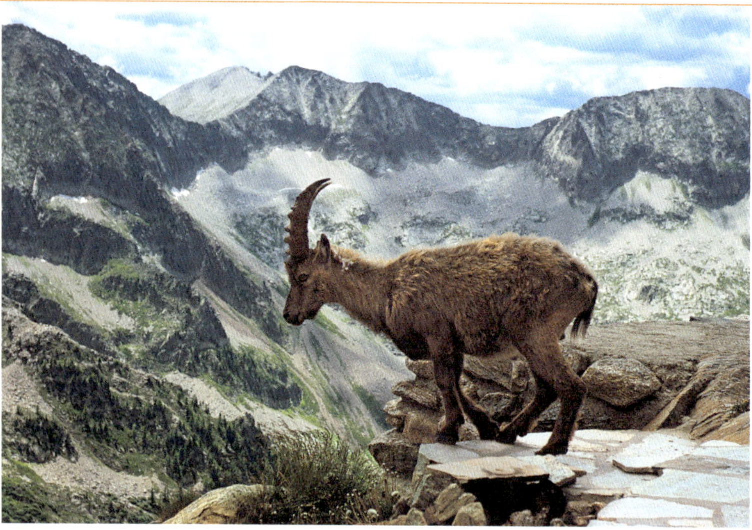

Der Steinbock war bereits ausgerottet, ist aber heute wieder sehr zahlreich in den Seealpen vertreten. Da er keine Angst vor dem Menschen hat, kann man ihn oft aus der Nähe beobachten, wie hier beim Rifugio Remondino.

neben den Schutz und die Erhaltung der Natur auch die Stärkung der lokalen Wirtschaft – jedoch ausschließlich in umwelt- und sozialverträglichen Formen –, um die ökonomischen und sozialen Bedingungen für die ansässige Bevölkerung zu verbessern. Der ökologisch verträgliche Wandertourismus spielt dabei eine tragende Rolle. Die Kernaufgabe des Parks bleibt weiterhin der Naturschutz – verbunden mit Forschungen auf biologischem Gebiet. Dazu zählen Tier- und Pflanzenzählungen, Beobachtungen, Datensammlungen und das Erstellen von Datenbanken. Um diese Daten miteinander verbinden und ständig aktualisieren zu können, wurde ein geografisches Informationssystem (GIS) eingerichtet. Auf dem Gebiet der Wissenschaft und Forschung besteht eine enge Zusammenarbeit mit verschiedenen Universitäten in Frankreich und Italien, die sich in gemeinsamen Projekten niederschlägt. Seit dem Jahr 1986 wurde die Zusammenarbeit zwischen dem Naturpark Seealpen und dem Nationalpark Mercantour immer weiter ausgebaut, was nicht zuletzt dadurch möglich wurde, dass sich auch der Mercantour-Nationalpark Mitte der 1990er Jahre an der Strategie der Nachhaltigkeit orientierte. Unter anderem führte das zu verschiedenen Projekten für einen grenzüberschreitenden umweltverträglichen Wandertourismus.

Im Jahr 1996 wurde dann das »Netzwerk Alpiner Schutzgebiete« (italienisch: »Rete delle Aree Protette Alpine«, französisch: »Réseau Alpin des Éspaces Protégés«) gegründet, in dem alle Schutzgebiete des gesamten Alpenraumes zusammenarbeiten und sich dabei an der »Alpenkonvention«, also an der gemeinsamen alpenweiten Strategie einer nachhaltigen Entwicklung, orientieren (www.alparc.org). Der intensive Erfahrungsaustausch, der nicht nur Naturschutzfragen, sondern auch die Förderung eines umweltverträglichen Tourismus, die Stärkung der kulturellen Identität in den betroffenen Regionen und andere Themen umfasst, wirkt sich seitdem für die beiden Seealpenparks sehr positiv aus. Eines der jüngeren gemeinsamen Projekte ist der Aufbau eines mehrsprachigen Internetportals (italienisch, französisch, englisch), das neben allgemeinen Informationen auch Tourenvorschläge für ein- bis mehrtägige Trekkingtouren in den Seealpen bereitstellt (https://destination.marittimemercantour.eu/en).

Literatur zum Thema

Dominik Siegrist / Matthias Stremlow (Hg.), *Landschaft Erlebnis Reisen. Naturnaher Tourismus in Pärken und UNESCO-Gebieten*, Rotpunktverlag, Zürich 2009.

Natur und Landschaft

Gesteine

Die zentralen Seealpen, in denen der Seealpen-Naturpark liegt, bilden den Mittelpunkt des kristallinen »Argentera-Massivs« (französisch: »Massif du Mercantour«). Dabei handelt es sich um ein kleines Gebirge aus der Zeit vor der Alpenentstehung, das später in den Prozess der alpidischen Gebirgsbildung einbezogen wurde, so dass es eine doppelte Gebirgs-

Die Stärkung eines nachhaltigen Wandertourismus, der hier aufgrund der zahlreichen Wege gute Voraussetzungen findet, ist ein wichtiges Ziel des Seealpenparks.

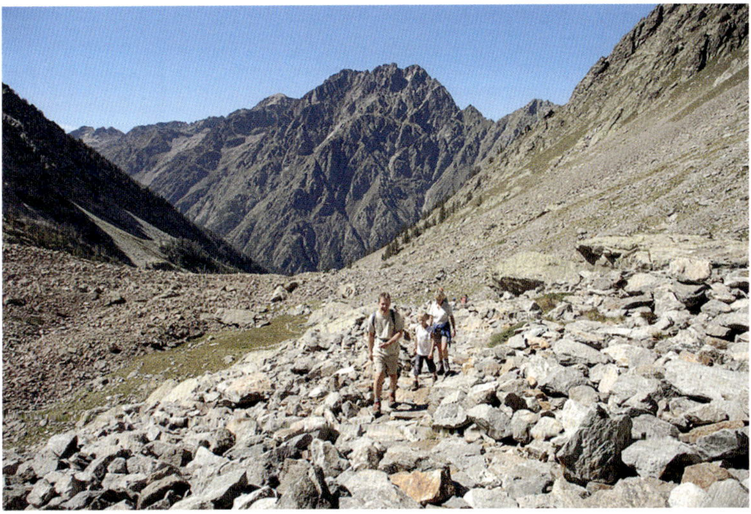

Die Vereinigung »Ecoturismo in Marittime«

Die Vereinigung »Ecoturismo in Marittime« (Ökotourismus in den Seealpen) entstand im Jahr 2002 als Zusammenschluss von Touristik-Unternehmen, der lokalen Verwaltung und dem Naturpark Seealpen. Ecoturismo in Marittime strebt eine »nachhaltige Entwicklung« im Gebiet der Seealpen an, bei der ein »nachhaltiger Tourismus« einen wichtigen Stellenwert besitzt. Die »Europäische Charta für nachhaltigen Tourismus« gibt dafür die Richtlinien vor, denen der Park und die anderen öffentlichen und privaten Träger der Vereinigung folgen. Konkret gibt es zum Beispiel zahlreiche neue Initiativen zur ökologischen Betriebsführung touristischer Anbieter, die alle Bereiche einschließt und die vom Energiesparen und dem Gebrauch erneuerbarer Energien über Wassersparen und die Verringerung und das Recycling von Abfällen bis hin zu einer konsequenten Reduzierung der Umweltverschmutzung (Wasser, Luft, Lärm) reicht. Besondere Aufmerksamkeit gilt dabei den benutzten »Primärstoffen« (Rohstoffe aus dem Gebiet der Seealpen), und es werden Produkte bevorzugt, die das europäische Umweltzeichen tragen oder aus dem »fairen« Handel stammen. Die Betriebe und Geschäfte, die der Vereinigung angehören, können an den beiden Logos der Vereinigung und der »Charta«, die am Eingang der Geschäfte hängen, erkannt werden. Weitere Informationen gibt es bei der Parkverwaltung in Valdieri und im Internet unter www.inmarittime.it (u. a. auch zahlreiche Vorschläge für Wander-, Kletter- und Skitouren).

bildung durchlief, was zu besonders harten Gesteinen geführt hat. Der kompakte Gebirgsblock besteht aus sehr harten Gneisen und Graniten, deren Gesteinsschichten oft stark geneigt sind oder die sogar senkrecht stehen.

Diese sehr harten Gesteine nehmen das gesamte obere Gesso-Tal und die orografisch rechte Seite des Stura-Tals ein und setzen sich auch auf der französischen Seite fort. Sie prägen die Landschaft der zentralen Seealpen auf eine charakteristische Weise: Weil diese sehr harten Gesteine nur sehr langsam erodiert werden, bilden sie ein sehr steiles Relief mit hohen Gipfeln und tief eingeschnittenen Tälern; und weil die Bodenbildung auf diesem Gestein nur sehr langsam abläuft, dominieren felsige Bereiche das Landschaftsbild. Deshalb besitzen die zentralen Seealpen einen ausgeprägt hochalpinen Charakter. Betrachtet man sich das Aussehen und den Formenschatz der einzelnen Bergmassive innerhalb des Argentera-Massivs genauer, werden leichte Unterschiede deutlich.

Das Zentrum des Argentera-Massivs, also die Zone Fremamorta, Valasco und Portette (Gesso-Tal), besteht aus Granit mittlerer Körnung. Hier taucht eine Masse magmatischer, intrusiver Gesteine an die Oberfläche auf, das heißt, es handelt sich hierbei um Lavamassen, die vom Erdinneren in die Erdkruste aufgestiegen sind, jedoch die Erdkruste nicht durchbrochen haben, sondern noch vor Erreichen der Erdoberfläche langsam erkaltet sind. Die Kristalle konnten sich so ziemlich gleichmäßig zu Granit entwickeln, den dann später die Erosion freigelegt hat. Er bildet Gipfel wie den Caire di Prefouns und die Cresta Savoia, die aus senkrecht stehenden Felsplatten bestehen. Diese Berge haben zerfurchte

Wände mit gradlinigen Rissen und gezackte Gipfelgrate. Am Fuß der Bergwände finden sich große Geröllfelder mit riesigen Gesteinsbrocken, wie zum Beispiel im Vallone di Prefouns.

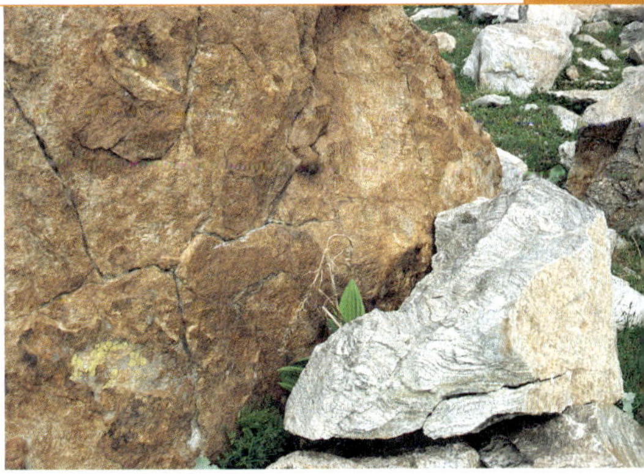

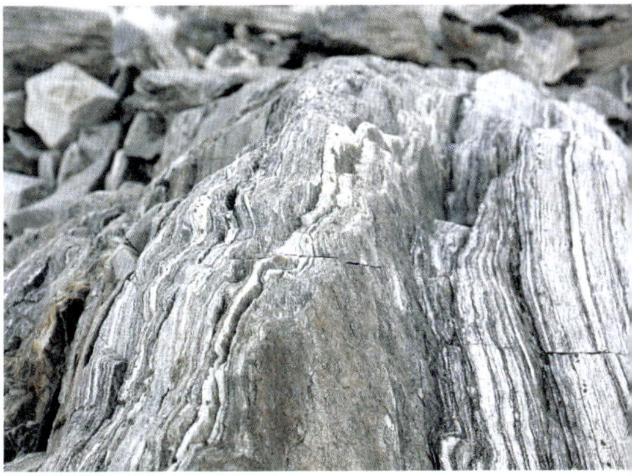

Oben: Der harte Gneis hat normalerweise die Farbe, wie sie beim kleinen Block (rechts unten) zu sehen ist. Beim großen Block hat sich eine Verwitterungskruste auf der Gneisoberfläche gebildet, und die oxidierte Oberfläche (Eisenoxid) ist rötlich gefärbt. Unten: gebänderter Gneis.

Um diesen harten Granitkern herum haben sich sogenannte »metamorphe« (durch Druck und Hitze »verwandelte«) Gesteine gebildet, vor allem Gneis. Dieses ebenfalls sehr harte Gestein entsteht in tieferen Erdschichten unter hoher Temperatur und hohem Druck. Im Gegensatz zu den magmatischen Gesteinen (zum Beispiel Granit) wird das Ausgangsgestein aber nicht ganz, sondern nur teilweise aufgeschmolzen, bevor es wieder abkühlt. Der Gneis ist dem Granit, was Kompaktheit und mineralogische Zusammensetzung betrifft, sehr ähnlich und bildet unter anderem die gewaltige Felsmasse des Corno Stella, ein Gipfel, der wegen seines gut zu erkletternden Gesteins eine besondere Anziehungskraft auf Alpinisten ausübt. Die höchsten Gipfel des Argentera-Massivs und der Monte Matto sind aus solchen Gneisen, und zwar aus »gebänderten Gneisen«, aufgebaut. Sie werden sogenannt, weil sowohl helle als auch dunkle Minerale im Gestein enthalten sind und dadurch optische Bandformen entstehen. Im vorhin bereits erwähnten Vallone di Prefouns, wo Granit und gebänderte Gneise übereinander liegen, ist der Unterschied zwischen diesen Gesteinen schön zu erkennen. Sieht man sich die Ostwand der Punta di Prefouns an, bemerkt man, dass sie aus zwei Teilen mit unterschiedlicher Farbe besteht: Der untere, aus Granit bestehende Teil der Wand ist heller, der obere, eher bräunliche Teil ist dagegen aus Gneis. Die gebänderten Gneise im Gebiet des Monte Matto und des Monte Malinvern haben eine ins rötlich gehende Farbe wegen ihres Eisengehalts; auf diese Färbung

Geologie der zentralen Seealpen

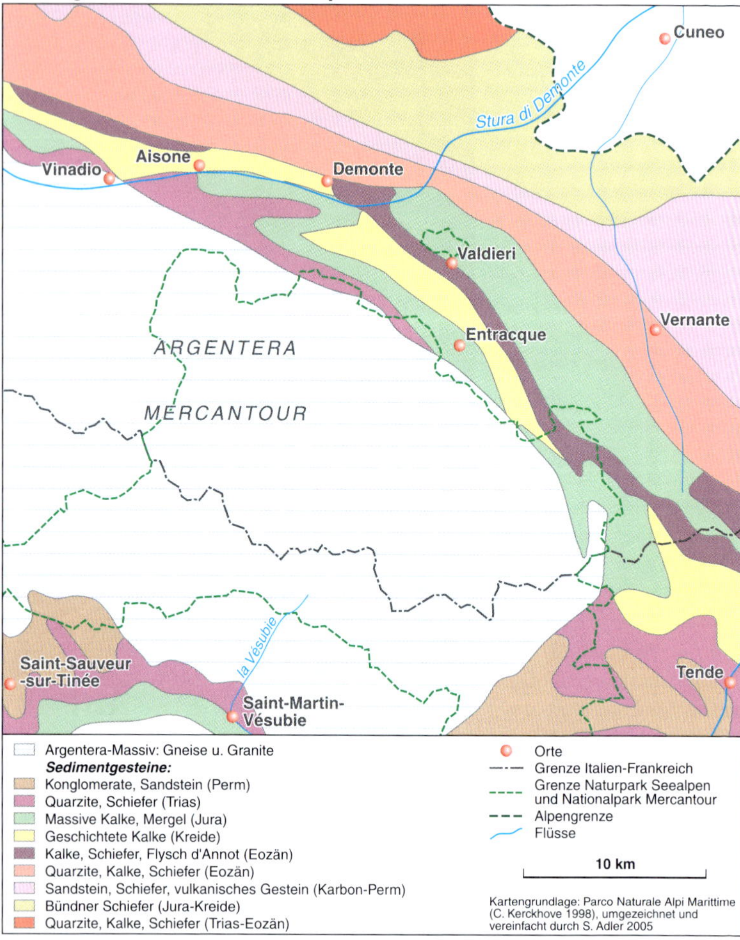

sind die Namen »Valrossa« (rotes Tal) und »Valscura« (dunkles Tal) zurückzuführen. Mitten durch das gesamte Argentera-Massiv zieht sich linienförmig die sogenannte Ferriere-Mollières-Linie. Es handelt sich dabei um eine geologische Verwerfungslinie, entlang derer die Gesteine stark zermahlen wurden (»Mylonitisierung«). Die extrem feinkörnige Gesteinsmaterie ist leicht erodierbar, und entlang dieser Linie finden sich heute zahlreiche Pässe (Stau, Scolettas, Lausfer) und ausgeprägte Hochtäler (Chastillon und Orgials).

Rund um das Argentera-Massiv erstrecken sich Bänder aus unterschiedlich harten und weichen Sedimentgesteinen (Kalke,

Mergel, Gipse). Diese Gesteine bildeten sich, als das Argentera-Massiv noch vom »Tethys-Meer« (vor ca. 230 bis 65 Millionen Jahren) bedeckt war. Im Lauf der Jahrmillionen haben die Ablagerungen im Meer zu einer mächtigen Sedimentschicht geführt, die sich dann durch den hohen Auflagedruck allmählich verfestigte und später durch den Druck und die Hitze bei der Alpenbildung in Gesteine umgewandelt wurde. Bei der Faltung der Alpen und der Heraushebung des Argentera-Massivs wurde die darauf liegende Sedimentdecke erodiert, und Teile davon sind an den Rand abgerutscht. Das Territorium des Parks streift diese Sedimentdecke mit ihren ganz anderen Gesteinen nur am Rande; sie bestimmt das Vermenagna-Tal und die unteren Talbereiche der Gesso und Stura. Im Valle Grande di Palanfrè, einem Seitental der Valle Vermenagna, treten große Kalkbänder zutage, die wesentlich heller als die Gneise und oft auffällig geschichtet sind. Auch die Talmulde von Entracque (knapp außerhalb der Parkgrenze) wird von einem Kalkriegel nach Osten abgeschlossen, der auf einer Fahrt ins Gesso-Tal hinein gut sichtbar ist. In diesen hat ein Bach die Schlucht Gorgie della Reina bei Entracque eingefräst (s. Kapitel 1: *Die Ausgangsorte/Entracque*). Diese enge und tiefe Schlucht ist das Ergebnis der leichten Wasserlöslichkeit des Kalkes.

Klima

Hauptsächlich prägen drei Faktoren das Klima der zentralen Seealpen: der hoch aufragende Gebirgskörper, das nahe Mittelmeer und die angrenzende oberitalienische Tiefebene.

Als Folge ergibt sich ein Klimatyp, der diese Elemente in sich vereinigt: Das Gebirgsklima der gemäßigten Breiten (winterkalt und sommerkühl mit ganzjährigen Niederschlägen) wird durch das Mittelmeerklima (sommertrocken und winterfeucht mit Niederschlagsmaxima im Frühjahr und im Herbst) und durch das Klima der Po-Ebene (kontinentale Verhältnisse im Winter, große Schwüle und Feuchtigkeit im Sommer, die oft Nebel von Norden in die Seealpen bringt) beeinflusst. Dadurch sind die Seealpen als Übergangsraum vom Klimatyp der gemäßigten Breiten zum mediterranen Klimatyp zu betrachten. Die Hauptunterschiede der Seealpen zu den

Die harten Gneise und Granite des Argentera-Massivs verwittern nur sehr langsam und ermöglichen nur geringe Bodenbildung, so dass der Ödlandanteil hier hoch ist. Der Name »Valscura« (hier im Bild der Colletto di Valscura, 2533 m) geht auf die rötliche Färbung des Gesteins zurück.

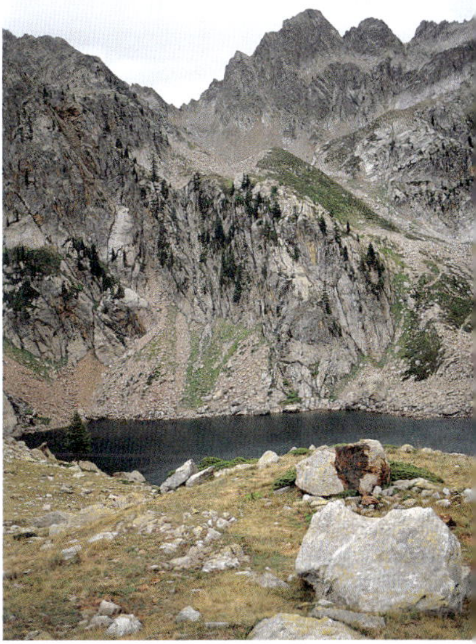

übrigen piemontesischen Alpen sind größere Winterfeuchte und größere Sommertrockenheit. Diese Unterschiede sind umso ausgeprägter, je weiter man sich von der Tiefebene entfernt und in die Täler vordringt. Die Niederschläge in den Seealpen sind relativ hoch; im langjährigen Mittel liegen sie bei 1200 mm/Jahr. Da sie mit steigender Höhe zunehmen, gibt es im Winter oft hohe Schneedecken, wie zum Beispiel in den extrem schneereichen Wintern 2008/9 und 2018/2019. Tausende von Bäumen sind unter der großen Schneelast zerbrochen oder von abgehenden Lawinen mitgerissen worden.

Nachdem die Seealpen Jahrzehntelang von extremen Starkniederschlägen verschont geblieben waren, ereignete sich im Herbst 2020 ein – für die Bevölkerung katastrophales – Naturereignis:

Das Tiefdruckgebiet »Brigitte« (in Frankreich »Alex« genannt) brachte am 2./3. Oktober 2020 eines der schwersten Hochwasser seit Menschengedenken in die italienischen und französischen Seealpen (von diesen außerordentlich hohen Niederschlägen waren auch andere Regionen, vor allem in den Westalpen, betroffen, während Ausläufer des Unwetters sowohl am Mittelmeer als auch in den österreichischen und deutschen Alpen für Schäden sorgten). Sowohl in Italien als auch in Frankreich starben bei diesem Wetterereignis mehrere Personen. Im italienischen Limone Piemonte (Valle Vermenagna), auf der Nordseite des Tenda-Passes, fielen innerhalb von 24 Stunden 582 Millimeter Regen! Neben Limone Piemonte waren in Italien auch Limonetto sowie einige andere Ortschaften, vor allem im Vermenagna-, Gesso- und Tanaro-Tal von verheerenden Überschwemmungen be-

An klaren Tagen mit guter Fernsicht ist von manchen Punkten der Monte Viso, 3841 m, das Wahrzeichen der Cottischen Alpen, zu sehen, wie hier in der Nähe des Colle della Valletta.

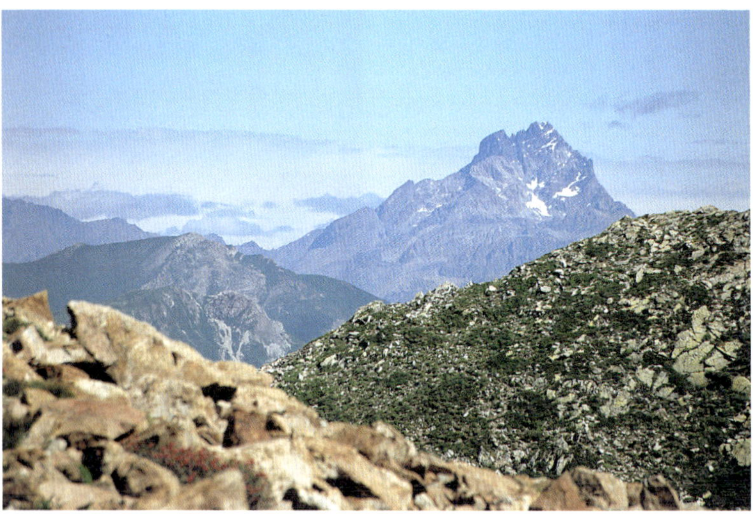

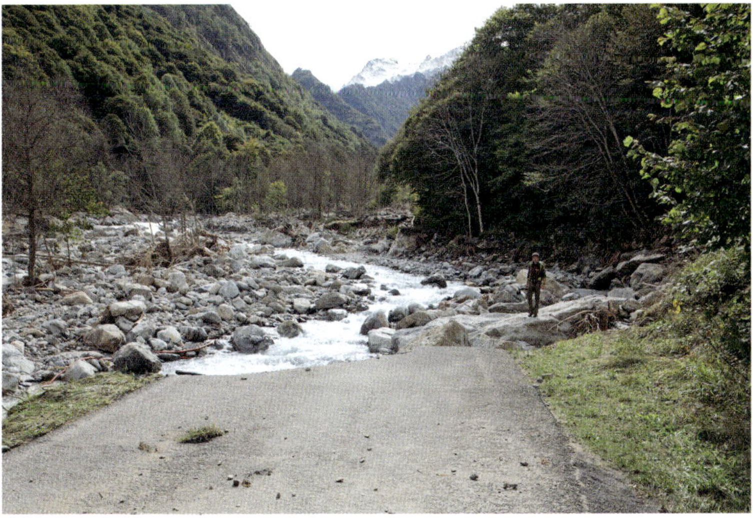

Der Gesso hat bei der Überschwemmung im Jahr 2020 Teile der Straße von Entracque nach San Giacomo komplett weggerissen.

troffen. Noch stärker waren die Zerstörungen im Roya-Tal, auf der französischen Seite des Tenda-Passes. Hier wurden die Ortschaften Tende, Breil-Sur-Roya, Fontan und La Brigue überflutet, und der Fluss hat hier teilweise eine neue Talsohle geschaffen, wobei alles, was im Wege stand, weggerissen wurde. Nördlich und südlich des Passes wurden zahlreiche Häuser, Brücken, Straßen und Bahngleise weggespült (darunter auch Teile der wichtigen Passstraße sowie Gleisabschnitte der Tenda-Bahn) und aufgrund des Starkregens kam es zu Steinschlägen, Erdrutschen und Murenabgängen. Viele Ortschaften waren von der Außenwelt abgeschlossen und die Strom- und Wasserversorgung war nicht mehr überall gewährleistet. Die Bevölkerung wurde zum Teil mit Helikoptern evakuiert beziehungsweise aus der Luft mit Lebensmitteln versorgt. Bis heute ist der Tenda-Tunnel von der französischen Seite (Valle Roya) her aufgrund von Straßenschäden nicht erreichbar und ist seit dem Unwetter gesperrt. Die für 2023 vorgesehene Wiedereröffnung wurde auf Sommer 2024 (Stand Ende 2023) verschoben.

Die Tiefdruckgebiete, die den italienischen Seealpen hohe Niederschläge bringen, sind die »Genua-Tiefs« und kommen aus dem Mittelmeerraum. Dabei gelangt die feuchte Luft von Nordosten her in die Seealpen, so dass im Gebiet der italienischen Seealpen Steigungsregen fällt. Die Tiefdruckgebiete dagegen, die direkt von Westen, also von Frankreich her auf die Alpen stoßen, haben sich bereits abgeregnet, bevor sie den italienischen Teil der Seealpen erreichen, so dass hier oft gutes Wetter – teilweise auch Föhn – herrscht, wenn in den französischen Alpen Dauerregen niedergeht.

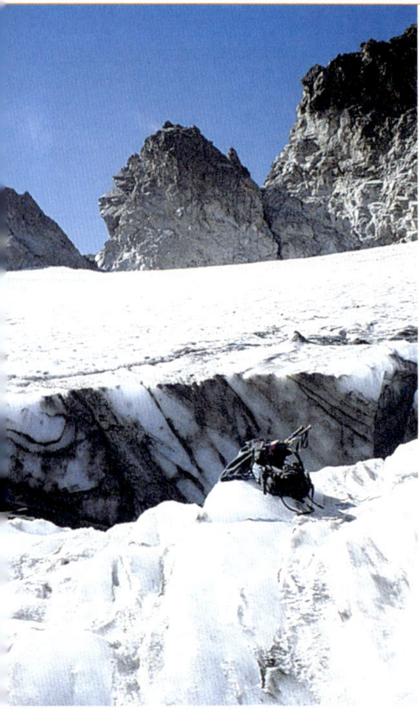

Der Clapier-Gletscher ist der südlichste der gesamten Alpen und der größte der Seealpen.

Auch wenn die Seealpen generell feuchter als die angrenzenden Alpengebiete sind, macht sich der Klimawandel in den letzten Jahren auch hier stark negativ bemerkbar: Die Trockenperioden im Sommer nehmen immer mehr zu und dauern auch länger. Im Sommer 2022 war es so trocken, dass die Hirten mit ihren Herden früher die Alpen verlassen haben als gewöhnlich, weil die Weideflächen vertrocknet waren. Und im Winter 2022/23 fiel hier nur ungefähr die Hälfte der üblichen Niederschläge (von dieser Trockenheit waren ganz Norditalien und Südfrankreich betroffen).

Parallel zu den abnehmenden Niederschlägen steigt die Durchschnittstemperatur kontinuierlich an. Die Folgen sind eine weniger mächtige und zeitlich verkürzte Schneedecke im Winter und somit auch weniger Schmelzwasser und eine geringere Abflussverzögerung im (späten) Frühjahr. Da wärmere Luftmassen auch für mehr Energie in der Atmosphäre sorgen, könnten extreme Wetterereignisse wie die Unwetter 2020 in Zukunft zunehmen.

Da der Klimawandel so problematische Auswirkungen besitzt, könnte es sein, dass man in Zukunft mit technischen Mitteln versucht, darauf zu reagieren und das in den Trockenperioden fehlende Wasser zurückzuhalten. Im Stura-Tal existieren schon seit langer Zeit Pläne für den Bau eines riesigen Stausees (bisher unverwirklicht), und im Jahr 2023 wurden Sondermittel von 1,5 Milliarden Euro zum Bau einiger kleinerer Stauseen (z. B. in den Tälern Stura, Maira, Lanzo) bereitgestellt. Und da es in den Seealpen schon einige Stauseen gibt, könnten bald auch hier Ideen zu deren Erweiterung aufkommen.

Oberflächenformen

Aus dem Zusammenwirken von Ausgangsgestein und Niederschlag entsteht das Relief, also die Landschaftsformen, mit denen der Wanderer täglich konfrontiert wird. Die harten Gesteine Gneis und Granit sind schwer verwitterbar und werden nur sehr langsam abgetragen. Sie bilden steile, jedoch fast nie wirklich senkrechte Felswände aus, daher haben die Berge hier ein wildes und schroffes Aussehen. Charakteristische Gipfel-Individuen vom Typ »Matterhorn« sind selten, häufig entstehen längere, gezackte Grate, so dass ein Gipfel oft mehrere Höhenpunkte umfasst (wie zum Beispiel bei der Cima Argentera und dem Monte Matto).

Das Relief ist sehr steil, und zwischen den

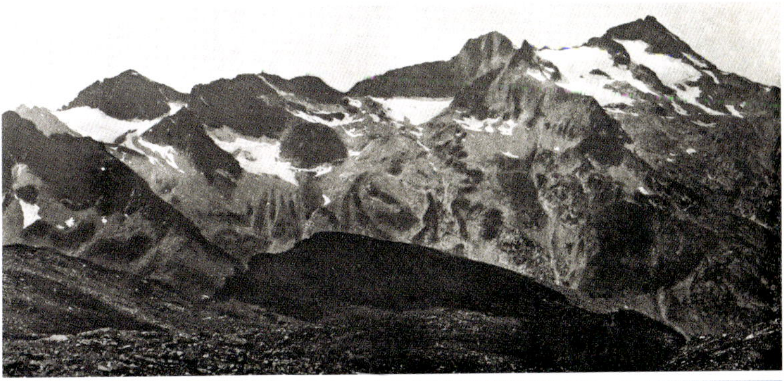

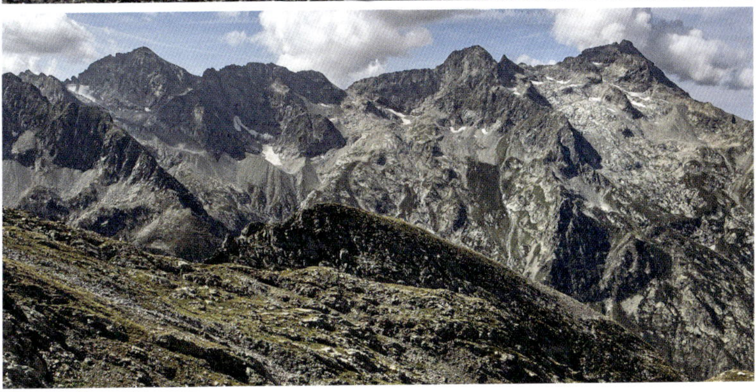

Der Rückzug der (noch) vorhandenen Gletscher in den Seealpen wird beim Vergleich dieser beiden Bilder besonders deutlich, oben der Zustand der Gletscher im Jahr 1908, unten im Jahr 2019.

Gipfeln und den Tälern bestehen große Höhendifferenzen. So ragt beispielsweise bei Terme di Valdieri, 1368 m, der imposante, nur 2,5 Kilometer entfernte Monte Matto, 3094 m, fast 2000 Meter aus dem Tal heraus. Die Wasserläufe haben hier tiefe Täler eingeschnitten, da sie auf ihrem kurzen Lauf in die nur 500 Meter hoch gelegene oberitalienische Ebene große Höhenunterschiede zurücklegen müssen. Auf der französischen Seite ist das Relief noch steiler, weil hier das Mittelmeer die Erosionsbasis darstellt. Deshalb haben sich die meisten Flüsse stark schluchtartig eingetieft, so dass die Region zwischen dem Seealpenkamm und dem Mittelmeer für den Verkehr besonders große Probleme bereitet.

Kleine Gletscher, die südlichsten der gesamten Alpen, bedecken noch die Nordwände unterhalb einiger hoher Gipfel. Ihre Flächen schrumpfen aber aufgrund der Erderwärmung beträchtlich und in den letzten Jahrzehnten sind einige kleinere Gletscher schon gänzlich verschwunden. Die heute noch existierenden sechs Gletscher sind: Clapier, Peirabroc, Maledia, Gelas Nord-Ost, Gelas Nord und Lourousa. Im Jahr 2015 wiesen sie insgesamt eine Fläche von nur noch 0,44 Quadratkilometern auf, das entspricht etwa der Fläche von 50 Fußballfeldern, und einem Rückgang der Gletscherfläche seit dem Ende der kleinen Eiszeit im 19. Jahrhundert um etwa 90 Prozent. Da aber seitdem noch viel mehr Gletschereis abgeschmolzen ist, dürfte die aktuelle Fläche noch beträchtlich kleiner sein. Große Teile der Eisflächen sind schuttbedeckt und haben eine bräunliche Färbung, daher sind sie nur schwer von Schneefeldern zu unterscheiden. Und obwohl der italienische Gletscherkataster noch alle sechs genannten Gletscher führt, sind nur noch zwei davon »lebendig« und fließen zu Tal, nämlich der Clapier und Peirabroc. Die anderen vier (Maledia, Gelas Nord-Ost, Gelas Nord und Lourousa) werden auf Italienisch als Glacionevati bezeichnet, was in etwa mit Eis-Schneefelder übersetzt werden kann.

Bei gleichbleibender Entwicklung (ein weiterer Anstieg der Temperaturen ist zu erwarten) werden diese letzten Gletscher bzw. Eis-Schneefelder ohne Zweifel innerhalb von wenigen Jahrzehnten gänzlich verschwunden sein, eine genaue Prognose ist derzeit aber noch nicht möglich.

Dagegen haben die großen Gletscher während der Eiszeiten die Landschaftsformen sehr stark geprägt. In den harten Gesteinsformationen hat sich der eiszeitliche Formenschatz – U-förmige Täler, glatt geschliffene Felsen (Gletscherschliff), Felskare, Karseen, Gletscherschwellen usw. – gut erhalten. In den verschiedenen Eiszeiten haben die Gletscher viele Mulden ausgeschliffen, in denen sich nach dem Abschmelzen der Gletscher Seen (sogenannte Karseen) gebildet haben. Viele dieser Seen existieren heute noch, vor allem in den höheren Lagen, und sie stellen fast immer sehr attraktive Wanderziele dar. In den tieferen Lagen dagegen sind die ehemaligen Seen in der Regel längst verlandet, und an ihrer Stelle finden sich heute große Hochebenen wie zum Beispiel Pra del Rasur, Piano del Valasco etc. Andere Hinterlassenschaften der Gletscher sind Moränen, gebildet aus dem Material, das sie abgetragen, mittransportiert und dann weiter unten im Tal abgelagert haben. Die »Serra dei castagni« bei Entracque ist ein Beispiel eines solchen Moränenbandes, das aus der Würmeiszeit stammt, die vor rund 10 000 Jahren zu Ende ging. Besonders charakteristisch für die Seealpen ist das Vorhandensein von »Blockgletschern« in nordexponierten Hängen und Tälern oberhalb von 2400 Meter. Blockgletscher sind gletscherzungenähnlich geformte Massen von Gesteinsschutt, in deren Zwischenräumen sich Eis gebildet hat. Dieses Eis ermöglicht bei tieferen Temperaturen die gletscherartige Bewegung der Schuttmassen, im Gegensatz zum echten Gletscher besitzt ein Blockgletscher jedoch keinen reinen Eiskern. Alle Blockgletscher der Seealpen waren bis 1850 aktiv, das heißt, sie flossen sehr langsam talwärts. Inzwischen sind sie wegen der Klimaerwärmung fast alle stationär und fallen oft in sich zusammen. Die Seealpen gelten als die Region mit den meisten Blockgletschern der gesamten Alpen, und unter allen alpinen und noch aktiven Blockgletschern ist wahrscheinlich der Vei del Bouc der südlichste davon.

Vegetation

Die Seealpen sind in der ganzen Welt für ihren besonderen Pflanzenreichtum bekannt. Man schätzt, dass hier über 2000

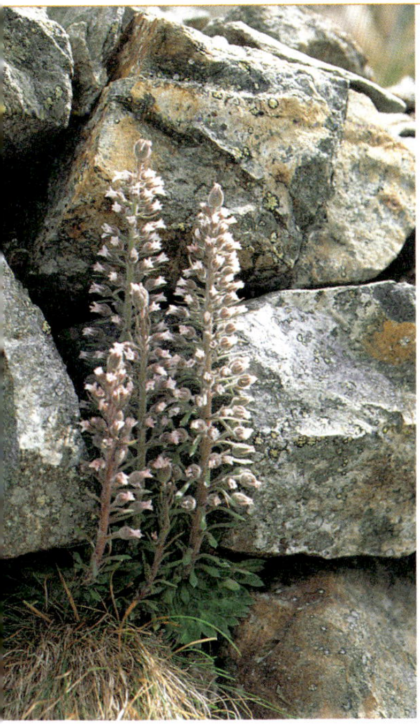

Der bekannteste aber auch seltene Endemit der Seealpen: Saxifraga florulenta (Argentera-Steinbrech) in Blüte.

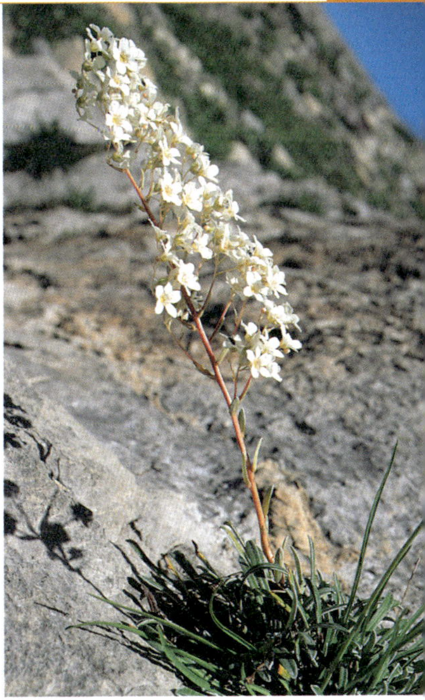

Saxifraga lingulata (Dickblättriger Steinbrech).

Spezies und somit über ein Viertel aller in Italien vorkommenden Arten (bis heute 7614) heimisch sind. Allein im Gebiet des Parks kommen 40 der 80 in Italien gezählten Orchideenarten vor, die mit ihrer Farbenvielfalt zu den prächtigsten aller Blumen gehören. Der botanische Reichtum ist auf mehrere Faktoren zurückzuführen, unter anderem auf die besondere geografische Lage der Seealpen (hohe Gipfel, nahes Mittelmeer, nahe Po-Ebene). Die unterschiedlichen Mikroklimata, die sich daraus ergeben, begünstigen das Gedeihen zahlreicher Pflanzenarten, die normalerweise an weit entfernten Standorten vorkommen, und ergeben eine ausgesprochen vielfältige Mischung von alpinen, mediterranen und in geringem Maß auch pannonischen Pflanzen (aus der pannonischen Tiefebene in Ungarn). Wichtig für den Pflanzenreichtum ist weiterhin der Umstand, dass die Seealpen in den Eiszeiten nur teilweise vergletschert waren und so zahlreiche Pflanzenarten die Eiszeiten hier überlebten. Auch die Entstehung der rund 30 Endemiten (das sind Pflanzen, die ausschließlich in einem kleinen Gebiet vorkommen) der Seealpen geht auf diesen Umstand zurück. Pflanzen, die im gesamten übrigen Alpenraum damals ausgestorben sind, konnten nur hier auf eisfreien Standorten überleben.

Die größte Aufmerksamkeit der Botaniker und Besucher erregt der endemische »Ar-

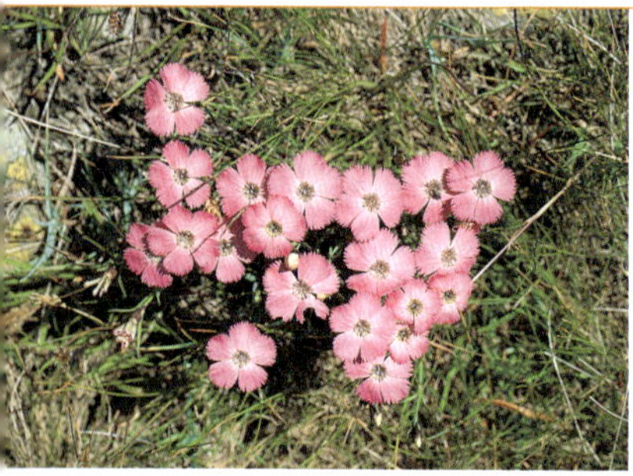

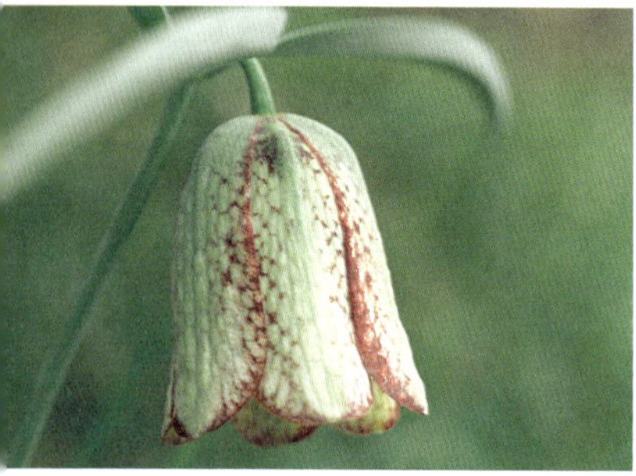

Oben: Die Pfauennelke (Dianthus neglectus) ist nur in den Südwestalpen heimisch.

Unten: Piemonteser Schachblume (Fritillaria involucrata), ein Endemit der See- und Ligurischen Alpen.

gentera-Steinbrech« (Saxifraga Florulenta), der im Seealpenpark und im Nationalpark Mercantour (dessen Symbol diese Pflanze bis vor einigen Jahren war) an verschiedenen Standorten vorkommt. Diese Steinbrechart, die 1864 zum ersten Mal entdeckt wurde, gibt es seit den Dinosauriern, und sie hat die Eiszeiten überlebt, indem sie sich in Felswände zurückgezogen hat. Sie blüht nur ein einziges Mal in ihrem Leben, und zwar nach etwa 30 Jahren. Aus der eher unscheinbaren Blattrosette wächst in der Blütezeit eine lange hellrosa Rispe, danach stirbt die Pflanze. Die Saxifraga Florulenta ist sehr schwer ausfindig zu machen, denn sie wächst an steilen, silikathaltigen Felswänden, zwischen 1900 und 3240 Meter Höhe, oft in der Nähe von Bächen, Seen oder Wasserfällen. Sie krallt ihre Wurzeln in Felsspalten und begnügt sich mit einer minimalen Humusschicht. Ihre Schönheit und ihre biologischen Eigenheiten sowie ihre geringe räumliche Ausbreitung machen diese Pflanze zu einer der berühmtesten der ganzen Alpen – eine lebende Legende.

Andere Endemiten der Seealpen sind Tende-Labkraut (kommt auch noch in den Cottischen Alpen vor), Löffelblättriger Steinbrech, Valdieri-Fingerkraut, Argentera-Stiefmütterchen (kommt auch auf Korsika vor) oder die Allionis-Primel (kommt zwar auch, selten, in anderen piemontesischen Alpentälern vor, ist aber vor allem im Gesso-Tal zu finden). Die Tatsache, dass diese Pflanzen nur hier wachsen, bedeutet nicht unbedingt, dass sie nur in wenigen Exemplaren vorkommen. Ein häufiger Endemit der Seealpen ist zum Beispiel das herzblättrige Leimkraut (Silene cordifolia). Wer mehr über die einzigartige Flora wissen und die Blütenpracht in aller Ruhe genießen will, dem ist ein Besuch im Botanischen Garten Valderia (s. Kapitel 1: *Die Ausgangsorte/Terme di Valdieri*) zu empfehlen. Dieser verdankt seinen Namen dem endemischen Valdieri-Veilchen (Viola valderia), das 1780 vom Botaniker Carlo Allioni am Kiesufer des Gesso entdeckt wurde.

Je nach Bodenbeschaffenheit und Höhe erstrecken sich Wälder über die Berghänge: von Kastanien-, Eichen- und Buchenwäldern in den tiefen Lagen über Weißtannen- und schüttere Lärchenwälder bis zu einzelnen Zirben (Arven) in hohen Regionen. Weitere, häufige Baumarten sind die Bergkiefer und die Birke. Im Naturzustand waren die gesamten Seealpen bis in eine

Von oben nach unten: Die Steinnelke (Dianthus sylvestris) ist leicht mit der Pfauennelke zu verwechseln und häufig am Wegrand zu sehen. Pilze kommen in den Seealpen ebenfalls vor, können jedoch im Unterschied zu Pflanzen keine Photosynthese betreiben. Edelweiß (Leontopodium alpinum). Blütenpracht der Orangeroten Feuerlilie (Lilium bulbiferum croceum).

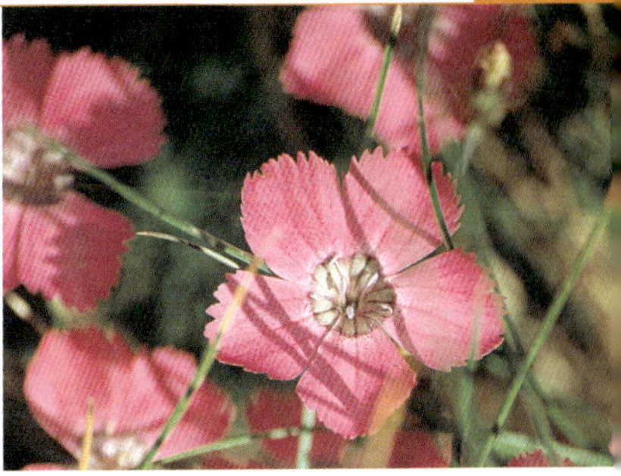

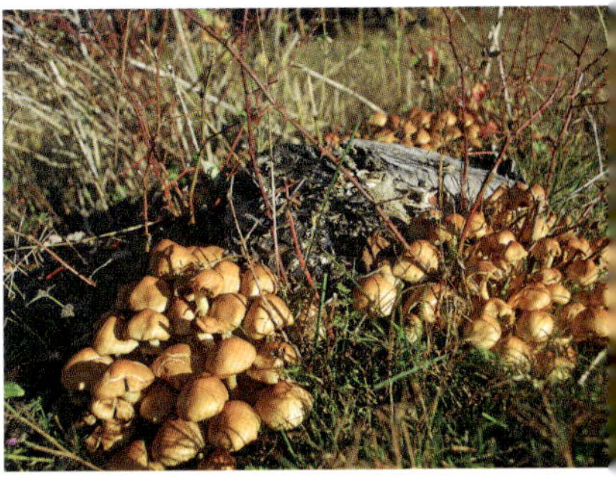

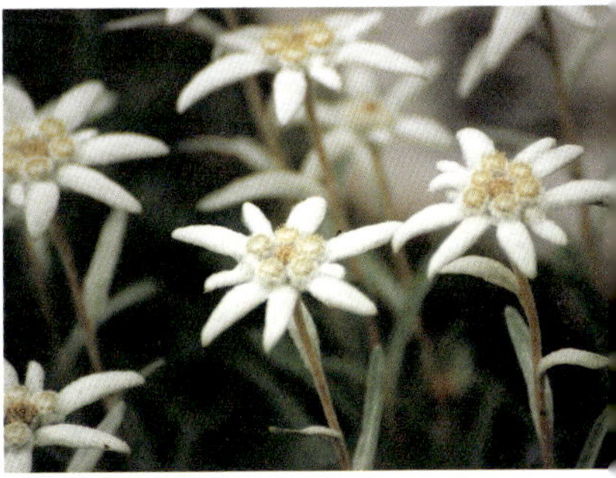

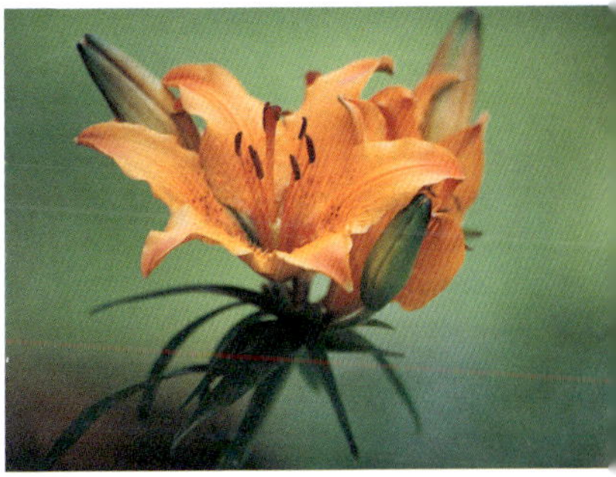

Höhe von 2000 bis 2100 Meter von einem dichten Wald bestanden, der nach oben hin allmählich lichter wurde und der häufig von Lawinen- und Steinschlagrinnen durchzogen war.

Oberhalb der Baumgrenze breiten sich alpine Gräser und Matten aus. Selbst die Felsen der Gipfelregionen sind besetzt von niederen Pflanzen wie Flechten – Doppelwesen, die aus je einer Pilz- und Algensorte bestehen.

Eine botanische Besonderheit ist der inzwischen sehr seltene Phönizische Wacholder (Juniperus phoenicea), der sich nördlich beziehungsweise oberhalb von Valdieri angesiedelt hat. Dieser Wacholder, der eigentlich im Mittelmeerraum heimisch ist, erreicht hier sein nördlichstes Verbreitungsgebiet und kann hier nur aufgrund des besonderen Mikroklimas (Südexposition) und der Bodenbeschaffenheit überleben. Das kleine Verbreitungsgebiet wird durch ein eigenes Naturreservat mit dem Namen Riserva Naturale di Rocca San Giovanni-Saben (ehemals Riserva Naturale Speciale Juniperus phoenicea) geschützt; siehe Kapitel 1: *Die Ausgangsorte/Valdieri*. Am nordöstlichen Rand des Seealpenparks liegt der alte und mächtige Buchenwald von Palanfrè, der zu den schönsten Wäldern der Seealpen gehört und der auf einem Lehrpfad erkundet werden kann (Sentiero natura di Palanfrè).

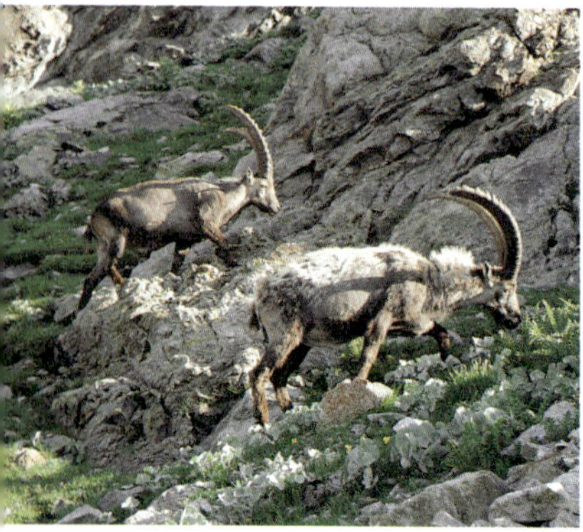

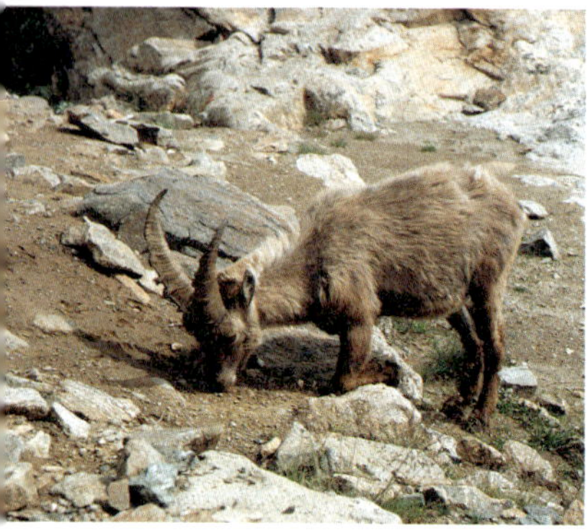

Stattliche Steinböcke beim Passo di Pagarì.

Ein Steinbock-Junges ohne Furcht in der Nähe des Rifugio Remondino.

Tiere

Der Seealpenpark besitzt analog zur floristischen Vielfalt auch eine reiche Fauna. Dieser Naturreichtum und dessen Schutz war der wichtigste Grund für die Gründung des Naturparks. Neben Arten, die man auch in der Ebene antrifft, sind hier vor allem viele typisch alpine Tierarten heimisch.

Bekannt ist der Park vor allem durch seine Huftiere. Die Gämse ist zu seinem Symbol geworden. Der Bestand lag zwischen 2000 und 2010 bei etwa 4500 Exemplaren (1963 waren es etwa 2500), ist jedoch nach dem Ausbrechen der Keratokonjunktivitis-Pandemie (eine Zoonose, bei der sich Bindehaut und Hornhaut der Augen entzünden) im Herbst 2008 und dem schneereichen Winter 2008/09 drastisch geschrumpft. In den letzten Jahren liegt die Zahl ziemlich konstant bei etwa 2500 Tieren. Damit bilden sie im Verhältnis zur Fläche immer noch eine der größten Populationen der Alpen. Am besten sind Gämsen am frühen Morgen und am Abend zu beobachten. Auch die Paarungszeit im Herbst bietet eine gute Möglichkeit, die sonst scheuen Tiere zu sehen. Es ist die einzige Zeit, in der beide Geschlechter miteinander leben, und ihre Aufmerksamkeit gilt dann hauptsächlich den Artgenossen. Generell lassen sich die Gämsen aber in den letzten Jahren weniger gut beobachten, da sie sich immer öfter in den Wäldern aufhalten. Man vermutet, dass sowohl der Klimawandel als auch die neuerdings permanente Anwesenheit des Wolfes diese Verhaltensänderung bewirkt.

Zahlreich sind auch die größten Tiere des Parks, die Steinböcke. Sie wurden von Vittorio Emanuele III. in den 1920er Jahren wieder eingeführt und sind aufgrund des besonderen Schutzes von wenigen Exemplaren kontinuierlich auf derzeit etwa 700 Stück angewachsen. Allein in den letzten 15 Jahren ist die Population um gut 15 Prozent gestiegen. In einem grenzüberschreitenden Projekt (Alcotra Lemed-Ibex 2014–2020, »Der Steinbock zwischen Genfersee und Mittelmeer«, https://it.marittimemercantour.eu/progetti-transfrontalieri/progetto-alcotra-lemed-ibex) wurde der Steinbock ausführlich erforscht, mit dem Ziel, ihn besser schützen zu können. Wie auch bei den Gämsen wurden im

Seealpenpark bis 2008 einige Exemplare im Jahr eingefangen und an anderen Orten wieder ausgesetzt. So entstanden neue Steinbockpopulationen am ganzen Alpenhauptkamm. Ihr Lebensraum ähnelt dem der Gämsen, das heißt, sie besiedeln im Sommer die Matten- und Felsregionen vom oberen Bergwald aufwärts, wobei sie sich als hervorragende Kletterer erweisen. Das bis zu 80 Zentimeter lange, stark gekrümmte und mit Querwülsten ausgestattete Gehörn tragen nur die männlichen Tiere. Die Hörner der Geiß sind weniger stark gekrümmt und nur 15 bis 20 Zentimeter lang. Im Gegensatz zu den Gämsen sind die Steinböcke nicht scheu und lassen sich gut aus der Nähe beobachten.

Weitere Huftiere des Parks sind Hirsche, Rehe und Wildschweine. Die Anzahl dieser drei Arten ging aber in den letzten Jahren zurück, da sie die bevorzugten Beutetiere des Wolfes sind. Den stärksten Einfluss hat der Wolf dabei auf die Anzahl der Rehe, die sich in den letzten Jahren sehr stark verringert hat. Die Population der Wildschweine wurde im Jahr 2023 durch gezielte Abschüsse zusätzlich geschwächt. Diese waren wegen des Ausbruchs der Schweinepest in den Regionen Piemont und Ligurien notwendig geworden.

Die vorher schon nur selten zu sehenden Mufflons (ein Wildschaf aus dem Mittelmeerraum, vor der Parkausweisung von den Menschen eingeführt) sind in den letzten Jahren komplett aus dem Parkgebiet verschwunden, was ebenfalls mit der Präsenz des Wolfes zusammenhängt.

Dieser wurde jahrhundertelang, bis zu seiner Ausrottung in dieser Region in den 1920er Jahren, vom Menschen gejagt. Nach 70-jähriger Abwesenheit hatte er aber vor drei Jahrzehnten damit begonnen, vom Apennin aus gelegentliche Abstecher ins Parkgebiet zu unternehmen, und ist hier seit 1992 wieder heimisch.

Mit Forschungsprojekten (zum Beispiel den EU-Projekten »Der Wolf im Piemont« und »LIFE WolfAlps EU«, an dem vier Alpenländer von 2013 bis 2018 beteiligt waren) hat man viel über die Verhaltens-

Nur an wenigen Orten lassen sich Gämsen so gut beobachten wie im Seealpenpark.

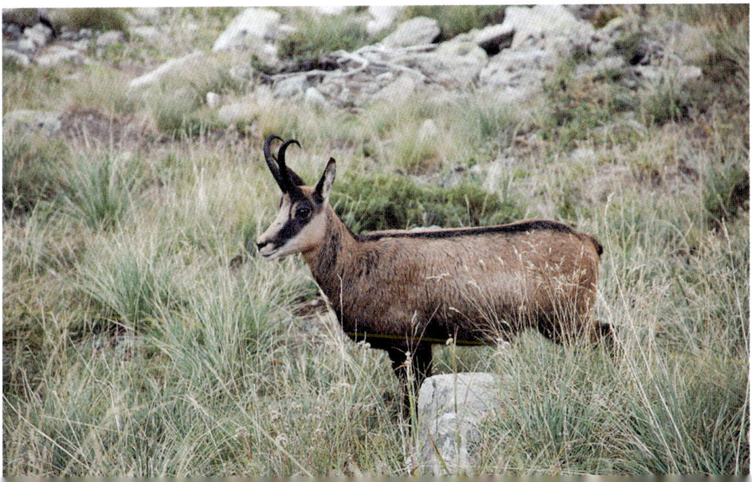

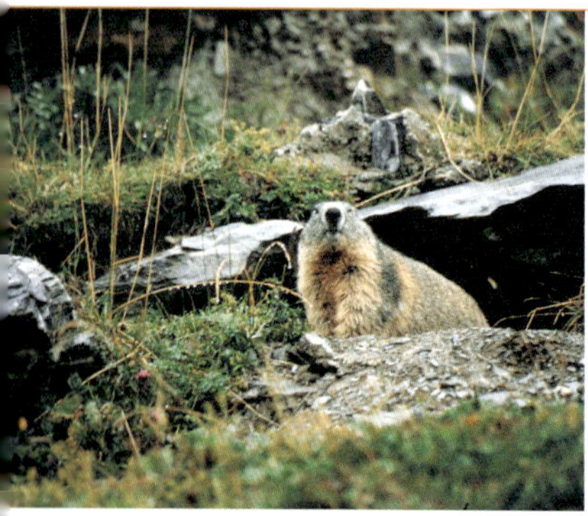

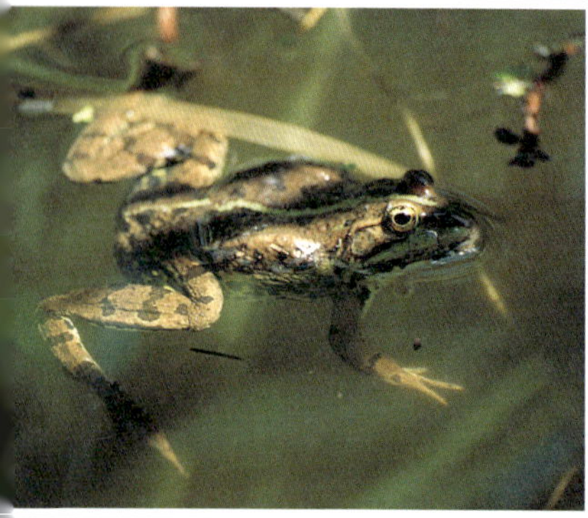

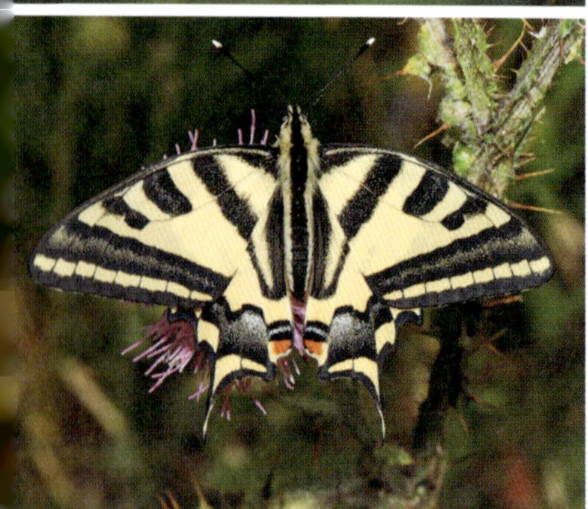

Von oben nach unten: Bei Gefahr verschwindet das Murmeltier blitzschnell in seiner Höhle. Amphibien leben im Seealpen-Naturpark bis auf 2200 Meter Höhe. Die Schmetterlingsart Papilio alexanor (Alexanor-Schwalbenschwanz) gilt in Italien als bedroht und kommt hier nur in den Ligurischen und Seealpen vor.

weisen der Wölfe gelernt. Aktuell versucht man auf Grundlage der gewonnenen Erkenntnisse in einem territorial auf den gesamten Alpenbogen erweiterten Anschlussprojekt namens LIFE WolfAlps EU 2018–2024 konkrete »Aktionen zur Verbesserung der Mensch-Wolf-Koexistenz« ins Leben zu rufen (www.lifewolfalps.eu).

Die Rückkehr des Wolfs hat nämlich von Anfang an nicht nur für Begeisterung gesorgt. Bei den Bauern hat sie großen Unmut hervorgerufen, bringt der Wolf doch Probleme für die Schafzucht, da die Schafe auf den Alpen üblicherweise nicht gehirtet werden. Mit hohen elektrischen Zäunen (die immer wieder zu sehen sind) und großen Wachhunden kann man jedoch Wolfattacken auf Schafe zum Teil mit Erfolg eingrenzen, und seit 1996 erstattet die Region Piemont die Schäden, die den Viehzüchtern durch Angriffe von Wölfen entstehen.

Im Besucherzentrum Centro Uomini e Lupi (Menschen und Wölfe) in Entracque wird das schwierige Miteinander von Wolf und Mensch thematisiert, bei gleichzeitig wissenschaftlicher Betrachtung, sodass man sich hier ein fundiertes Wissen aneignen kann. Und schließlich leben in der sogenannten Area faunistica – ebenfalls Teil des Informationszentrums Uomini e Lupi – auf 8 Hektar umzäunten Gebietes sieben Wölfe (Stand 2023), die in freier Natur nicht überlebensfähig wären, da sie Unfallopfer oder schon in Gefangenschaft geborene Tiere sind. Diese lassen sich von einem Beobachtungsturm des Besucherzentrums mit etwas Glück gut beobachten (s. Kapitel 1: *Die Ausgangsorte/Entracque*).

Bei den Kindern ist von den über 30 Säugetierarten im Park das Murmeltier am beliebtesten. Obwohl es etwas plump erscheint, rennt es bei Gefahr blitzschnell in seine Erdhöhle, um sich zu verstecken. Sein charakteristisches Pfeifen, eine Warnung an Artgenossen vor Gefahr, hört man schon von weitem. Bei einer Sommerwanderung in den höheren Regionen ist es leicht möglich, Murmeltiere zu sehen. Schwieriger zu beobachten sind andere Nagetiere, die hier vorkommen, wie Marder, Wiesel, Hermelin, Hase, Eichhörnchen oder Maus.

Zu den abend- beziehungsweise nachtaktiven Säugetieren zählen zum Beispiel Fuchs, Dachs und Steinmarder, sowie 11 hier lebende Fledermausarten.

Etwa 170 Vogelarten leben im Park und somit fast alle typischen Bewohner der westlichen Alpenkette, vom Alpenschneehuhn bis zum Specht. Eine große Anzahl von Zugvögeln sucht sporadisch dieses Gebiet auf. Bemerkenswert sind die Kormorane am Stausee Piastra, die dort im Winter heimisch sind – auf 960 Meter Höhe! Normalerweise findet man diese Vögel im Winter in den großen Flussdeltas der benachbarten Tiefebenen (Rhone, Po). Besonders interessant, sowohl für den Naturschutz als auch für die Wissenschaft, ist der Bartgeier, dessen Flügelspannweite bis zu 2,80 Meter betragen kann. Der Bartgeier wurde lange Zeit in ganz Europa verfolgt und war am Ende des 19. Jahrhunderts in den Alpen ausgerottet, weil man gedacht hatte, er greife Schafe an. In Wirklichkeit ernährt er sich, wie alle anderen Geier, fast ausschließlich von toten Tieren und besonders von deren Knochenmark. Er lässt die Knochen aus großer Höhe fallen, damit sie zerbrechen und er so an das Mark herankommt. Dank einem langjährigen europäischen Projekt zur Wiedereinführung ist der Bartgeier nun erneut in den Seealpen und im Park heimisch. 1993 wurden die ersten Bartgeier ausgewildert.

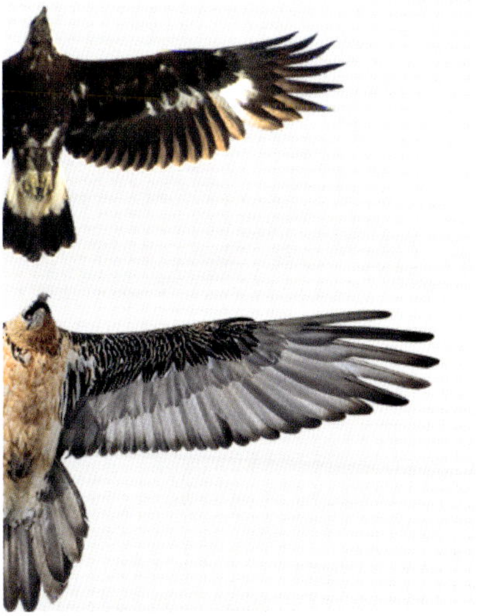

Adler und Bartgeier sind im Flug leicht zu unterscheiden: Während beim Adler die Federn der Flügelspitzen eher leicht nach oben zeigen, verhält es sich beim Bartgeier genau umgekehrt.

Anfangs baute man künstliche Horste für die jungen Tiere, die sie bis zu ihrer Unabhängigkeit benutzten. 2008 wurde hier zum ersten Mal nach über einem Jahrhundert wieder ein Exemplar in Freiheit geboren (im Nationalpark Mercantour), und im Jahr 2015 lebten im grenzübergreifenden Gebiet Mercantour-italienische Seealpen insgesamt 43 ausgewilderte Bartgeier.

Neben vielen anderen Raubvögeln leben auch einige Goldadlerpaare im Parkgebiet. Ihr majestätischer Flug gehört zu den spektakulärsten Schauspielen am Himmel. An warmen Tagen ist die Möglichkeit groß, auf Reptilien zu stoßen. Am gefährlichsten ist die Viper, eine Giftschlange, die Gebäuderuinen sowie sonnige Stein- und Geröllhänge bis etwa 2500 Meter Höhe bevor-

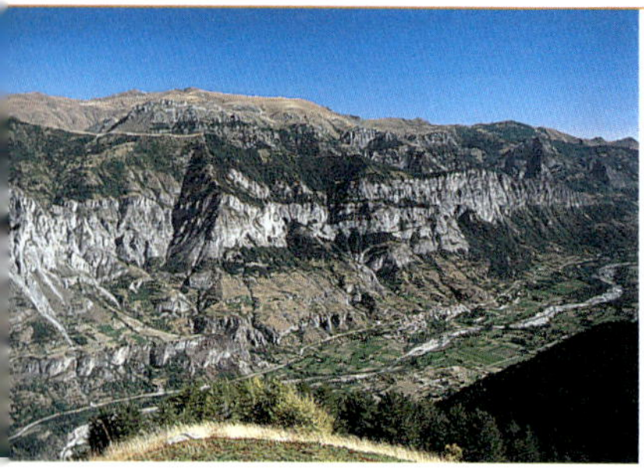

Die Höhlen von Aisone im Stura-Tal (im Kalkband) sind ein Beleg für die sehr lange bäuerliche Nutzung dieser Alpenregion.

zugt. Sie greift jedoch normalerweise den Menschen nicht an, sondern flüchtet sofort. An trockenen Steinmauern leben Eidechsen und Blindschleichen.

Amphibien bevorzugen als Lebensraum die Gewässerränder des Parks, es kommen sowohl Froschlurche (Frösche, Kröten), als auch Schwanzlurche (Salamander) vor.

In den kalten Bergbächen lebt die Forelle und die Groppe, ein Kleinfisch ohne Schuppen und Schwimmblase, der nicht größer als 18 Zentimeter wird. Die Groppe lebt dicht am Gewässerboden und nimmt dessen Farbe an, um sich zu tarnen.

Obwohl es nicht ins Auge sticht, haben die Insekten die stärksten körperlichen Veränderungen angenommen, um sich der Umwelt anzupassen. Dazu gehört beispielsweise die Verkleinerung des Körpers (sinkender Energieverbrauch) oder eine extrem verlangsamte Entwicklung vom Ei zum fertigen Insekt. Der wunderschöne gelb-blau-schwarz gemusterte Schmetterling »Papilio alexanor« ist eine der vielen endemischen Insektenarten der Seealpen.

Diesem ist seit 2016 der »Sentiero delle Farfalle« (Schmetterlingsweg) gewidmet, s. Kapitel 1: *Die Ausgangsorte/Valdieri*.

Die Seealpen als Lebens- und Wirtschaftsraum

Nutzungsgeschichte

Nach der letzten Eiszeit, die vor etwa 12 000 Jahren zu Ende ging, wurden mit dem Rückzug der Gletscher die alpinen Täler eisfrei. Gruppen von Jägern streiften von da an während der Sommermonate, den Tierherden folgend, durch die Seealpen. Noch fand aber keine Ansiedlung statt, denn die Jäger lebten ein Nomadenleben.

Erst um 5800 vor Christus erreichten die Kenntnisse von Ackerbau und Viehzucht auf dem Weg über das Mittelmeer die Riviera, und im Rhonetal, an der Mittelmeerküste und am Rande der Po-Ebene entstanden die ersten Bauerngesellschaften. Allerdings waren die Bedingungen für den Weidegang der Tiere um die Dörfer herum im Sommer wegen der ausgeprägten Sommertrockenheit nicht sehr günstig. Die hoch gelegenen Weideflächen der benachbarten Seealpen waren jedoch im Sommer gerade erst schneefrei geworden und boten vergleichsweise gute Weidemöglichkeiten.

Relativ bald nach Entstehung der ersten Bauernkulturen dürften sie daher im Sommer als Viehweide genutzt worden sein. Gruppen von Hirten ließen die Schafherden im Winter in den tief liegenden Gebieten außerhalb der Alpen weiden, zogen dann im Frühling langsam in Richtung Seealpen, erreichten im Sommer die hohen Seealpen, und im Herbst ging es dann langsam wieder zurück. Diese sogenannte »Wanderschafhaltung« (Transhumanz) ist archäologisch erstmals im Tal der Wunder (s. Kapitel 5: *Im Tal der Wunder)* in Form von Felsbildern belegt, dürfte aber sehr viel älter sein.

Neben dieser Erschließung »von oben« findet jedoch gleichzeitig auch eine Besiedlung »von unten« statt. In den Höhlen bei Aisone (840 m, Stura-Tal) finden sich Spuren einer Ansiedlung, die aus der Zeit um 4000 vor Christus stammen und auf eine völlig andere Nutzung hinweisen: Die Bewohner betrieben neben Viehzucht und Jagd auch schon einfache Formen des Ackerbaus, es handelt sich also um eine echte Autarkiewirtschaft (Produktion aller wichtigen Lebensmittel vor Ort). Dieser Zufallsfund lässt vermuten, dass zu dieser Zeit auch die tiefen Lagen in den benachbarten Tälern (vielleicht auch im Gesso-Tal) auf ähnliche Weise genutzt wurden.

Aus der Bronze- und Eisenzeit (2. bis 1. Jahrtausend vor Christus) erhalten wir weitere Hinweise auf die Gegenwart des Menschen, wie beispielsweise zahlreiche Felszeichnungen im Tal der Wunder (Nationalpark Mercantour) und am Lago del Vei del Bouc im Gesso-Tal. In dieser Zeit wurde bereits mit Fellen, Käse und aus dem Bergbau gewonnenen Materialien gehandelt, nämlich zwischen der Tiefebene von Cuneo und der ligurischen Küste.

Im 12. Jahrhundert vor Christus (ausgehende Bronzezeit) erfolgte ein Bruch in der Lebensweise der Bevölkerung. Hinter-

Die Weidegebiete bei der Baisse de Valauretta wurden schon in prähistorischer Zeit von transhumanten Schafhirten genutzt. Durch Rodung wurde der ehemalige Waldstandort zu einer Alp (Etappe 11a).

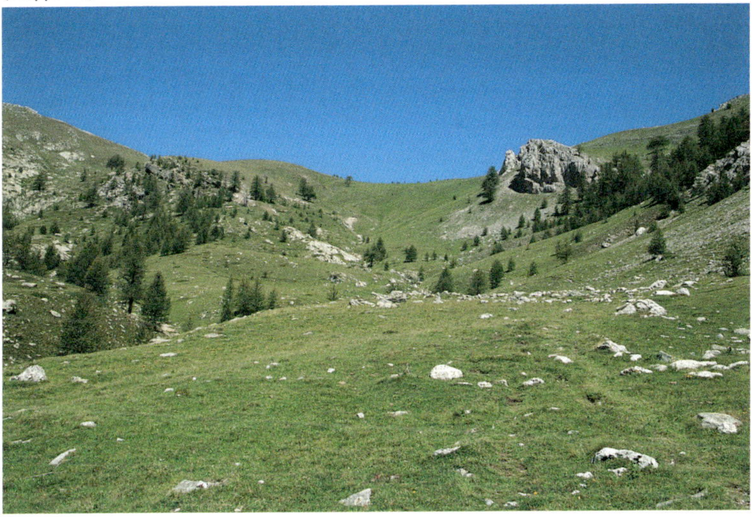

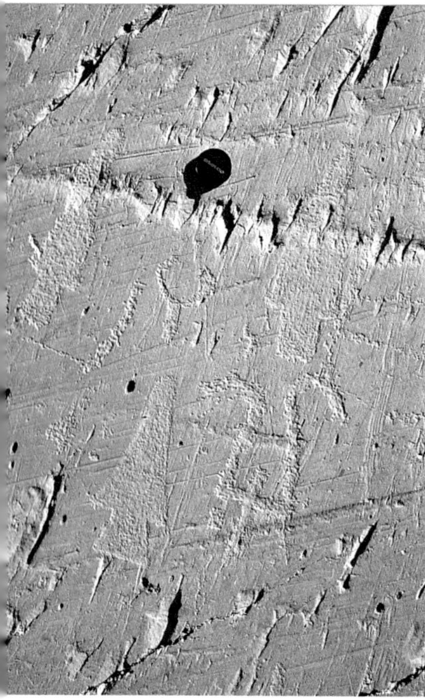

Felszeichnungen im Tal der Wunder belegen die prähistorische Anwesenheit des Menschen. Drei Waffen sind auf diesen Felszeichnungen, die aus der Bronzezeit stammen, zu erkennen. Der Objektivdeckel dient als Maßstab für die Größe der Felszeichnungen.

grund war die Ausbreitung des Volksstammes der Ligurer, die von der Mitte Europas nach Süden drängten und auch in die Seealpen gelangten. Die bestehenden Bauerndörfer wurden verlassen, und man legte an schwerer zugänglichen Stellen befestigte Siedlungen (Castelliere) an. Und die Felszeichnungen am Mont Bego, die bis dahin nur friedliche Figuren aufweisen, zeigen jetzt erstmals Waffen aller Art. Aus dieser Zeit stammt auch die Nekropolis (Begräbnisstätte) von Valdieri, die von der ausgehenden Bronze- bis zu den Anfängen der Eisenzeit, also über einen Zeitraum von etwa 900 Jahren, von den Talbewohnern als riesiger Friedhof genutzt wurde. Wegen der – für diesen sehr langen Zeitraum – limitierten Anzahl von Gräbern geht man davon aus, dass nur die wichtigen Personen der damaligen Gemeinschaft (z. B. Anführer, Priester) an diesem Ort bestattet wurden. In der für diese Epoche einzigartigen Anlage, die vom Ort aus mit einem etwa 15-minütigen Spaziergang (s. Kapitel 1: *Die Ausgangsorte/Valdieri)* zu erreichen ist, wurde 2013 ein Haus aus der Bronzezeit nachgebaut. Und im Museum der Nekropolis (Piazza della Resistenza 28 in Valdieri) sind zahlreiche Keramikarbeiten und kostbare Grabbeigaben aus dieser Zeit ausgestellt.

Etwa ab dem 6. Jahrhundert vor Christus gibt es in der Region Cuneo eine zunehmende Einwanderung von Kelten, die aus dem Norden und Osten kommen und sich mit den ansässigen ligurischen Stämmen friedlich vermischen. Daher spricht man von der keltisch-ligurischen Kultur, und ihre bekannteste Siedlung ist der befestigte Ort Bec Berciassa (vermutlich aus dem 3. Jahrhundert vor Christus). Er wurde in strategisch günstiger Position oberhalb des heutigen Roccavione am Zusammenfluss von Gesso und Vermenagna angelegt. Die Bevölkerung lebte in Holzhütten mit Strohdächern und widmete sich der Landwirtschaft, insbesondere der Viehzucht, und jagte auch Großsäuger wie Hirsch und Wildschwein. Es wird vermutet, dass es auch in der Nähe von Entracque eine frühe befestigte Siedlung (ähnlich Bec Berciassa) gab. Ebenfalls aus der Eisenzeit stammen Keramikreste, die in der Nähe der Orte Brignola, Andonno und Roaschia im Gesso-Tal gefunden wurden.

Mit der Eroberung der Seealpen durch die Römer um 15 vor Christus wurden zwei

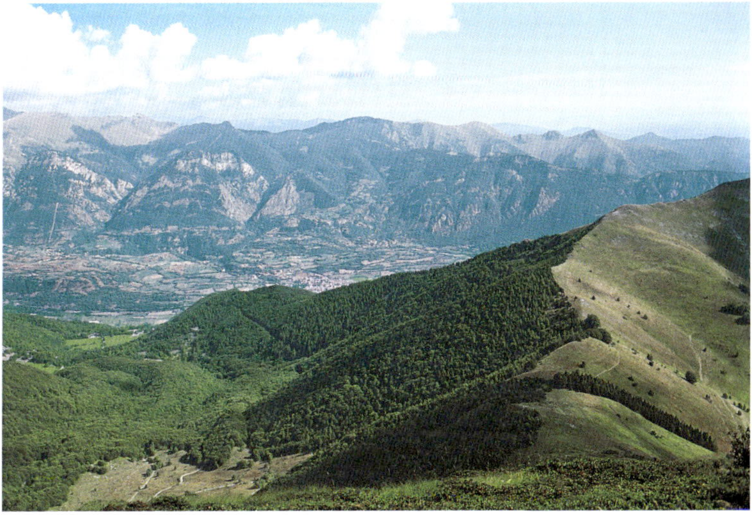

Blick auf den Colle dell'Arpione, 1721 m, im Hintergrund das Stura-Tal mit Demonte (Abstecher Etappe 1). Auffällig ist hier der Unterschied zwischen den südexponierten, gerodeten und den nordexponierten, nicht gerodeten Hängen.

wichtige Innovationen in die Landwirtschaft der unteren Talbereiche eingeführt, nämlich der Wein und die Esskastanie. Damit wurde die Produktpalette der prähistorischen Landwirtschaft deutlich erweitert. Und der Bau der Römerstraßen über den Maddalena- und Tenda-Pass muss mit der Anlage von Siedlungen entlang der Straße verbunden gewesen sein, und dies dürfte in der gesamten Region den Austausch und den Handel mit landwirtschaftlichen Produkten gefördert haben. So dürften Ackerbau und Viehzucht unter diesen Rahmenbedingungen aufgeblüht sein, was untrennbar mit Siedlungserweiterungen und Rodungen verbunden war.

Im Mittelalter wurde der Ausbau der Kulturlandschaft und der Siedlungen weiter vorangetrieben, und es entwickelten sich diejenigen Nutzungs- und Lebensformen, die dann vom ausgehenden Mittelalter bis zum 20. Jahrhundert nahezu unverändert blieben. Als einzige nennenswerte Innovation in der Landwirtschaft ist die Einführung der Kartoffel in den Tälern (im Gesso-Tal Mitte des 18. Jahrhunderts) zu nennen.

Die traditionelle Landwirtschaft, Siedlungsstruktur und Architektur

Die vorherrschende Landwirtschaft in den piemontesischen Alpen war der sogenannte Acker-Alp-Betrieb, das heißt eine Kombination aus Ackerbau und Viehzucht mit dem Ziel der Selbstversorgung (Autarkiewirtschaft), wobei aber stets eine Reihe von Produkten über die lokalen Märkte getauscht oder ge- und verkauft wurden (marktoffene Autarkiewirtschaft).

Im Bereich der Seealpen ist der Ackerbau durch die relativ hohen Niederschläge, den hohen Ödlandanteil und die schlechte

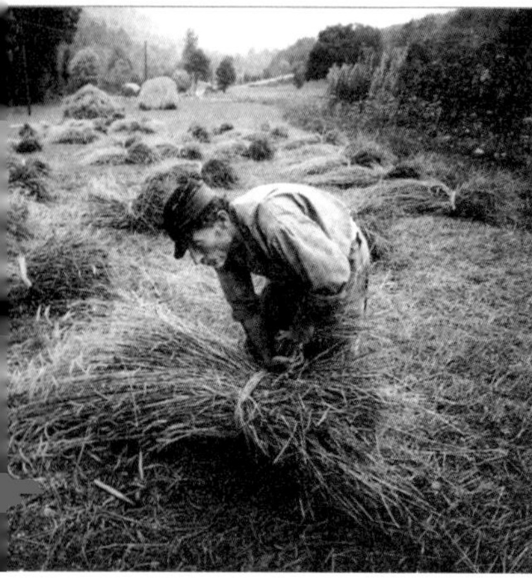

Die Ernte des Winterroggens, dem in der Vergangenheit eine extrem wichtige Stellung zukam.

Bodenbildung des Argentera-Massivs benachteiligt und kann nur in den tieferen Lagen (besseres Klima, bessere Böden) betrieben werden. Daher liegt die traditionelle Obergrenze der Dauersiedlungen, die immer an den Ackerbau gebunden ist (rund um das Dorf liegen stets die wichtigsten Ackerparzellen), hier relativ tief, nämlich im Bereich von etwa 1000 Höhenmetern: In der Gemeinde Valdieri liegt der Weiler San Bernardo (Desertetto-Seitental) auf 1096 Meter, der Weiler S. Anna di Valdieri auf 963 Meter. In der Gemeinde Entracque liegen die höchsten Weiler bei 1100 Meter (Colletta, Trinità, Esterate). Der besonders hoch gelegene Weiler Terme di Valdieri, 1368 m, stellt eine Ausnahme dar, weil er seine Existenz nicht der Landwirtschaft, sondern den Thermalquellen verdankt.

Und auf der Südseite der Seealpen ist es ganz ähnlich: Hier liegen die traditionellen Dauersiedlungen nur an einer Stelle – Le Boréon, 1352 m, nördlich von St-Martin-Vésubie – höher als 1100 Meter. Zum Vergleich dazu liegen in den benachbarten südlichen Cottischen Alpen die obersten Weiler zwischen 1800 und 2000 Meter, also rund 800 Meter höher. Die tief gelegene obere Siedlungsgrenze in den Seealpen ist eine wichtige Ursache dafür, dass der Mensch hier nicht sehr präsent erscheint und die Landschaft auch heute noch ziemlich unberührt wirkt.

Wo Ackerbau in den Seealpen möglich war, wurden die Parzellen oft mit Hilfe von Trockensteinmauern aufwändig terrassiert, um möglichst ebene Flächen zu bekommen, jeden Meter Ackerfläche auszunutzen und den Bodenabtrag zu minimieren. Dabei wurde sogar manchmal auf Felsen mit ebener Oberfläche Erde hinaufgetragen, um auch eigentlich sterile Ödlandflecken in die Nutzung mit einbeziehen zu können. Wichtigste Ackeranbaufrucht war der Roggen (zur Bedeutung des Roggenanbaus, s. Kapitel 1: *Die Ausgangsorte/S. Anna di Valdieri)*, gefolgt vom Kartoffelanbau, der im Gesso-Tal (vor allem in Entracque) ab der Mitte des 18. Jahrhunderts eine wichtige Stellung einnahm.

Oberhalb der Dauersiedlungen liegen die Temporärsiedlungen, die nur im Sommer bewohnt wurden und die hier meist Tetti oder Case genannt werden. Diese sind seit dem ausgehenden Mittelalter im Rahmen von Siedlungs- und Nutzungserweiterungen, die auch mit einem Bevölkerungsanstieg verbunden waren, entstanden. Im Unterschied zu den Dauersiedlungen, die in dieser Region vorwiegend Haufendörfer (eng nebeneinander oder aneinander gebaute Häuser) sind, können diese Temporärsiedlungen auch aus einzelnen Gebäuden bestehen. Die Nutzung der Flächen um die Siedlung herum ist ähnlich wie bei den Dauersiedlungen: auf den günstigsten Flächen Ackerbau und ansonsten Mäh-

wiesen, um Winterfutter für die Tiere zu gewinnen.
Aufgrund der ungünstigen Bedingungen für den Ackerbau spielte in den Seealpen die Viehwirtschaft die bedeutendere Rolle. Durch Rodung des Waldes wurden trotz des ungünstigen Reliefs große Weidegebiete gewonnen, und die oberen Bereiche der zahlreichen Seitentäler wurden in Alpgebiete umgewandelt, die hier jedoch nicht Alp / Alm (italienisch: Alpeggio oder Malga), sondern »Gias« (italienisch) / «Jas« (französische Schreibweise) und »Grangia« / »Grange« heißen. Ein Blick auf eine ältere topografische Karte zeigt sehr anschaulich, wie viele Alpgebiete es früher in den Seealpen gab – auch dort, wo die Wanderer heute meinen könnten, sich in einer vom Menschen völlig unberührten Landschaft zu befinden. Aber die Vegetation trägt immer noch die Spuren der Jahrtausende langen Alpnutzung, und es dauert sehr lange, bis sich wieder die standortgemäße Vegetation einstellt. Auf vielen Flächen kann man die allmähliche Verbuschung und Verwaldung der ehemaligen Weiden deutlich erkennen.
Die Identifizierung der früheren Alpgebiete ist auch deshalb schwer, weil es traditionellerweise in den Seealpen keine richtigen Alpgebäude gab: Die Hirten übernachteten sehr spartanisch entweder in einer »Balm« (Felsüberhang, der mit einer kleinen Mauer abgeschlossen wurde) oder in einer »Grotta« (kleines, in den Boden gebautes Halbtonnengewölbe aus Stein), und das Vieh wurde nachts in einen Steinpferch (Gias, das Wort bezeichnet sowohl die Alp wie auch den Pferch) zusammengetrieben. Die Ruinen dieser Alpstrukturen sind leicht zu übersehen.
In den Seealpen gab es traditionellerweise zwei verschiedene Formen der Nutzung dieser hoch gelegenen Weideflächen: die Alpwirtschaft und die Transhumanz.
Bei der Alpwirtschaft werden diese Weideflächen von denjenigen Menschen genutzt, die in den Gemeinden der Seealpen wohnen, also in Valdieri, Entracque, St-Martin-Vésubie, Belvédère, Tende (einschließlich der dazugehörigen Weiler). Ihre Tiere weiden im Sommer auf den Alpen und kehren im Herbst über die Zwischenstufe der Temporärsiedlungen in die Dauersiedlungen zurück. Dann wird ein kleiner Teil des Viehs zur Eigenversorgung geschlachtet, während der größere Teil des Viehs mit dem Futter, das im Bereich der Dauer- und Temporärsiedlungen im Sommer gewonnen wurde, den Winter über

Ehemalige Ackerterrassen in S. Anna di Valdieri.

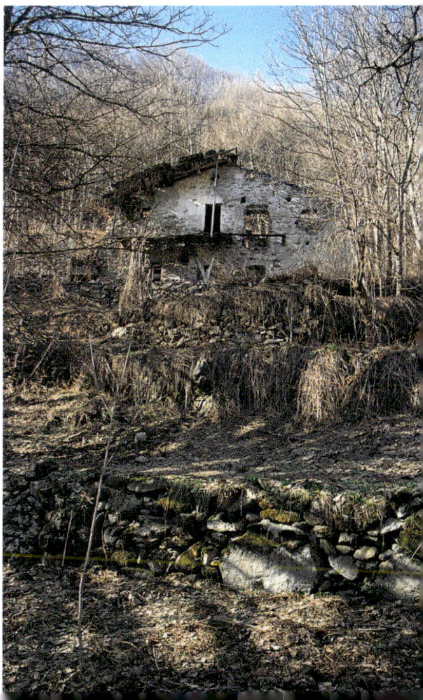

ernährt wird. Da die Siedlungsdichte in den Seealpen traditionellerweise nicht hoch war und die Möglichkeiten zur Futtergewinnung durch das Relief eingeschränkt waren, waren die Viehherden auf den Alpweiden nie besonders groß.

Die zweite Form der Nutzung der hoch gelegenen Weideflächen war die Transhumanz: Große Viehherden, meist Schafe, weiden im Winter im Tiefland (Rhonedelta, Mittelmeerküste, Po-Ebene zwischen Ivrea im Norden und Cuneo im Süden) und im Sommer in den Seealpen. Ursache dieser Nutzungsform ist einmal ihre sehr lange Geschichte – sie dürfte älter sein als die lokale Alpwirtschaft –, andererseits die Situation, dass die lokale Alpwirtschaft mit ihren vergleichsweise kleinen Viehherden nur einen Bruchteil der Hochweideflächen der Seealpen nutzen konnte, denn der limitierende Faktor, die Winterfütterung, war stark ausgeprägt. Volkskundler unterscheiden dabei zwischen der »normalen« oder »aufsteigenden« Transhumanz, bei der die Eigentümer der großen Viehherden außerhalb der Alpen leben, und der »inversen« oder »absteigenden« Transhumanz, bei der die Eigentümer in den Seealpen selbst wohnen.

Bei dieser Wirtschaftsform waren die Hirten fast immer unterwegs, und der treffende Titel eines Buches, das sich mit dem Thema befasst, lautet *Sapersi muovere* (Wissen, wie man sich bewegt), was die Schlüsselqualifikation für dieses Leben benennt. Die transhumanten Hirten hatten entweder eigene Tiere oder betreuten fremde Tiere gegen Bezahlung, aber auch Mischformen waren möglich. Dörfer, aus denen viele transhumante Hirten stammten, waren zum Beispiel Roaschia und Entracque im Gesso-Tal. So war es fast unmöglich, in Entracque bei Volkszählungen die anwesende Bevölkerung genau zu erfassen, da der größte Teil der Hirten fast immer abwesend war. Manche von ihnen kehrten nicht öfter als zweimal (Frühling und Herbst) im Jahr nach Entracque zurück und dann nicht länger als für zwei bis drei Tage. Und von den etwa 25 000 Schafen (und Ziegen), welche während des 18./19. Jahrhunderts im Besitz der Einwohner von Entracque waren, lebten immer nur etwa 300 dauerhaft auf dem Gemeindegebiet, der Rest war auf Transhumanz. Aber auch Hirten aus Südfrankreich, insbesondere der Camargue, nutzten bis in die 1930er Jahre die piemontesischen

Eine Gias in 2000 Meter Höhe; im Hintergrund das Vallone di Rio Freddo mit der Testa Malinvern (rechts) und ganz links der Monte Matto.

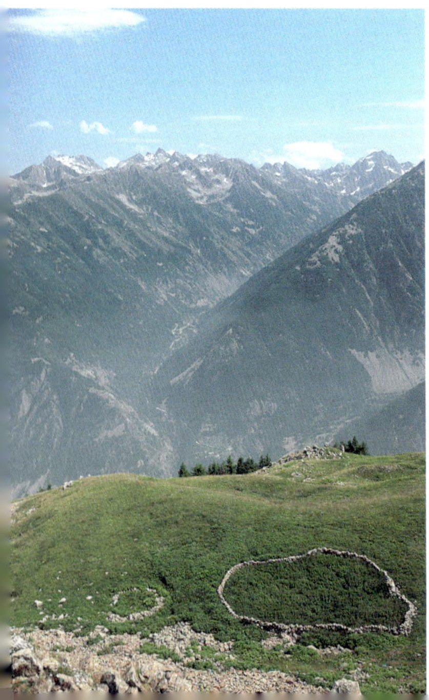

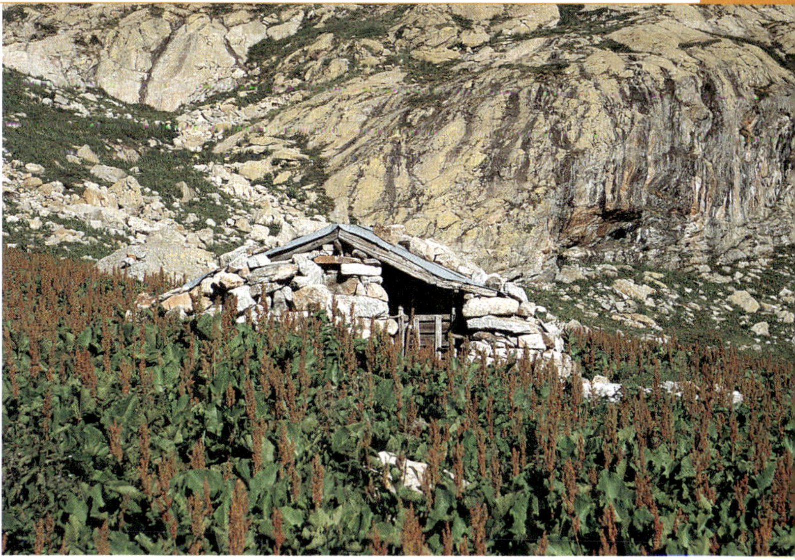

Die bestoßene Gias Gros, 2121 m, im Vallone della Meris. Heute steht den Hirten ein kleines Alpgebäude zur Verfügung. Ringsherum hat sich reichlich Lägerflur entwickelt, die typisch ist für die übermäßig gedüngten Bereiche in Gebäudenähe, wo sich das Vieh häufig aufhält. In den dichten, kaum durchdringbaren Beständen finden sich nur spärlich weitere Pflanzenarten.

Alpen. Diese Wanderschafhaltung wurde in den 1930er Jahren verboten, weil Mussolini fürchtete, dass als Hirten verkleidete Militärs die neuen Grenzbefestigungen ausspionieren könnten.

Nach dem Zweiten Weltkrieg wurde die Wanderschafhaltung nur noch an wenigen Orten in ihrer traditionellen Form aufgenommen, es gibt jedoch immer noch Hirten, die ihre Winterweidegebiete in Frankreich haben, wobei die Schafe mittlerweile mit dem LKW transportiert werden.

In Pontebernardo (Valle Stura) gibt es ein kleines sehenswertes Museum – Ecomuseo della Pastorizia –, das der Alpwirtschaft und der Transhumanz gewidmet ist. Dort sind auch Bücher, welche die Transhumanz dokumentieren, erhältlich (s. *Literaturhinweise*). Besonders eindrücklich ist dabei die Neuausgabe einer Foto-Text-Reportage aus dem Jahr 1951 (Coen / Moyal 2002), welche die dreiwöchige Wanderung einer Schafherde von 2200 Tieren von der Crau (Rhone-Delta) bis zu den Seealpen dokumentiert, zu einer Zeit also, als diese Wanderung noch auf traditionelle Weise durchgeführt wurde.

Und bei einer Wanderung in den Seealpen sind die Relikte der traditionellen Landwirtschaft, die Anfang der 1960er Jahre mit der Einstellung des Ackerbaus zusammenbrach, auch in der Landschaft deutlich erkennbar: ehemalige Ackerterrassen mit Lesesteinhaufen, die brachliegen oder verwildern, durch Rodung gewonnene Alpflächen, die verbuschen oder verwalden, oder Wege, die früher zu den Siedlungen und Alpen führten, die allmählich unpassierbar werden. Sehr langsam werden die

Spuren, welche die Menschen über Jahrhunderte in der von ihnen veränderten Kulturlandschaft hinterlassen haben, getilgt. Unkraut, Büsche und Bäume bedecken die ehemaligen Kulturflächen, die einst mühsam für die bäuerliche Nutzung gewonnen wurden, und der Wald vergrößert ständig seine Fläche. Es gibt jedoch neuerdings Initiativen in den Seealpen, die versuchen, die lokale Landwirtschaft zu stärken. In den letzten 25 Jahren fand im Stura-Tal eine erfolgreiche Aufwertung der Razza Sambucana, einer autochthonen Schafrasse, die fast schon ausgestorben war, statt. Sie ist den Bergbedingungen besonders gut angepasst und wird vor allem des Fleisches wegen gehalten. Agnello sambucana (Sambucana-Lamm) ist eine regional sehr geschätzte Delikatesse.

Eine weitere autochthone Rasse ist das Frabosana-Schaf (auch Roaschina genannt), das für die Transhumanz bestens geeignet ist und das auch in den nördlichen piemontesischen Alpentälern verbreitet ist. Daher gibt es heute wieder eine bescheidene Anzahl von Betrieben mit Schafhaltung, welche die Alpgebiete in den Seealpen bewirtschaften. Im Vergleich zu früher ist die Anzahl der gealpten Schafe jedoch gering.

Rassereine »Sambucana«-Schafe. Sambucana-Lamm ist eine regionale Delikatesse.

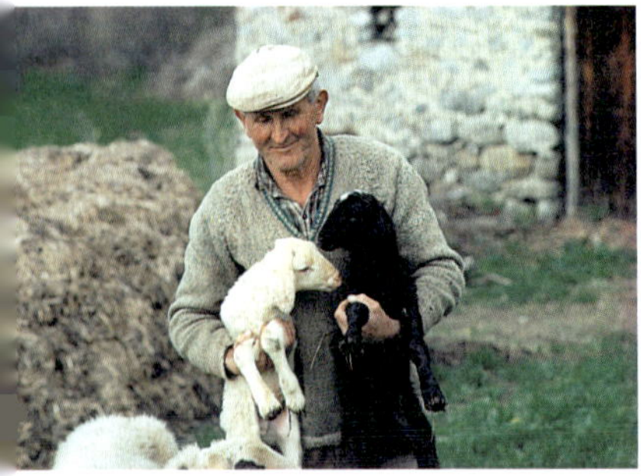

Neben den Schafen sieht man auf den Weiden der Seealpen das weiße Piemonteser Rind (Razza Piemontese), das vor allem wegen seines guten Fleisches gehalten wird.

Auch die lokale Imkerei sollte erwähnt werden, die sehr guten Honig produziert. Bei einer Imkerei in Vernante, an der Grenze zum Naturpark, kann man sogar Patenschaften aus der Ferne für Bienenstöcke übernehmen (Apicoltura Alpi Mel, www.3bee.com).

Im Gesso-Tal bemüht man sich um die Wiederaufwertung des Kartoffelanbaus, der vor allem in Entracque besonders gute Ausgangsbedingungen vorfindet und bei dem die Kartoffeln als Qualitätsprodukte vermarktet werden.

Die Herstellung solch qualitativ hochwertiger Produkte, in Verbindung mit dem Direktverkauf an Touristen, sowie die lokale Gastronomie ist die einzige Chance, die Landwirtschaft in dieser Region und damit auch den durch sie geprägten Landschaftscharakter zu erhalten.

In der traditionellen Architektur findet die große Armut dieser Bergregionen Ausdruck: Die Häuser bestehen fast ausschließlich aus Material, das vor Ort vorhanden ist. Die Mauern sind aus Stein, und die leichten Dachstühle sind einfach und aus minderwertigem Holz. Das traditionelle Strohdach (aus Halmen des selbst angebauten Winterroggens) musste keine hohen Lasten tragen, denn der Schnee rutschte sehr leicht auf den steilen Dächern ab. Im Inneren der Häuser war viel Platz den Tieren und der Arbeit vorbehalten, für die menschlichen Bedürfnisse blieb nur wenig Raum. Ein halb in die Erde

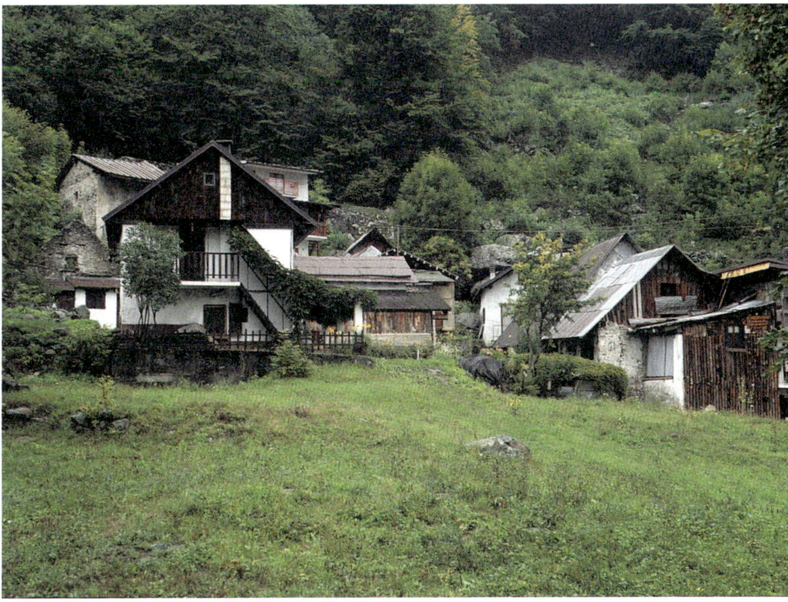

Eine Temporärsiedlung (Haufendorf), hier im Seitental Gesso della Valletta. Die Häuser sind inzwischen zu Ferienwohnungen umfunktioniert.

gebautes Tonnengewölbe diente gleichzeitig als Stall und als Wohnraum im Winter. Hier wurde in einer kleinen Ecke (lou foec) gekocht. Das Erdgeschoss wurde als Lager- oder Arbeitsraum genutzt, oft war mit Brettern ein kleines »Zimmer« für die Eltern abgetrennt. Auch das Dachgeschoss wurde als Lagerraum benutzt (die Balkone dienten dazu, das Getreide nachreifen zu lassen). Die Familienmitglieder schliefen je nach Jahreszeit im Heu (Sommer) oder im Stall (Winter). Diese Lebensweise mit dem Vieh zusammen wird »Coabitazione invernale« genannt und hilft im Winter Brennholz zu sparen, da von den Tieren große Wärme ausgeht. Dabei waren die hygienischen Verhältnisse wohl besser, als man vermutet, will man den Forschungen

Der Ofen ist ein Charakteristikum aller Dauersiedlungen (hier in Sant'Anna). Dagegen besitzen Temporärsiedlungen nie einen Backofen.

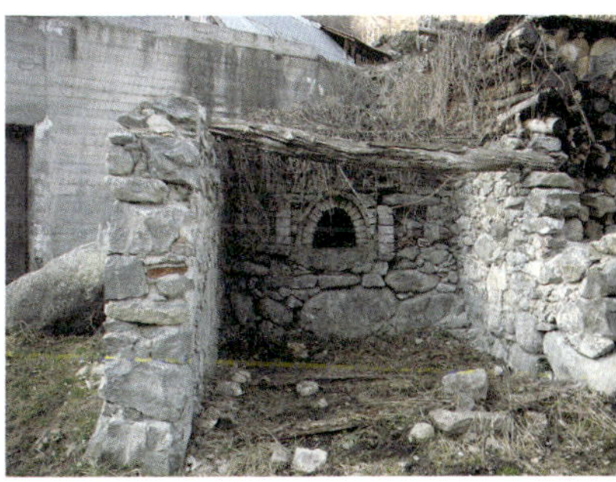

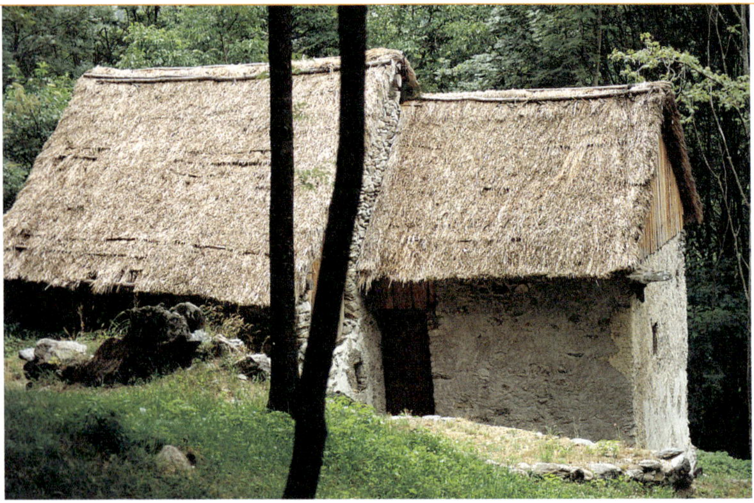

Traditionelles Bauernhaus mit Strohdach (Kulturweg Sant'Anna).

des bekannten französischen Geografen Raoul Blanchard Mitte des 20. Jahrhunderts Glauben schenken. Dabei muss man sich vor Augen halten, dass eine Familie (die Tiere der Transhumanz ausgeschlossen) normalerweise nur im Besitz von sehr wenigen Tieren ist (2 bis 3 Kühe sowie wenige Schafe, Ziegen und Hühner), was die

Traditionelles Bauernhaus mit Wohnstall im Untergeschoss, Küche und Zimmer im 1. Stock und Lagerraum/Heuboden im Dachstuhl.

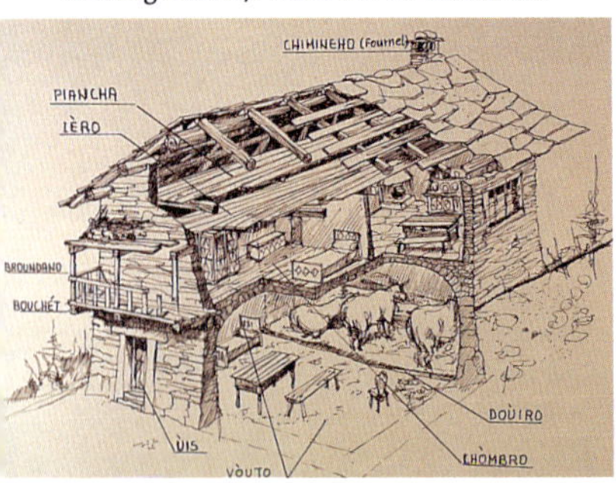

Unterbringung im Haus erst möglich macht. Die schwierigen Lebensbedingungen der Bewohner schildert im Jahr 1912 recht eindrücklich Doktor Ferdinando Demattheis, Parteivorsitzender der liberalen Partei in Cuneo, der die Zustände der Gemeinde Entracque im Winter beschreibt: »Der Winter ist gut sechs Monate lang, kalt und schneereich. Mehr als ein Drittel der Bevölkerung ist auf acht Ortsteile verteilt, die wiederum in 32 Häusergruppen zerstreut sind. Die Wege zu den Ortsteilen sind, abgesehen von einer Häusergruppe, alles nur Saumwege und besonders im Winter ist der Zugang unbequem und schwierig wegen Eis und Schnee. Die Distanz von den Ortsteilen zum Hauptort beträgt eine Stunde Fußmarsch (im Winter oft das Doppelte), und oft ist ein beträchtlicher Höhenunterschied zu überwinden. Die medizinische Versorgung ist schwierig und die hygienischen Bedingungen und die Bildung der Bevölkerung in den Orten oft unzureichend. Nirgendwo gibt es Bequemlichkeit, und es ist tatsächlich der soziale und intellektuelle Kontakt zur Stadt abgebrochen – nicht das einzige Leiden für den, der mit einem Doktortitel ausgestattet ist und hier arbeitet. Die Lebensmittel sind teuer, und es besteht kein Unterschied zu den Preisen in der Stadt bezüglich der lokalen Produkte, und für alle anderen Produkte kommt noch der Transportpreis dazu. Noch viel teurer ist die Erziehung und Bildung, da man gezwungen ist in die Stadt zu gehen. Die Einkünfte sind dürftig. Daher kann man leicht auf die finanziellen Verhältnisse der Bevölkerung schließen, unter der das Eigentum stark zersplittert ist, und deren Voraussetzungen bescheiden sind.« (Übersetzt aus Demichelis 2002, S. 132).

Die okzitanische Sprache und Kultur

Der Alpenhauptkamm mit der italienisch-französischen Grenze ist von seiner Tradition her kein Grenzraum: Fast das gesamte Gebiet der Seealpen (wie auch der benachbarten Cottischen und Ligurischen Alpen) gehört zur okzitanischen Sprache und Kultur, also zu der Sprache, die sich im frühen Mittelalter in Südfrankreich herausgebildet hat und die als Sprache der frühen Minnesänger damals europaweite Anerkennung genoss.

Die Blütezeit der okzitanischen Sprache und Kultur wurde durch den sogenannten »Albigenser-Kreuzzug« 1209 beendet, als Nordfrankreich unter dem Vorwand der Ketzerbekämpfung die okzitanische Sprache und Kultur vernichtete. Seitdem lebte das Okzitanische als schriftlose Sprache im »Untergrund« weiter. Die Französische

Das okzitanische Kreuz (als Sonnenuhr) auf der Hauswand des B & B Ciaburna dei Ribotta in Sant'Anna.

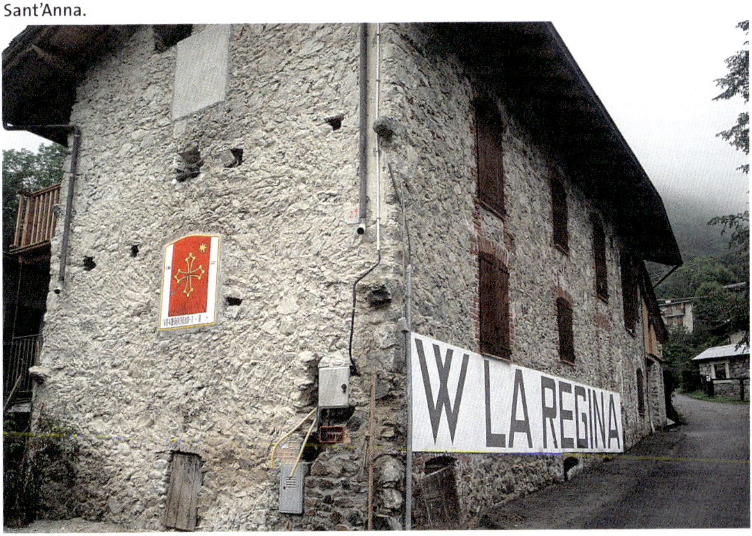

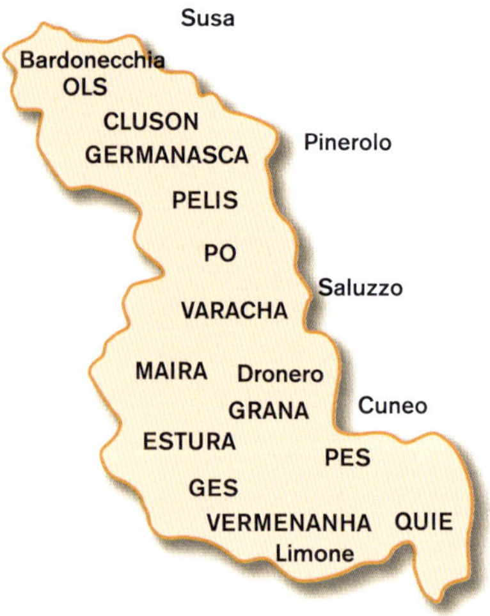

Die piemontesischen Alpentäler (mit ihren okzitanischen Namen), in denen okzitanisch gesprochen wird.

Revolution 1789 verschärfte die Situation noch einmal, indem unter der Parole »Freiheit, Gleichheit, Brüderlichkeit« der noch allgemein übliche mündliche Gebrauch des Okzitanischen als »reaktionär« und die Ungleichheit fördernd angegriffen wurde. Die Pariser Regierung erarbeitete ein groß angelegtes Bildungsprogramm und setzte dies in den Schulen Südfrankreichs durch; das Okzitanische hatte darin keinen Platz mehr. Aus diesem Grund hat sich diese Sprache in den italienischen Tälern – in Südfrankreich sagt man »d'Óltr'Alp«, also »Jenseits der Alpen« – besser erhalten als in Südfrankreich selbst. Im italienischen Raum der Seealpen, wo der »Alpin«-Dialekt des Okzitanischen heimisch ist, wurde diese Sprache noch im 19. Jahrhundert fast von allen gesprochen; nur der Alpenrand um Borgo San Dalmazzo/Roccavione herum sowie die Marktorte Valdieri und Entracque waren teilweise piemontisiert.

Die Erstellung der italienischen Messtischblätter ab 1860 bedeutete einen ersten Einschnitt, indem zahlreiche Berg- und Flurnamen italienisiert wurden. Daher darf man sich nicht wundern, wenn die Einheimischen andere Namen verwenden – ihre eigenen Bezeichnungen und Namen geraten jedoch allmählich in Vergessenheit.
Den zweiten, noch erheblich schwereren Einschnitt brachte die Zeit des Faschismus. Damals wurden fast alle Ortsnamen zwangsweise italienisiert. Weil Mussolini die Grenze zu Frankreich hermetisch abriegelte und gegen Frankreich aufrüstete, brachte er die Bevölkerung dieser Region gegen sich auf, da diese zu Südfrankreich viel engere Kontakte unterhielt als zu Oberitalien. Dies war auch der Grund dafür, dass die Bevölkerung 1943–1945 den Partisanen tendenziell wohlwollend gegenüberstand und sie unterstützte.
Heute gibt es verschiedene okzitanische Gruppen, die ganz wesentlich zur kulturellen Wiederbelebung und Aufwertung dieser Region beitragen. Die früheren Streitigkeiten zwischen eher links und eher rechts orientierten okzitanischen Gruppen sind inzwischen weitgehend Vergangenheit, und seit 1999 sind die Okzitanier sogar offiziell als sprachliche Minderheit anerkannt. Immer noch verständigt sich der Großteil der Bevölkerung im Gesso-Tal (auch in Entracque und Valdieri) untereinander auf Okzitanisch, beim Kontakt mit Leuten von außerhalb wechselt man jedoch ins Piemontesische, beziehungsweise Italienische. Es ist auf einer Wanderung im Naturpark sehr wahrscheinlich, die okzitanische Flagge, Schilder mit okzitanischen Namen oder Plakate okzitanischer Gruppen zu sehen. Im Bereich der okzitanischen Musik gibt es einen regelrechten

Boom, und vielleicht hat man Glück und kann das Konzert einer okzitanischen Band besuchen. Zum Beispiel bei der Festa dell'Assunta, einem der wichtigsten okzitanischen Feste, das jährlich zu Mariä Himmelfahrt am 14./15. August in Vernante (Vermenagna-Tal) stattfindet.

Königspfade, Salz- und Militärstraßen

Ein Netz aus Dutzenden von Alpwegen, Maultierpfaden und Militärstraßen durchzieht die Täler des Parks und ermöglicht heute ideale Bedingungen für Wanderungen.

Alpwege sind die alten Bauernwege, welche die Dauersiedlungen mit den nur im Sommer genutzten Alpgebieten verbinden. Sie sind meist schmal, nicht gepflastert und führen direkt und steil zum Ziel. Die Maultierpfade (Mulattiere) haben hier verschiedene Ursprünge: Zum einen sind es uralte Handelswege, die die Po-Ebene beziehungsweise Cuneo mit Nizza und der Ligurischen Küste verbinden. Auf diesen sogenannten »Saumpfaden« wurden mit Hilfe von Maultieren Waren über die Alpen getragen (»gesäumt«, daher auch die Bezeichnung »Saumpfad«). Die Händler sorgten entlang von viel begangenen Routen oft für einen ökonomischen Aufschwung, da die einheimische Bevölkerung beim Säumen der Waren beteiligt war. Das wichtigste Importgut war für die Bewohner der piemontesischen Alpentäler das Salz, das am Mittelmeer gewonnen wurde, und es war nahezu die einzige Ware, die bei der traditionellen Autarkiewirtschaft von außerhalb eingeführt werden musste. Die wichtigsten Salzstraßen (Vie del Sale) führten über den Colle di Finestra (Cuneo–Nizza) und über den Colle del Sabbione, 2328 m, ein Saumpfad, der schon seit vorgeschichtlichen Zeiten benutzt wurde. Er verlief von der Po-Ebene nach Entracque, dann über den Pass ins heutige St. Dalmas de Tende und von dort weiter nach Nizza oder Ventimiglia. Die Maultierpfade weisen eine gleichmäßige Steigung und zahlreiche Serpentinen auf und sind häufig gepflastert, um den Warentransport zu erleichtern. Oft sind die Wege mit Trockensteinmauern eingefasst, um die Erosion zu verhindern.

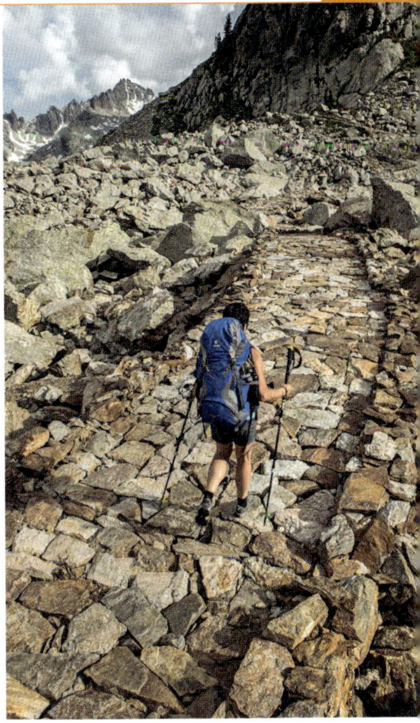

Hier ein besonders sorgfältig gepflastertes Wegstück der ehemaligen Militärstraße zwischen dem Lago inferiore di Valscura und dem Lago del Claus.

Zum anderen wurden seit der Mitte des 19. Jahrhunderts viele Maultierpfade im Park für den König angelegt, die es ihm und seinen adeligen Gästen ermöglichten,

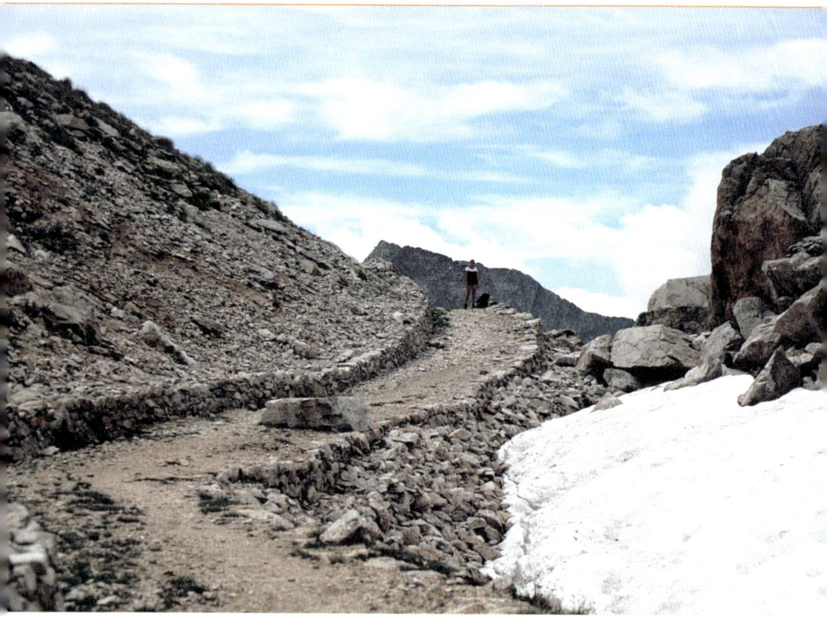

Eine Militärstraße führt über den Colletto del Valasco (im Bild, Etappe 4) zu den Laghi di Fremamorta.

Die königlichen Jagdsteige sind heute noch gut erhalten, wie hier beim Lago Soprano della Sella.

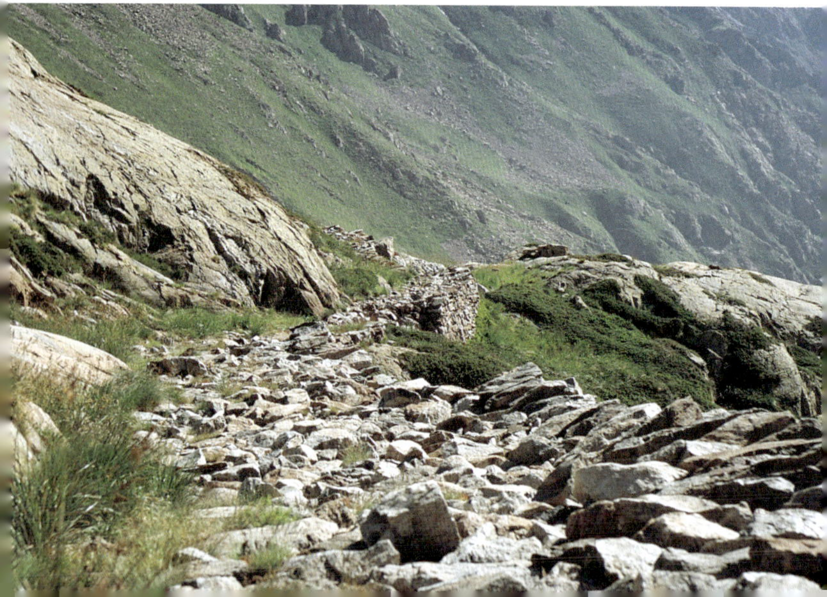

auch die abgelegensten Jagdsitze mit dem Pferd zu erreichen. Sie sehen ganz ähnlich aus wie die Saumwege, unterscheiden sich von diesen aber dadurch, dass sie mitten im Gebirge an einer für die Jagd strategischen Stelle enden: Hier wartete die königliche Jagdgesellschaft auf die Gämsen, die ihnen von einer großen Zahl von Hilfskräften direkt vor die Flinte getrieben wurden. Solche königlichen Jagdwege wurden beispielsweise in den Seitentälern Barra (südlich von Entracque), Bars und Vagliotta (südlich von Sant'Anna) und Valletta (s. Kapitel 2, Etappe 3) angelegt.

Der Großteil der Wege ist aber militärischen Ursprungs. Die ganze Region der Seealpen wurde von 1500 bis 1945 stark militärisch geprägt. Vor dem Zweiten Weltkrieg wurden die Täler der Seealpen zu einer riesigen Baustelle. Die an Frankreich grenzenden Berge wurden angesichts des drohenden Konflikts mit Festungsanlagen und Bunkern an strategisch wichtigen Höhenpunkten (Pässe, Grate) versehen. Zu diesen baute man Verbindungsstraßen aus der Talsohle (viele dieser Straßen sind nur für Fußtruppen und Maulesel ausgelegt). Beinahe alle Straßen der vorhergehenden Jahrhunderte wurden dabei noch einmal erneuert, und das schon vorhandene Militärstraßennetz wurde stark erweitert. Diese Militärstraßen sind architektonisch sehr wertvoll, da sie sehr kunstvoll angelegt wurden (Pflasterung, Serpentinen, Dammstrecken, Felseinschnitte etc.), wobei man sie stark der natürlichen Umgebung anpasste, um möglichst wenig Kunstbauten errichten zu müssen. Auch auf eine gute Erreichbarkeit im Winter wurde großer Wert gelegt und daher der in Bezug auf Schnee und Eis günstigste Weg gewählt. Diese Wege sind oft auch ein Jahrhundert nach ihrer Entstehung noch ausgezeichnet erhalten und ermöglichen einen leichten Zugang zu großen Höhen. Am beeindruckendsten ist vielleicht die Militärstraße, die von Terme di Valdieri zur Valasco-Ebene und von dort weiter zu den Laghi di Fremamorta, beziehungsweise von der Valasco-Ebene zum Lago Valscura und weiter zur Bassa del Druos, 2628 m, führt. Schon in den Jahrhunderten vorher war die Mulattiera über die Bassa del Druos der beste Weg, um vom Valasco- und vom Valletta-Seitental ins Ciastiglione-Seitental zu gelangen (heute als Vallon de Chastillon ein Teil Frankreichs, bis 1947 aber zu Italien gehörig). Zwischen 1906 und 1909 wurde diese alte Mulattiera erstmals von den Gebirgs jägern ausgebaut, und es wurde ein Netz von zusätzlichen Verbindungen zwischen dem Valasco- und dem Valletta-Tal realisiert, um eine schnelle Truppenbewegung zwischen diesen strategisch wichtigen Seitentälern zu ermöglichen. Dabei wurden viele ehemalige Jagdsteige aus der Mitte des 19. Jahrhunderts benutzt, um dieses Wegenetz in der rauen Bergwelt bauen zu können. Eine der wichtigsten Verbindungen war diejenige von der Kaserne bei Valscura zu der bei Fremamorta (zehn Kilometer lang, mit einer maximalen Steigung von 18 Prozent). Während des Ersten Weltkriegs wurde das königliche Jagdhaus auf der nahen Valasco-Ebene als Kaserne für 250 Soldaten genutzt.

In den 1930er Jahren wurde wiederum an der Straße gebaut, und zwar wurde sie so ausgebaut, dass Kanonen bis zum Druos-Pass transportiert werden konnten, seitdem wird sie als »Strada dei cannoni« (Kanonenstraße) bezeichnet. Bei diesem Ausbau wurde das Jagdhaus diesmal als Materialdepot und Unterkunft der Soldaten genutzt. Aus ungeklärten Gründen

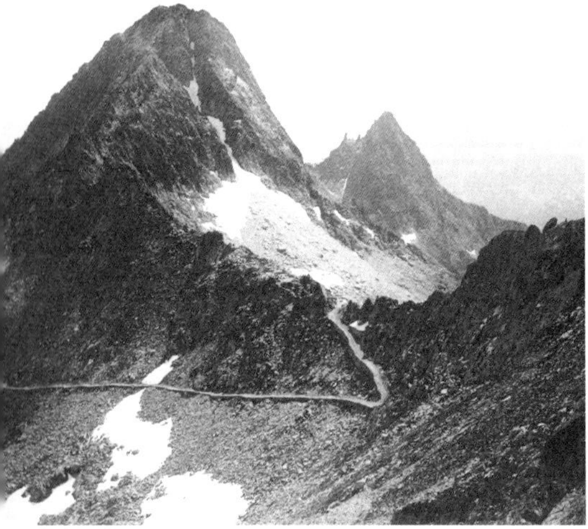

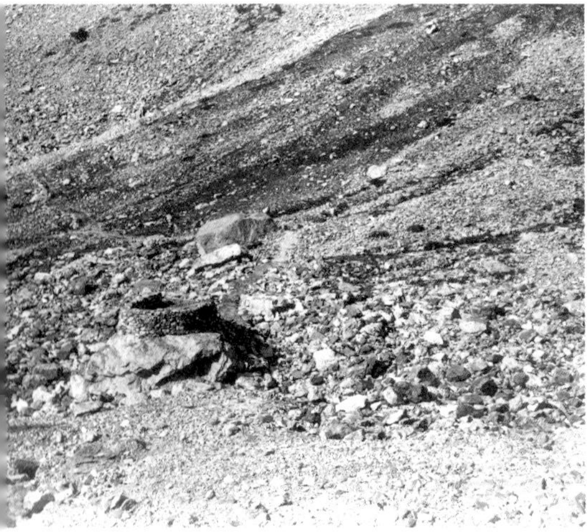

Oben: Diese historische Aufnahme von 1899 zeigt, wie die Militär- und Jagdwege in den Seealpen aussahen, als sie noch regelmäßig unterhalten wurden. Im Vordergrund die Militärstraße, die das Valasco-Tal mit dem Chastillon-Tal (heute Frankreich) verbindet. In der Bildmitte die Bassa del Druos, 2628 m, links die Testa Malinvern, 2939 m.

Unten: Ein Schießstand des Königs am Ende eines Jagdweges, hier in 2200 Meter Höhe am Fuß des Canalone di Lourousa.

kam es damals zu einem großen Brand, bei dem leider fast das ganze Dach zerstört wurde. Seitdem war dieses interessante und wertvolle Gebäude eine Ruine, bis 2004 von privater Seite mit der Renovierung begonnen wurde. Unter dem Namen Rifugio Valasco dient es seit 2008 als Unterkunft für Touristen (Tel. 0171 1836267, Rifugio, oder 347 0531456, Betreiber Andrea Cismondi, oder 353 4086027, für Reservierungen per WhatsApp, www.rifugiovalasco.it).

Infolge der Zerstörung der Grenzbefestigungen nach dem Zweiten Weltkrieg verloren die Militärstraßen an Bedeutung und wurden zwischen 1950 und 1952 von der Militärverwaltung auf eine weitere Brauchbarkeit überprüft. Man entschied sich damals, den Großteil der Wege und Straßen nicht zu erhalten und nicht in die zivile Nutzung mit einzubinden. Heute dienen die Militärstraßen vor allem den Wanderern und Mountainbikern für Ausflüge in die Berge und erinnern gleichzeitig an die im Gebirge gefallenen Soldaten. Sie halten aber auch die Erinnerung an diejenigen wach, die diese Straßen unter großen Mühen und oft im Kampf gegen Hunger und Kälte gebaut haben.

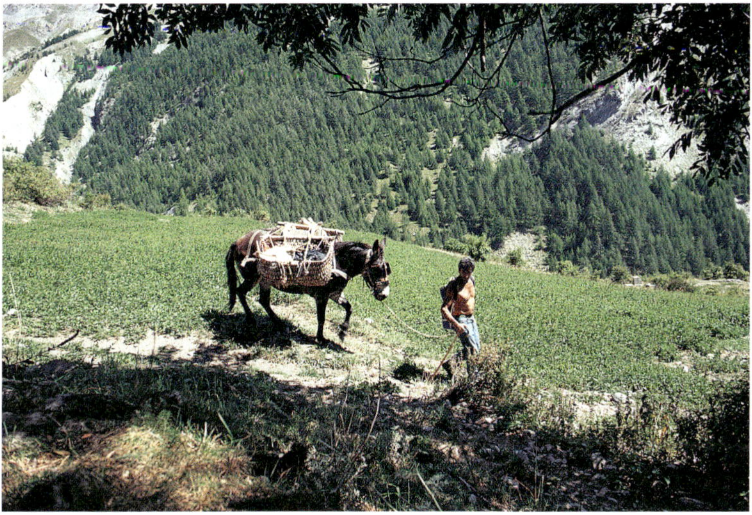

Die Maultiere waren in den unzugänglichen Alpentälern das wichtigste Transportmittel im Warenverkehr, und viele Pfade waren genau für die Breite eines beladenen Maultiers ausgelegt.

Militärische Befestigungen

Die Region der Seealpen ist in der Zeit zwischen 1500 und 1945 sehr stark vom Militär geprägt worden. Seine Ursache hat dies in der aggressiven Schaukelpolitik Savoyen-Piemonts, also der Regionalmacht in diesem Raum, die mit dieser Außenpolitik allmählich immer größer wurde und sich von einem kleinen Fürstentum schließlich zum Königreich Italien entwickelte. Savoyen-Piemont nahm an jedem Krieg teil und wechselte je nach Belieben die Bündnispartner, wenn dadurch kurzfristige Vorteile erreicht werden konnten. All dies führte zu besonders zahlreichen Feldzügen und Kämpfen in dieser Region. Hinzu kam, dass Italien seit dem Mittelalter in zahlreiche Mittel- und Kleinstaaten zersplittert war, dadurch ein Machtvakuum in Europa bildete und so der Kampf um die Vorherrschaft in Europa oft in Oberitalien ausgetragen wurde. Dazu mussten Franzosen und Spanier erst die piemontesischen Alpen überqueren, weshalb die Sicherung der Passübergänge Jahrhunderte lang bis hin zu Mussolini eine militärische Aufgabe von prioritärer Bedeutung für Savoyen-Piemont war.

Seit 1560 (Verlegung der Hauptstadt von Chambéry nach Turin) wurde die piemontesische Grenze aus militärischen Gründen Stück für Stück auf den Alpenhauptkamm gelegt, und noch im gleichen Jahrhundert wurden die ersten Befestigungen und Militärwege gebaut. Dieses System wurde im Laufe der Zeit immer weiter komplettiert. Aber erst seit 1860 (militärisch-politischer Erfolg von Frankreich und Piemont gegen das Habsburger Reich) waren Wasserscheide und politische Grenze in dieser Region identisch, denn Piemont (beziehungsweise das neue italienische

Königreich) trat die alten »Stammlande« jenseits des Alpenhauptkammes (Savoyen und Nizza) an Frankreich ab. Dabei gab es aber eine wichtige Ausnahme: Das obere Roya-Tal, das Valle delle Meraviglie, das Mollières-Tal und das Chastillon-Tal blieben bis 1947, als auch hier die Staatsgrenze auf den Alpenhauptkamm gelegt wurde, bei Italien.

Den Höhepunkt des militärischen Ausbaus in dieser Region bildeten die riesigen Festungsanlagen des 19. Jahrhunderts und das gigantische Militärstraßennetz des 20. Jahrhunderts (1880–1939). Weil das steile Relief der Seealpen Truppenbewegungen stark erschwert, gibt es hier keine großen Festungen – diese finden sich jedoch direkt am Rande, nämlich am Ostende der Seealpen, wo der Tenda-Pass mit sechs Forts sehr stark befestigt wurde, und am Nordende, wo in Vinadio im Stura-Tal die Festung im Tal mit fünf Höhenforts gesichert wurde. In den Seealpen selbst entstanden nur kleinere Anlagen, meist betonierte Bunker für schwere Maschinengewehre – hier »Blockhaus« genannt –, die oft sorgfältig getarnt waren und die sich auch in großen Höhen befinden. Es ist unmöglich, auf einer Wanderung im Naturpark von dieser militärischen Vergangenheit nichts zu bemerken.

Dass solche heute kaum noch vorstellbaren Gebirgskriege aber nicht bloß ferne Vergangenheit sind, zeigte der Zweite Weltkrieg: Im Juni 1940 ließ Mussolini Frankreich an der Alpenfront zwischen Genfer See und Mittelmeer angreifen, um noch vor den durchbrechenden deutschen Truppen Marseille und die Mittelmeerküste zu besetzen. Zu diesem Zweck wurde die Bevölkerung der Grenzregion evakuiert, und alle Stellungen entlang der Grenze,

Eine Mulattiera führt zum Colle di Finestra, 2495 m. Die ehemalige Militärkaserne liegt direkt unterhalb des Passes, der mit einem Bunker befestigt ist.

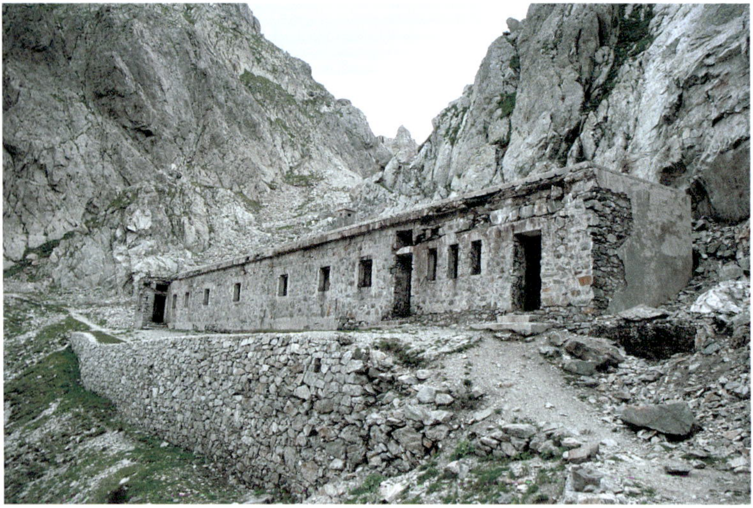

die man heute noch sieht beziehungsweise ahnt, wurden bis in die Gipfelregion mit Truppen besetzt. Der Angriff wurde am 21. Juni 1940 in traditioneller Weise vorgetragen, also von nicht motorisierten Fußtruppen (mit Maultieren als Transportmittel) ohne Luftunterstützung, aber er blieb schon am ersten Tag, noch vor der französischen Hauptverteidigungslinie, hoffnungslos stecken. Die Franzosen hatten ihre »Alpen-Maginotlinie« ähnlich stark ausgebaut wie die Italiener. Von den Stellungen der Seealpen aus erreichten die italienischen Truppen vom Chastillon-Seitental aus nicht den Talboden des Tinée-Tals, von Le Boréon aus nur den Ortsrand von St-Martin-Vésubie, vom obersten Gordolasque-Seitental nur den Ort Roquebillière, und da auch der Angriff im Roya-Tal und an der Küste sofort stecken blieb, wurde das erste Ziel – die Eroberung von Nizza – nicht einmal ansatzweise erreicht, und der gesamte Feldzug wurde zu einer internationalen Blamage für Mussolini.

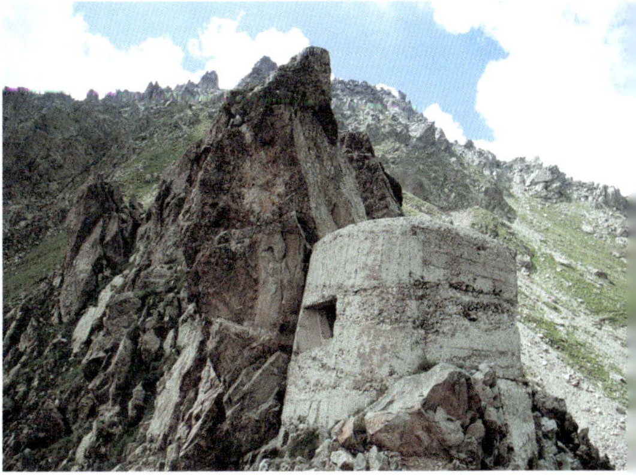

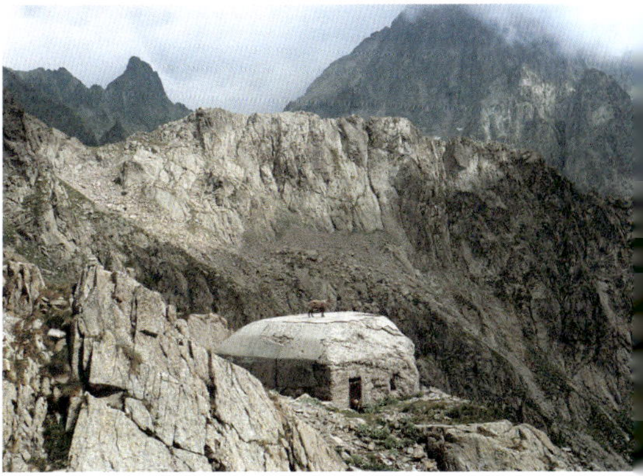

Bunker direkt auf dem Colle di Finestra und kurz nach dem Colle di Finestra, auf französischem Gebiet. Die Bunker werden hier auch »Blockhaus« genannt.

Als am 8. September 1943 Italien aus dem Krieg ausschied und die deutsche Wehrmacht das ganze Land besetzte, trafen sich gleich an diesem Tag die ersten Widerstandskämpfer an der Madonna del Colletto (1309 m, Pass an der kleinen Straße von Valdieri nach Demonte). Anschließend bildeten sich auch in den Seealpen sofort zahlreiche Partisanengruppen, die in langen und erbitterten Kämpfen immer wieder für kürzere Zeiten »befreite Gebiete« schufen. Die Deutschen antworteten auf diese Angriffe auf die gleiche Weise wie in anderen Partisanengebieten, nämlich mit Repressalien gegen die Zivilbevölkerung. Wer als Deutscher hier wandert, sollte diese Vergangenheit kennen, denn es kann durchaus passieren, dass einem noch sichtbare Zerstörungen von Vergeltungs-

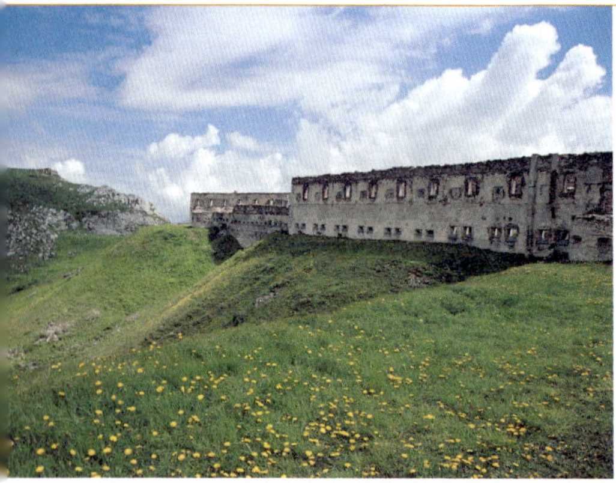

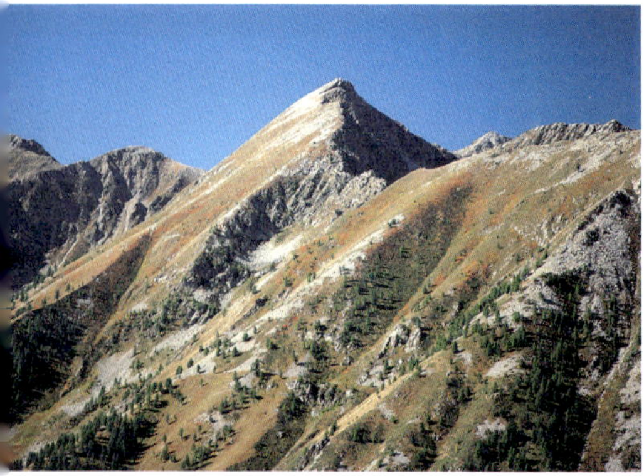

Oben: Das Fort Central am Tenda-Pass.

Unten: Die Punta Ciarnier, 2573 m (zwischen Vallone di Rio Freddo und Vallone di Sant'Anna), auf deren Gipfel eine kleine Festung (die höchste der Seealpen) errichtet wurde, um die große Talfestung Vinadio von der Höhe her zu sichern. Diese Festung wurde 1947 von den Franzosen gesprengt und ist daher nicht einmal mehr als Notunterkunft zu gebrauchen.

aktionen gezeigt werden (einen Deutschenhass gibt es hier aber trotzdem nicht).

Die Militärstraßen, die zwischen 1880 und 1939 errichtet wurden, brachten der Bevölkerung zwar kurzfristig einen bezahlten Nebenerwerb als Bauarbeiter, aber sie wurden allein nach militärischer Logik angelegt und berührten daher oft Dörfer oder Alpen gar nicht – eine Kombination aus Militärbauten und Förderung der öffentlichen Infrastruktur gab es nicht. Und bis 1945 betrachtete der italienische Staat die piemontesischen Alpen allein als militärisch zu sichernde Grenzregion und investierte dafür so gewaltige Summen, dass nichts mehr übrig blieb für eine regionale Wirtschaftsförderung dieser armen Alpentäler. Wenn man die zahllosen Militärstraßen, Festungen und Stellungen im Hochgebirge sieht, dann wird deutlich, was für enorme Geldsummen hier auf unnütze Weise verschwendet wurden.

Ein weiterer, schwer fassbarer Sachverhalt muss erwähnt werden: Die Alpini-Truppen, die in der Regel aus den Bergbauern der italienischen Alpen und des Apennin bestanden, trugen im Ersten und Zweiten Weltkrieg die Hauptlast der Kämpfe. Sie erlitten nicht nur beide Male sehr hohe Verluste, sondern erlebten auch zahllose traumatische Situationen, wie sie in den Texten von Nuto Revelli immer wieder zur Sprache kommen (die Bücher von Revelli gehören zu den schockierendsten Antikriegsbüchern, gerade weil sie nicht als solche geschrieben sind). Diese traumatischen Verwundungen zweier Generationen sind gewiss auch eine der Ursachen dafür, dass diese Region zur »Welt der Besiegten« (einer von Revellis Buchtiteln) wurde.

Nach 1945 wurden alle Befestigungen gesprengt, und diese Anlagen wurden in der öffentlichen Diskussion vergessen. Noch in den 1970er Jahren gab es nirgendwo Ansätze zu ihrer Aufwertung, und ihr Verfall dauerte weiter an. Erst seit den 1990er Jahren fängt man an, einige Festungen herzurichten und in Museen umzufunktionieren. Eigentlich wäre es sehr sinnvoll, diese gewaltigen militärischen Anlagen nicht einfach verfallen zu lassen, denn sie sind einerseits ein wichtiges Zeugnis einer Vergangenheit, die sich nicht wiederholen soll – deshalb muss die Erinnerung daran wachgehalten werden –, und andererseits stellen sie eine exzellente Infrastruktur (als Biwakschachteln oder Hütten) zum Besuch dieser Gebirgsregion dar, die sich nicht zuletzt durch die militärische Prägung ihrer Geschichte von anderen Alpenregionen unterscheidet.

Alpinismus und touristische Entwicklung

22. August 1903: Das erste Mal wird der Corno Stella, 3050 m – Symbolberg des Alpinismus in den Seealpen und Teil des Argentera-Massivs –, bestiegen. Es ist eine alpinistische Meisterleistung, die der Graf von Nizza, Victor Spitalieri de Cessole und seine beiden Begleiter, die Bergführer Jean Plent aus Frankreich und Andrea Ghigo aus Valdieri, vollbringen. »Armer Corno, diesmal haben wir dich besiegt«, soll Jean Plent beim Betreten des Gipfels ausgerufen haben. Noch kurz zuvor hatte der bekannte deutsche Alpinist Fritz Mader erklärt, dieser Berg sei unbezwingbar. Die Erstbesteigung des Corno Stella löste eine Welle des Alpinismus in den Seealpen aus, welche bis dahin im Schatten der »großen Alpen« gestanden hatten.

Doch mit der Erforschung der Seealpen wurde schon weit früher begonnen. Ende des 18. Jahrhunderts kamen Botaniker und Geologen in diese Region, um sie wissenschaftlich zu untersuchen, bald darauf folgten die ersten englischen Reisenden, die nicht zufällig aus dem Mutterland der Industrialisierung stammten. Im Zuge der aufkommenden Romantik wurden die Alpen in der Sicht der außeralpinen Stadtbewohner umgewertet und waren nun nicht mehr nur »schrecklich-bedrohlich«, sondern wurden zur exemplarisch »schönen Landschaft«. Schon 1795 erschien das Buch *Travels through the Maritime Alps*, in dem Albert de Beaumont, ein Ingenieur und Hobbygeologe, seine Reise von Cuneo auf der neu erbauten Straße über den Tenda-Pass nach Frankreich beschreibt. Etwas später, zwischen 1828 und 1829, veröffentlichte der Maler William Brockedon seine *Illustrations of the passes of the Alps*, nachdem er vorher systematisch die verschiedensten Passübergänge bereist und gemalt hatte, und er beschrieb auch die beiden Übergänge, welche die Seealpen begrenzen, nämlich Tenda- und Maddalena-Pass. Aber der Kern der Seealpen blieb für die Reisenden nach wie vor Terra incognita.

Auf den Gipfeln der Seealpen standen als Erste die Militär-Kartografen. 1830 stellte der Kapitän La Rocca (Sardinien-Piemont) einen Theodoliten auf den Gipfel des 3094 Meter hohen Monte Matto. Zwei Jahre später stand ein anderer Militär auf dem Gipfel des Monte Clapier, 3045 m, um dort Vermessungsarbeiten durchzuführen. Auch andere bedeutende Gipfel der Seealpen wie die Cima del Baus, 3067 m, die Testa Malinvern, 2939 m, und die Cima di Mercantour, 2775 m, wurden aus militärgeografischen Gründen bestiegen, noch bevor sie ins Blickfeld der Alpinisten ge-

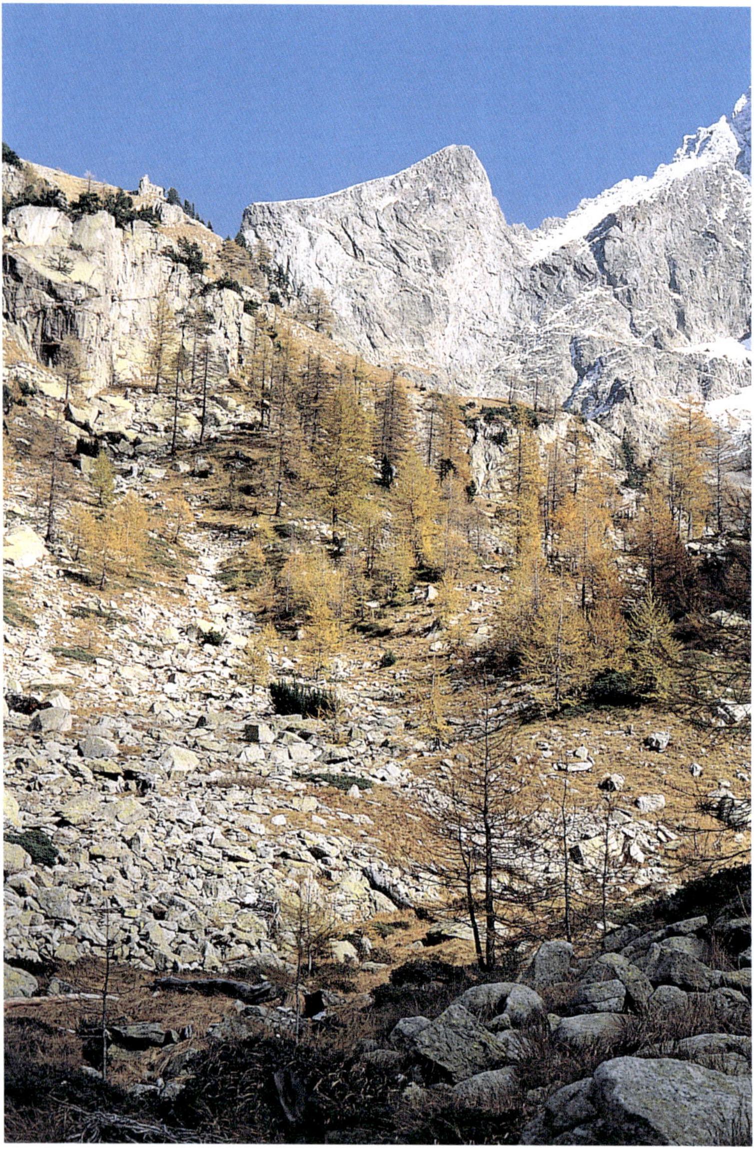

Der Corno Stella, 3050 m, ist der Symbolberg des Alpinismus in den Seealpen. Er ist jedoch kein richtiger Gipfel, sondern ein Vorgipfel der Cima Argentera, und er war lange Zeit nicht in den Wanderkarten eingezeichnet.

rieten. Abgesehen von einigen Engländern, welche die Seealpen von der Riviera (traditionelles Winterziel der englischen Oberschicht im 19. Jahrhundert) aus als Ziel auserkoren hatten, war diese Region alpinistisch gesehen ein »schwarzes Loch«. Beinahe die einzige Ausnahme bildete der Bergsteiger und Wissenschaftler Saint Robert aus Verzuolo, dem im Sommer 1864 mit einigen Gefährten die Erstbesteigung des Monte Gelàs, 3143 m, gelang, der bis dahin als höchster Berg der Seealpen galt, bis die Seilschaft auf dem Gipfel enttäuscht feststellen musste, dass die Cima Argentera höher ist. Dafür entdeckten sie bei dieser Unternehmung den sehr seltenen Endemiten Sassifraga Florulenta im Gelàs-Massiv.

1878 schaffte die Seilschaft um den Engländer Douglas Freshfield den Aufstieg zur Cima di Nasta, obwohl ihr Ziel eigentlich die Erstbesteigung der Cima Argentera war. Nur ein Jahr später gelang es dem Amerikaner William Coolidge – auf Empfehlung von Freshfield –, die beiden höchsten Gipfel des Argentera-Massivs (Nordgipfel 3287 m, Südgipfel 3290 m) zu besteigen. Zu dieser Zeit war der Alpinismus noch ein privates, rein sportliches Abenteuer und frei von nationalistischen Motiven. Die Erstbesteiger hinterließen statt Nationalflaggen Visitenkarten, oft auch eine Flasche Wein für ihre Nachfolger. Die Frühphase des Alpinismus in den Seealpen war bescheiden und wurde hauptsächlich von Ausländern geprägt (neben den Engländern zum Beispiel vom Österreicher Ludwig Purtscheller oder von Louis und Elise Maubert).

Erst Victor de Cessole weckte durch seine vielen Winter- und Erstbesteigungen ab 1895 ein größeres Interesse an dieser Region. Noch heute gilt der französische

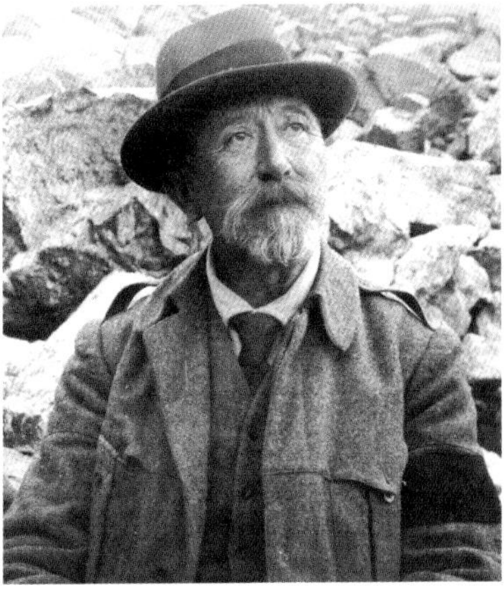

Der aus Nizza stammende Graf Victor de Cessole (1859–1943) war ein bedeutender Pionier des Alpinismus in den Seealpen.

Edelmann als Protagonist der frühen Alpinismusgeschichte der Seealpen, die mit der Erstbesteigung des Corno Stella ihren Höhepunkt erreichte. De Cessole hat im Verlauf von 30 Jahren beinahe alle Gipfel der Seealpen bestiegen, wobei er systematisch vorging und jeden Gipfel studierte. De Cessole war gebildet und mit der lokalen Kultur vertraut. Oft ging er mit seinem monegassischen Freund Louis Maubert zusammen oder mit den beiden Bergführern, die ihn auch bei der Erstbesteigung des Corno Stella begleitet hatten. In seiner Eigenschaft als Präsident der französischen Alpenvereinssektion Alpes Maritimes des Club Alpin Français (CAF) brachte er sein Wissen um die Seealpen seinen Mitgliedern näher und unterstützte zur Jahrhundertwende den Bau der ersten Rifugi (Berghütten), die den Besuch dieser Region erleichterten. 1908 erschien der erste Gebietsführer *Guida Alpi Marittime* von Giovanni Bobba, und damit waren die Seealpen alpinistisch entdeckt. Einige Jah-

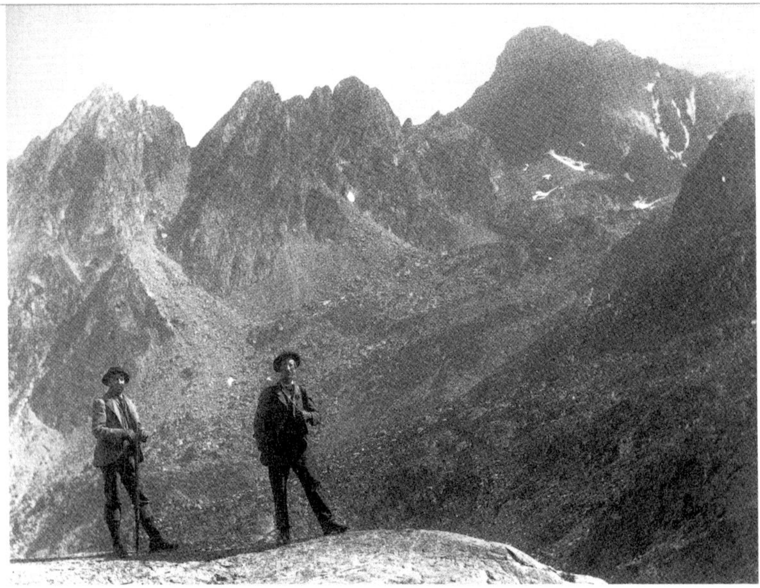

Der Bergführer Andrea Ghigo (rechts) mit Lee Brossé im Gesso-Tal, im Sommer 1909. Im Hintergrund erhebt sich die Kette der Madre di Dio.

re später errichtete die Alpenvereinssektion Ligurien des Club Alpino Italiano (CAI) die noch heute höchstgelegene Hütte der Seealpen, das Rifugio Pagarì (heute Rifugio Federici-Marchesini al Pagarì) auf 2650 Meter Höhe, unterhalb der Nordost-Wand der Maledia.

Nach dem Ersten Weltkrieg sorgte der Kletterkünstler Jean Vernet für Aufsehen, vor allem mit schweren Touren auf der französischen Seite der Seealpen. Und ab den 1920er Jahren kamen auch die italienischen Alpinisten, die bislang hier kaum Touren unternommen hatten. Einer von ihnen war Gianni Ellena, der neben zwei Erstbesteigungen zahlreiche neue und schwere Routen in den Seealpen durchführte. Mit ihm gingen die damals besten Alpinisten der Epoche am Seil: Dante Livio Bianco, Edoardo Soria, Aldo Quaranta, Riccardo Nervo, Matteo Campia etc. Mit den beiden Letzteren erkletterte er den »Campia-Ellena-Nervo«-Weg über die Südwest-Wand des Corno Stella, bis heute eine der schönsten Klettertouren der Seealpen. Einige dieser berühmten Alpinisten, wie Dante Livio Bianco und Aldo Quaranta, nutzten im Zweiten Weltkrieg ihre Bergkenntnis, um Partisanengruppen zu führen.

Mit der Verbesserung des Materials in der Nachkriegszeit wurde auch der Alpinismus immer anspruchsvoller, und es werden immer schwierigere Routen durch die Felsen gelegt. Und immer wieder werden die Felswände der Seealpen auf Routen durchstiegen, die noch schwieriger sind als die vorherigen, und vorher scheinbar unmögliche Durchsteigungen werden möglich gemacht – genauso wie beim Corno Stella vor gut 120 Jahren.

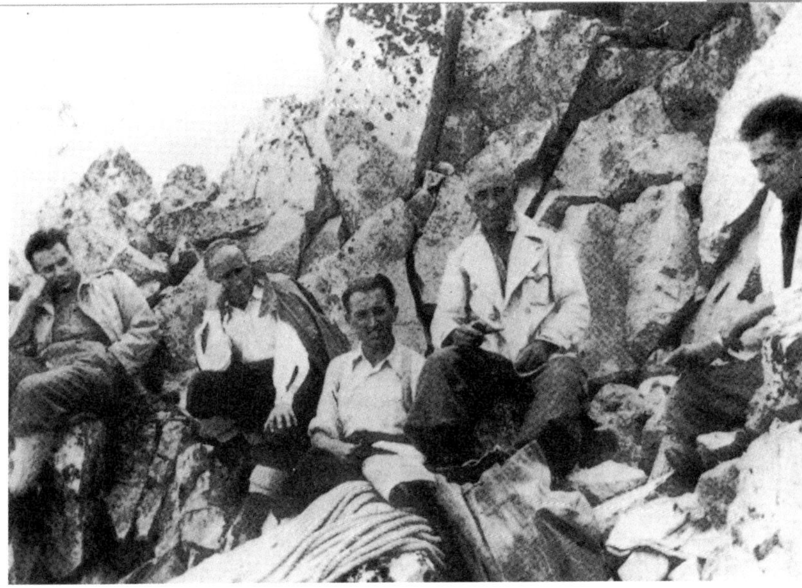

Bergsteiger, die den Alpinismus in den Seealpen geprägt haben, sitzen hier auf dem Argentera-Gipfel: Dante Livio Bianco, Riccardo Nervo, Gianni Ellena, Nicola Gandolfo und Matteo Campia (von links nach rechts).

Beinahe gleichzeitig mit der alpinistischen setzte auch die touristische Entwicklung ein.

Sie basierte auf dem Erfolg der Thermen von Valdieri und auf der Einrichtung des königlichen Jagdreviers. Das Gesso-Tal wurde ab der Mitte des 19. Jahrhunderts immer häufiger ein Ziel der Sommerfrische für das reiche Bürgertum der Ebene, das dem Adel räumlich und mental nahestehen wollte. In den ersten Jahrzehnten des 20. Jahrhunderts entstanden einige Villen im Stil des Historismus (italienisch: Eclettismo, also Eklektizismus) um Entracque und Valdieri herum; das bekannteste Beispiel dafür ist die Villa Bianco im Zentrum von Valdieri, der administrative Sitz der Parkverwaltung seit November 2004. Dabei handelte es sich natürlich um einen punktuellen und elitären Tourismus, der

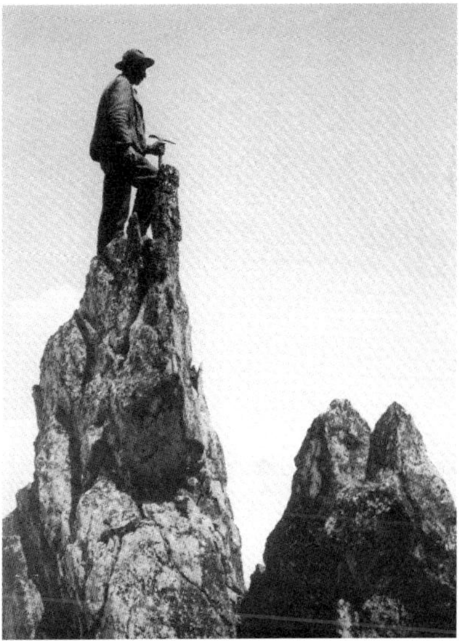

Andrea Ghigo auf dem Nordwest-Grat des Giegn am 6. Juli 1911.

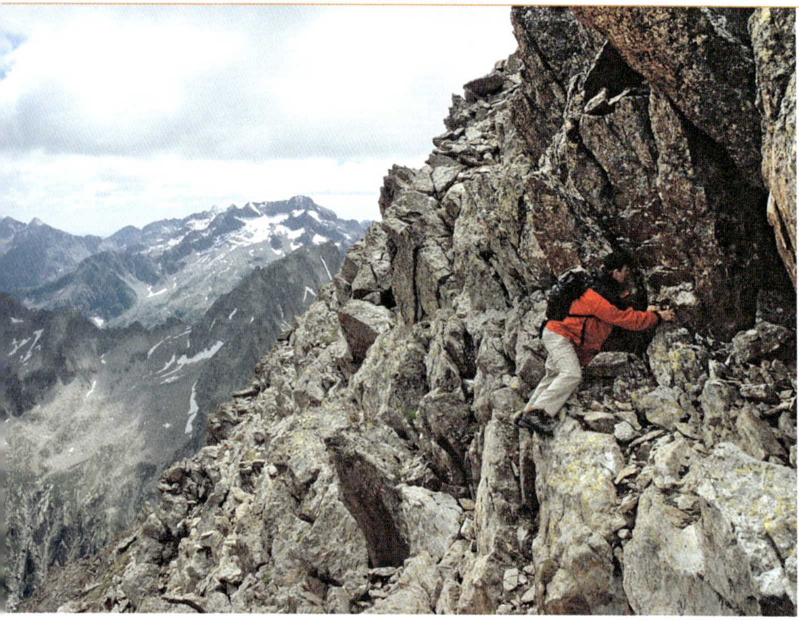

Das Klettern in den Seealpen abseits der Wege bleibt Alpinisten vorenthalten; im Hintergrund der vergletscherte Monte Gelàs, 3143 m.

kaum etwas am Gesamterscheinungsbild des Tales verändert hat.

Erst in den 1960er und 70er Jahren setzte – beeinflusst durch den Bau der Stauseen Chiotas und Piastra – eine touristische Entwicklung ein. Es kamen erstmals mehr Besucher, und einige Hotels und Ferienhäuser wurden errichtet. Damals richteten sich die Hoffnungen der Einwohner des Gesso-Tals auf den Tourismus und die großen Wasserkraftanlagen, da die traditionelle Landwirtschaft bereits tief in der Krise war. Dennoch blieb diese Entwicklung bescheiden und hauptsächlich auf die Ortschaft Entracque beschränkt. Dies liegt daran, dass für den Wintertourismus ein großes Skigebiet fehlt, während das Relief für den Sommertourismus so anspruchsvoll ist, dass ein Massentourismus – trotz der attraktiven Landschaft – keine Chance hat.

Ab 1980 beginnt die Geschichte des Naturparks Argentera, der dann zum Naturpark Alpi Marittime wird. Und in diesem Zusammenhang erkennt man, dass die Zukunft des Tales in der Schönheit seiner Natur und der Besinnung auf seine besondere Geschichte liegen könnte. 1998 entsteht die Idee eines nachhaltigen Tourismus in den Seealpen: Diese Tourismusform soll die Naturschutzziele fördern und stärken – verbesserte Kenntnis und vertiefte Erlebnisse der Natur sind zentrale Voraussetzungen, um die Naturschutzidee weiter zu verbreiten –, und sie soll zugleich Arbeitsplätze vor Ort sichern und erweitern und so die Akzeptanz des Parks bei den Einheimischen fördern. Damit dies gelingt, konzentriert sich der nachhaltige Tourismus in den Seealpen auf einen umweltverträglichen Wandertourismus im Sommer, und zwar in kleinen Strukturen, der die vorhandenen Infrastrukturen (Wege und Berghütten) nutzt, ohne sie auszuweiten und ohne neue Strukturen zu schaffen. Und dieser Wandertourismus besitzt keine rein sportlichen oder alpinistischen Zielsetzungen, sondern er zielt auf ein vertieftes Kennenlernen und Erleben von Natur- und Kulturlandschaft der Seealpen und schließt auch deren Geschichte sowie die seiner Bewohner mit ein.

Auch dieser Führer ist dieser Konzeption verpflichtet.

Die Bevölkerungsentwicklung der Gemeinden von 1871/72 bis heute

Die hier vorgestellte Wanderung führt durch das Gebiet von fünf Gemeinden, die zusammen eine Fläche von 664 Quadratkilometern umfassen:

Alle Gemeindegrenzen verlaufen im Gebirge auf Graten beziehungsweise Wasserscheiden, und die Gemeindegebiete sind so angelegt, dass zu den Dauersiedlungsgebieten in den tieferen Tallagen diejenigen Alpgebiete gehören, die im Einzugsgebiet des gleichen Flusses liegen. Fast alle Gemeindegebiete sind relativ groß, was damit zusammenhängt, dass der Ödlandanteil hoch ist, denn in den Alpen ist üblicherweise eine Gemeinde umso größer, je größer ihr unproduktives Areal (unproduktiv für die traditionelle Landwirtschaft) ist.

Für diese Gemeinden liegen die Ergebnisse der modernen Volkszählungen (in Italien alle zehn, in Frankreich alle acht Jahre) ab der zweiten Hälfte des 19. Jahrhunderts vor, und die Auswertung dieser Daten ergibt ein anschauliches Bild der Entwicklung der Seealpen in den letzten 150 Jahren.

Betrachtet man die Ausgangssituation im Jahr 1871/72, so besitzen alle fünf Gemeinden damals eine ähnliche Bevölkerungsdichte: St-Martin-Vésubie, Entracque und Valdieri je 21 Einwohner/Quadratkilometer, Belvédère und Tende je 17 Einwohner/Quadratkilometer.

Gemeinde	Höhe ü M.	Fläche in km²	Gebiet
Valdieri/I	773 m	160,32	Tal des Gesso della Valletta mit Quelltälern Valle della Meris, Valle di Valasco, Valle della Valletta, Vallone di Lourousa
Entracque/I	900 m	153,56	Tal des Gesso della Barra mit den Seitentälern des Torrente Bucera (Valle della Rovina) und des Torrente Bousset
St-Martin-Vésubie/F	1000 m	97,13	Oberstes Vésubie-Tal mit Quelltälern Vallon du Boréon und Seitental Vallon de la Madone de Fenestre
Belvédère/F	820 m	75,41	Vésubie-Seitental Vallon de la Gordolasque
Tende/F	791 m	177,47	Gesamtes oberes Roya-Tal nördlich von St. Dalmas-de Tende, unter anderem mit den Seitentälern Vallée des Merveilles, Vallon de Valmasque, Vallon de la Minière, Vallon de Casterino

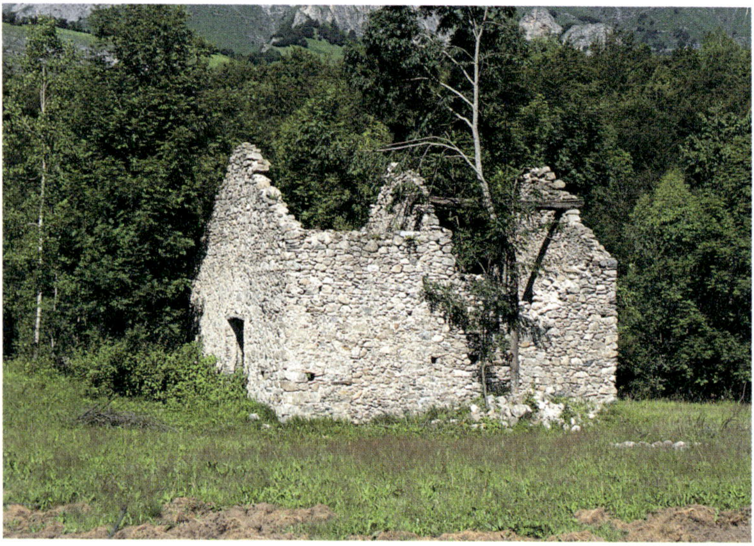

Viele Häuser in den Seealpen sind heute verlassen und verkommen zu Ruinen.

Da die Bevölkerungsdichte im gesamten Alpenraum in dieser Zeit jedoch zwischen 36 und 44 Einwohner/Quadratkilometer beträgt (s. dazu Bätzing 2015, S. 306), fallen die zentralen Seealpen als ein dünn besiedelter Raum besonders auf.

Die weitere Entwicklung ist in allen Gemeinden durch einen starken Bevölkerungsrückgang geprägt – die Seealpen werden als menschlicher Wirtschafts- und Lebensraum spürbar entwertet und als Naturraum deutlich aufgewertet. Dabei

Bevölkerungsentwicklung im Gebiet der zentralen Seealpen 1871/72 bis heute

Italien	1871	1936	1951	1961	1971	1981	1991	2001	2011	2021	1871–2022 in % (1871 = 100 %)
Entracque	3245	1559	1398	1092	944	895	878	873	834	770	- 76 %
Valdieri	3539	1934	1579	1369	1272	1088	1054	966	953	912	- 74 %

Frankreich	1872	1936	1954	1962	1968	1982	1990	1999	2011	2021	1872–2022 in % (1872 = 100 %)
St-Martin-Vésubie	2002	1533	1115	1131	1047	1156	1041	1098	1328	1431	- 29 %
Belvédère	1210	951	643	631	507	536	519	495	640	658	- 46 %
Tende	3000	2529	2080	1954	2053	1954	2089	1844	2165	2144	- 29 %

Quelle: Volkszählungsdaten ISTAT und INSEE/Alpengemeindedatenbank Bätzing

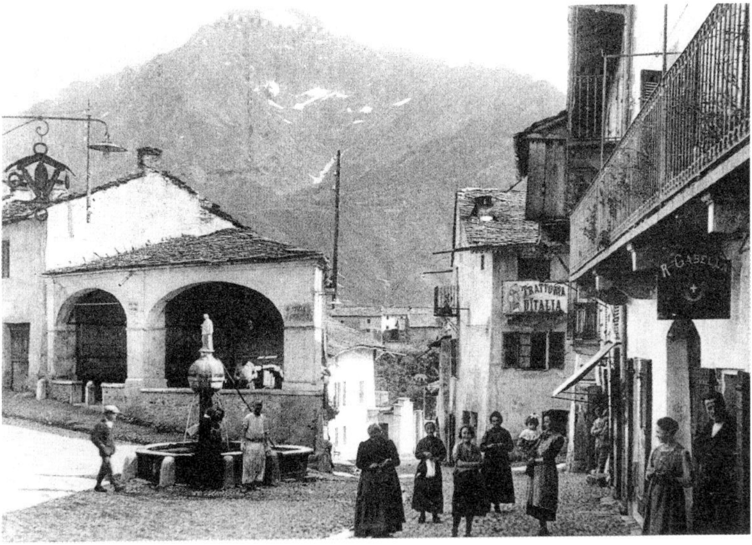

In Entracque lebten 1930 noch doppelt so viele Menschen wie heute.

fällt auf, dass die Rückgänge im italienischen Teil sehr viel deutlich stärker ausgeprägt sind als im französischen Teil. Da aber die Rückgänge im benachbarten Gebiet der südlichen Cottischen Alpen und der Ligurischen Alpen noch stärker ausfallen, stehen die italienischen Seealpen im (insgesamt sehr negativen) italienischen Rahmen vergleichsweise gut da. Andererseits fehlt in den zentralen französischen Seealpen diejenige Entwicklung, die für viele französische Alpenregionen charakteristisch ist, nämlich ein signifikanter Wiederanstieg der Einwohnerzahlen in den 1980er oder 1990er Jahren, nach den Jahrzehnte langen Rückgängen; daher stehen die französischen Seealpen derzeit im französischen Rahmen eher weniger gut da.

Der Wiederanstieg der Einwohnerzahlen ab den 1980er Jahren, der nur in den Randbereichen der französischen Seealpen besonders ausgeprägt ist, gründet darauf, dass viele ehemalige Bauerngemeinden im Hinterland von Nizza zu Wohnorten für Menschen umfunktioniert werden, die in der sehr dynamischen Stadtregion Menton-Monaco-Nizza-Antibes-Cannes-Grasse arbeiten und im Berggebiet wohnen (s. dazu Bätzing 2015, S. 210 mit Karte 17). Allerdings ist diese Wiederaufwertung von einer guten Erreichbarkeit der Arbeitsplätze an der Küste abhängig, damit die täglichen Pendelzeiten nicht zu lang werden. Das steile Relief der Seealpen stellt dabei – trotz aufwändiger Straßenbaumaßnahmen – ein erhebliches Hindernis dar.

Ab dem neuen Jahrtausend setzt dann in den drei Gemeinden St-Martin-Vésubie, Belvédère und Tende, die nicht zum Pendlereinzugsgebiet von Nizza beziehungsweise der Küste gehören (dieses endet im

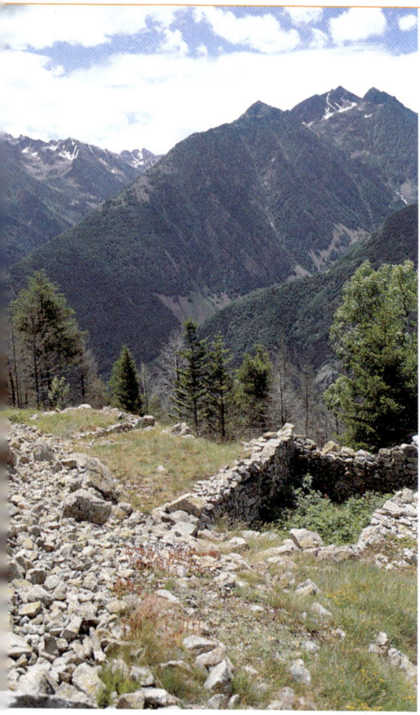

Eine verlassene Temporärsiedlung in 1600 Meter Höhe, im Hintergrund die typische Landschaft der zentralen Seealpen.

Tinée-Tal bei St-Sauveur-sur-Tinée, im Vésubie-Tal bei Lantosque, und im Roya-Tal bei Luceram und Castellar) und auch in absehbarer Zeit nicht dazugehören werden, ein deutlich erkennbarer Bevölkerungszuwachs ein. Diese Entwicklung trifft derzeit auch auf viele andere französische Alpengemeinden zu. Das ist einerseits darauf zurückzuführen, dass es in den französischen Alpen einen gut funktionierenden, dezentralen Tourismus gibt, von dem auch Orte ohne Massentourismus ökonomisch wie kulturell profitieren. Andererseits zieht es viele Rentner aus dem Großraum Paris und anderen Agglomerationen zurück in ihre ehemalige Heimat (und somit auch in die zentralen Seealpen), wo sie den Ruhestand verbringen. Und St-Martin-Vésubie hat als »Capitale de la Suisse Niçoise«, also als Hauptort der »Schweiz von Nizza«, von jeher einen gewissen touristischen Stellenwert und besaß zwischen 1907 und 1929 sogar eine Bahnverbindung nach Nizza. Es muss aber auch erwähnt werden, dass diese Entwicklung hauptsächlich für die Hauptorte zutrifft und weniger für die anderen, schlechter erreichbaren Ortsteile der Gemeinden samt ihrer Kulturlandschaft. So geht aufgrund der fehlenden landwirtschaftlichen Nutzung der Wandel von Kultur- zu Naturlandschaft weiter.

In wie weit sich die verheerenden Überschwemmungen aus dem Jahr 2020, bei dem etliche Häuser sowohl in St-Martin-Vésubie als auch in Tende weggespült wurden, dauerhaft auf das Leben und die Bevölkerungszahl der betroffenen Gemeinden auswirken, wird die Zukunft zeigen.

Für die italienischen Seealpen spielen die Städte eine geringere Rolle. Die Stadtregion Cuneo ist ziemlich klein und die große Agglomeration Turin, die in den 1970er und 1980er Jahren das Wachstum von Cuneo noch stark förderte, hat heute wirtschaftliche Probleme, so dass ihre Einwohnerzahl sinkt. Die Stadtregion Cuneo endet daher bereits am Rande des Gesso-Tals mit den Gemeinden Borgo San Dalmazzo und Roccavione, die inzwischen baulich mit der Stadt Cuneo zusammengewachsen sind. Zwar pendeln zahlreiche Einwohner von Valdieri und Entracque täglich nach Cuneo, aber da dort nicht viele Arbeitsplätze zur Verfügung stehen, bleibt dieser Einfluss letztlich bescheiden, was sich deutlich an der Bevölkerungsentwicklung zeigt.

Der Rückgang der Einwohnerzahlen liegt am Zusammenbruch der Landwirtschaft

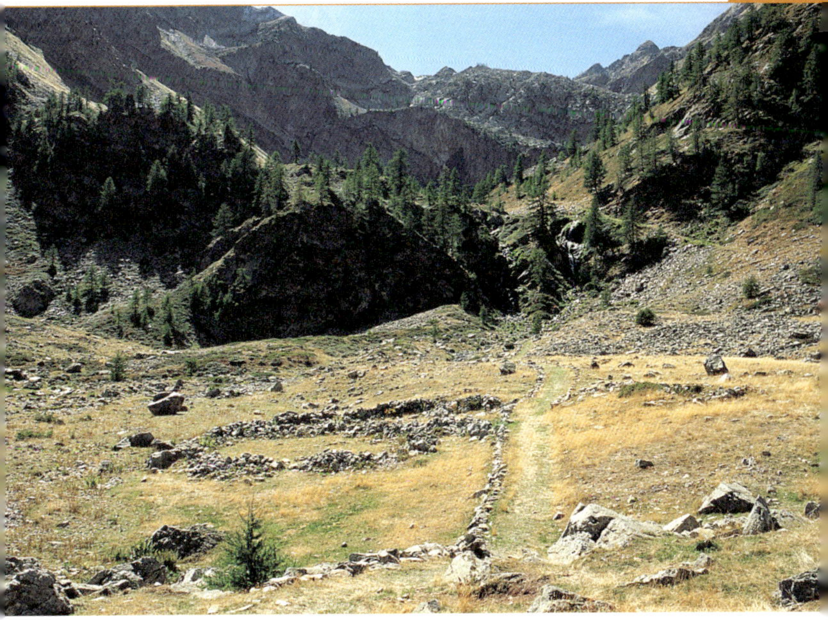

Mehrere unterschiedliche Gias-Strukturen sind bei der Gias Sottano, 1902 m, im Valletta-Seitental zu sehen.

und des traditionellen Gewerbes, und beides ist so stark, dass die neuen Arbeitsplätze im Tourismus und in der Naturparkverwaltung diese Verluste bei weitem nicht ausgleichen können. So wandert die junge Generation ab, die Gemeinde überaltert, und dadurch fallen weitere Arbeitsplätze im Generationenwechsel weg.

In Valdieri und Entracque geht der stetige Bevölkerungsrückgang auch im neuen Jahrtausend weiter, mit dem einzigen Unterschied, dass in den letzten 25 Jahren Entracque mehr Einwohner verliert als Valdieri – im vorherigen Zeitraum war es umgekehrt. Nun liegen beide Gemeinden mit etwa drei Viertel Bevölkerungsverlust seit 1871 auf einem erschreckenden Tiefstand. Dennoch wirkt Entracque insgesamt etwas lebendiger als Valdieri, was

Religiöses Wandbild in Entracque.

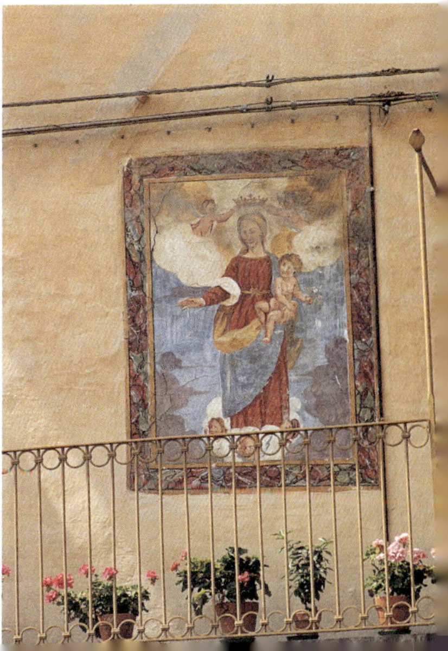

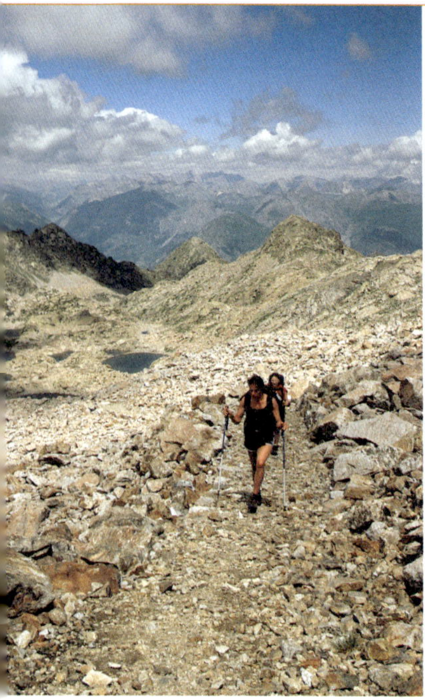

Ein »sanfter« Wandertourismus wird in den Seealpen gefördert.

sicher auch daran liegt, dass hier der Tourismus deutlich ausgeprägter ist.

Welche Zukunft für die Seealpen?

Derzeit sind in den zentralen Seealpen keine Entwicklungen erkennbar oder vorstellbar, die zu einem markanten Anstieg der Bevölkerung oder der lokalen Arbeitsplätze führen könnten: Neue touristische oder industrielle Großprojekte sind durch den Natur- und Nationalpark ausgeschlossen, und die Verstädterung von Nizza und Cuneo dürfte diesen Raum in den nächsten 10 bis 15 Jahren nicht erreichen. Deshalb erscheint es realitätsnah, die Entwicklung der letzten 20 Jahre als Maßstab für die absehbare Zukunft anzusetzen:

In den drei französischen Gemeinden wird die Bevölkerung weiter zunehmen, allerdings dürfte aufgrund der heute geltenden Wohnverhältnisse (mehr Wohnraum pro Person) und des fehlenden Massentourismus (begrenzte Arbeitsplätze) ab einer gewissen Bevölkerungszahl eine Sättigung einsetzen, auch weil bereits viele Menschen schon im Rentenalter sind. Die fortschreitende Digitalisierung könnte auch mehr jüngeren Menschen eine Ansiedlung erlauben und somit eine drohende Überalterung abschwächen. Auch die Baubranche wird von der Bevölkerungszunahme profitieren, und eine intelligente Tourismuspolitik des Nationalparks Mercantour könnte diese positive Entwicklung weiter stärken. Allerdings ist längst noch nicht geklärt, welche langfristigen Auswirkungen die Überschwemmungen von 2020 haben werden.

Zwar dürfte In den Randgebieten der Seealpen – vor allem auf französischer Seite – der Prozess der Verstädterung weitergehen, und nach wie vor ist geplant, die internationale Verkehrsachse Barcelona–Marseille–Nizza–Cuneo–Asti–Udine–Osteuropa stark auszubauen – unter anderem mit einem zweiten Tunnel beim Tenda-Pass, an dem auch schon seit Jahren gebaut wird. Aber die Überschwemmungen haben die Fertigstellung des Tunnels und der Straße im Roya-Tal um Jahre zurückgeworfen, und noch heute sind der Tenda-Pass und einige Straßenabschnitte im Roya-Tal gesperrt (Stand Ende 2023).

Ein anderes Verkehrsprojekt – der Seealpen-Basistunnel – ist komplett gestrichen. Zwar wurde in den 1970er Jahren bereits für kurze Zeit an einem Straßentunnel durch die Seealpen zwischen Terme di Valdieri und Le Boréon gebaut, aber die Arbeiten wurden schnell wieder eingestellt, und heute ist diese Routenführung wegen der Ausweisung dieses Gebietes zum Naturpark unmöglich geworden.

In den 1990er Jahren wurden Pläne favorisiert, den Seealpentunnel etwas weiter westlich zwischen Vinadio (Stura-Tal) und Isola (Tinée-Tal) zu bauen, aber diese Pläne sind inzwischen, unter anderem auch aus Umweltgründen, vom Tisch, denn sie würden gegen die geltende Alpenkonvention verstoßen.

Vergleicht man die Wirtschafts- und Verstädterungsentwicklung der zentralen Seealpen mit anderen abgelegenen (also nicht verstädterten) Regionen der italienisch-französischen Südwestalpen, dann stellt man fest, dass die französischen Seealpen in diesem negativen Kontext vergleichsweise gut abschneiden. Der anfangs noch extreme Bevölkerungsrückgang schwächt sich seit Beginn der 1980er Jahre stark ab, und in einigen Gemeinden gibt es Bevölkerungszuwächse, erst waren es die Auspendlergemeinden in Randlage, später auch Gemeinden in den abgelegeneren, zentralen Seealpen, s. Bevölkerungsentwicklung. Eine weitere Ursache dieser keineswegs selbstverständlichen Entwicklung könnte darin liegen, dass es der Nationalpark Mercantour, der auch noch mit der archäologischen Besonderheit der Felszeichnungen im Tal der Wunder aufwarten kann, eher schafft, sich Aufmerksamkeit als Tourismusdestination zu verschaffen, als der Naturpark der Seealpen. Dieser hat weder Nationalparkstatus noch wird er finanziell ausreichend ausgestattet, um umfangreich für sich

Die Schafhaltung ist ein Hoffnungsträger der Landwirtschaft in den Seealpen.

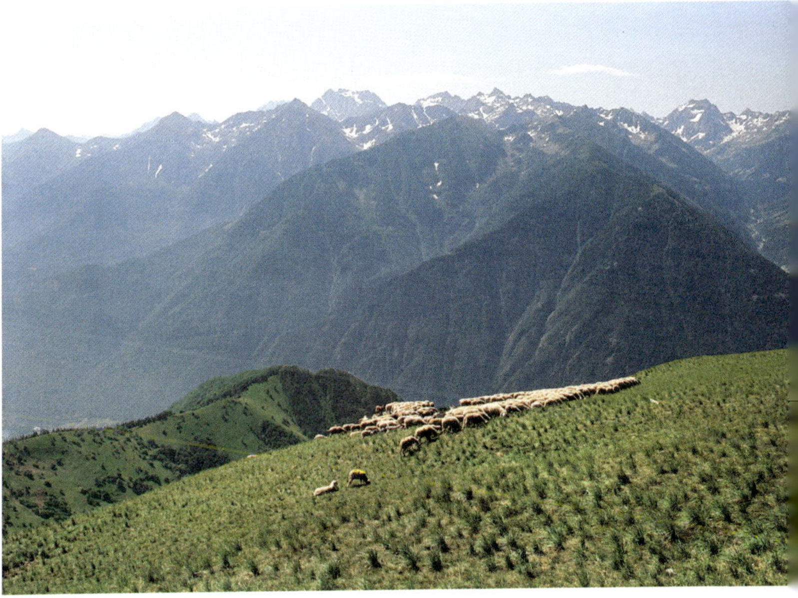

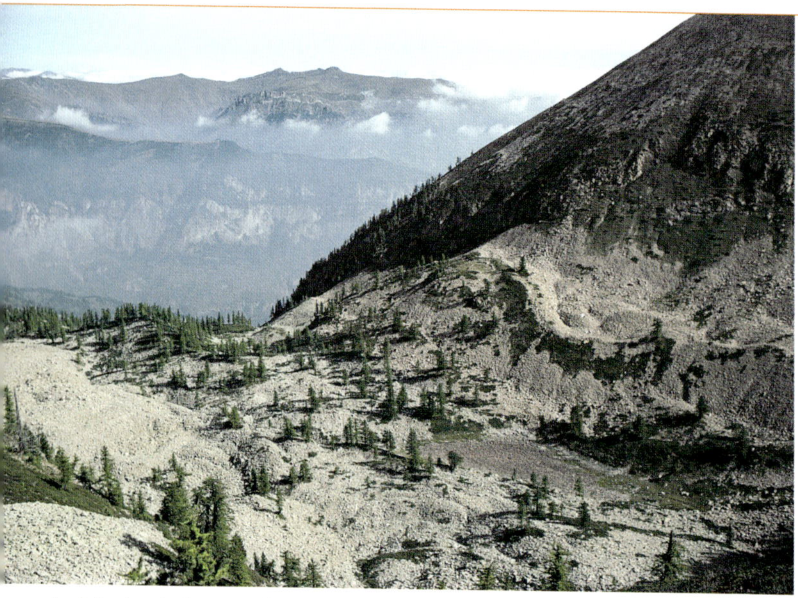

Der Talboden des kurzen Vallone di Palla (kurzes Tal zwischen Vallone di Rio Freddo und Vallone di Valletta, etwas nördlich von Etappe 3) ist in 2000 Meter Höhe fast vollständig mit Schutt und Geröll bedeckt. Rechts unten ein kleiner See, der im September ausgetrocknet ist. Am rechten Hang ist gut die wulstförmige Stirnseite eines kleinen Blockgletschers zu erkennen.

werben zu können. Das sorgt auch für ein unterschiedliches Tourismusaufkommen auf den beiden Seiten der Seealpen.

Leider erwies sich der Regionalpark in Italien als zu schwacher Impulsgeber, um einen weiteren Wegzug der Bevölkerung aufzuhalten. Die Hoffnung, der Park könnte sich als wirtschaftliche Zugkraft dem negativen Trend entgegenstemmen – insbesondere nach dem Strategiewechsel im Jahr 1995 hin zu einer nachhaltigen Entwicklung –, hat sich leider nicht oder nur zu einem Bruchteil verwirklicht. Im Vergleich zu den Nachbarregionen der südlichen Cottischen und den Ligurischen Alpen stehen die Seealpen nur wenig besser da.

Aber auf jeden Fall war die Ausweisung der beiden großen Schutzgebiete unbedingt richtig. Dadurch werden die Seealpen als Landschaft stark aufgewertet und überregional bekannt gemacht, zugleich wurden touristische Spekulationsobjekte, von denen die lokale Bevölkerung nichts hat (wie zum Beispiel in Limone Piemonte im Vermenagna-Tal oder Isola 2000 im Tinée-Tal), unmöglich gemacht. Ohne die beiden großen Schutzgebiete würden die französischen Gemeinden heute erheblich schlechter und die italienischen wohl noch schlechter dastehen. Zudem treten die Parkgebiete für Umweltschutz und Forschung ein und bleiben regionale Impulsgeber und Akteure. Sie treiben so aktiv eine eigenständige Regionalentwicklung voran, bei der sich Naturschutz, umweltverträgliches Wirtschaften und Handeln und kulturelle Identität wechselseitig fördern.

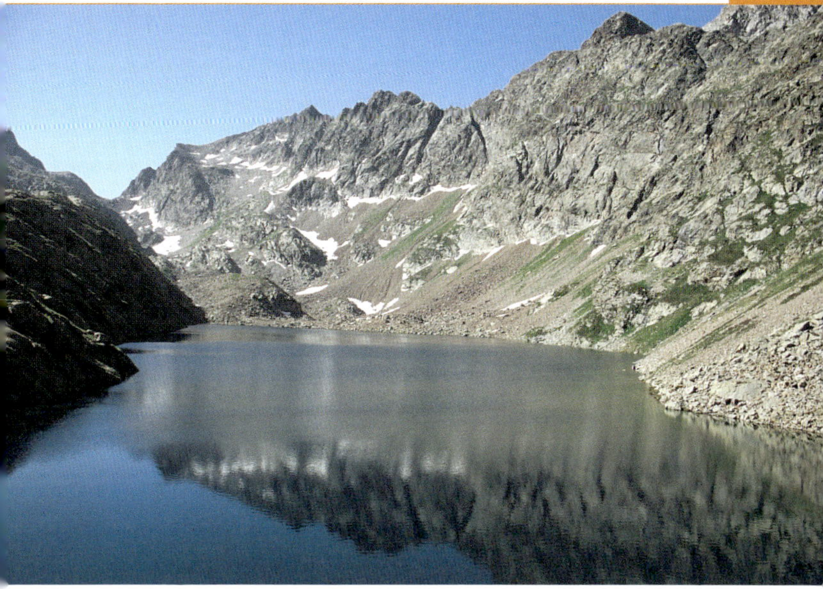

Zahlreiche Karseen, wie hier der Lago Soprano della Sella, 2330 m, liegen eingebettet in der beeindruckenden Hochgebirgslandschaft der Seealpen.

Deshalb werden die Seealpen in Zukunft nicht völlig menschenleer werden, sondern sie werden eine menschlich geprägte und genutzte Landschaft bleiben, in der jedoch größere Flächenanteile der natürlichen Entwicklung überlassen werden. Die menschlichen Nutzungsspuren werden allmählich verwischen, trotzdem aber noch für lange Zeit sichtbar bleiben – jedenfalls für diejenigen, die landschaftliche Veränderungen sehen und erkennen können.

Alle anderen dagegen werden die Seealpen auch in Zukunft als eine wilde und völlig naturbelassene Hochgebirgslandschaft erleben, sich gleichzeitig aber an den menschlichen Infrastrukturen – Ausgangsorte, Hütten, Wegenetze – erfreuen, denn ohne deren Unterhalt und Pflege würde die Erkundung dieser faszinierenden Alpenregion zu einem sehr strapaziösen Abenteuer werden, das nur sehr wenige Menschen durchzustehen bereit und in der Lage wären.

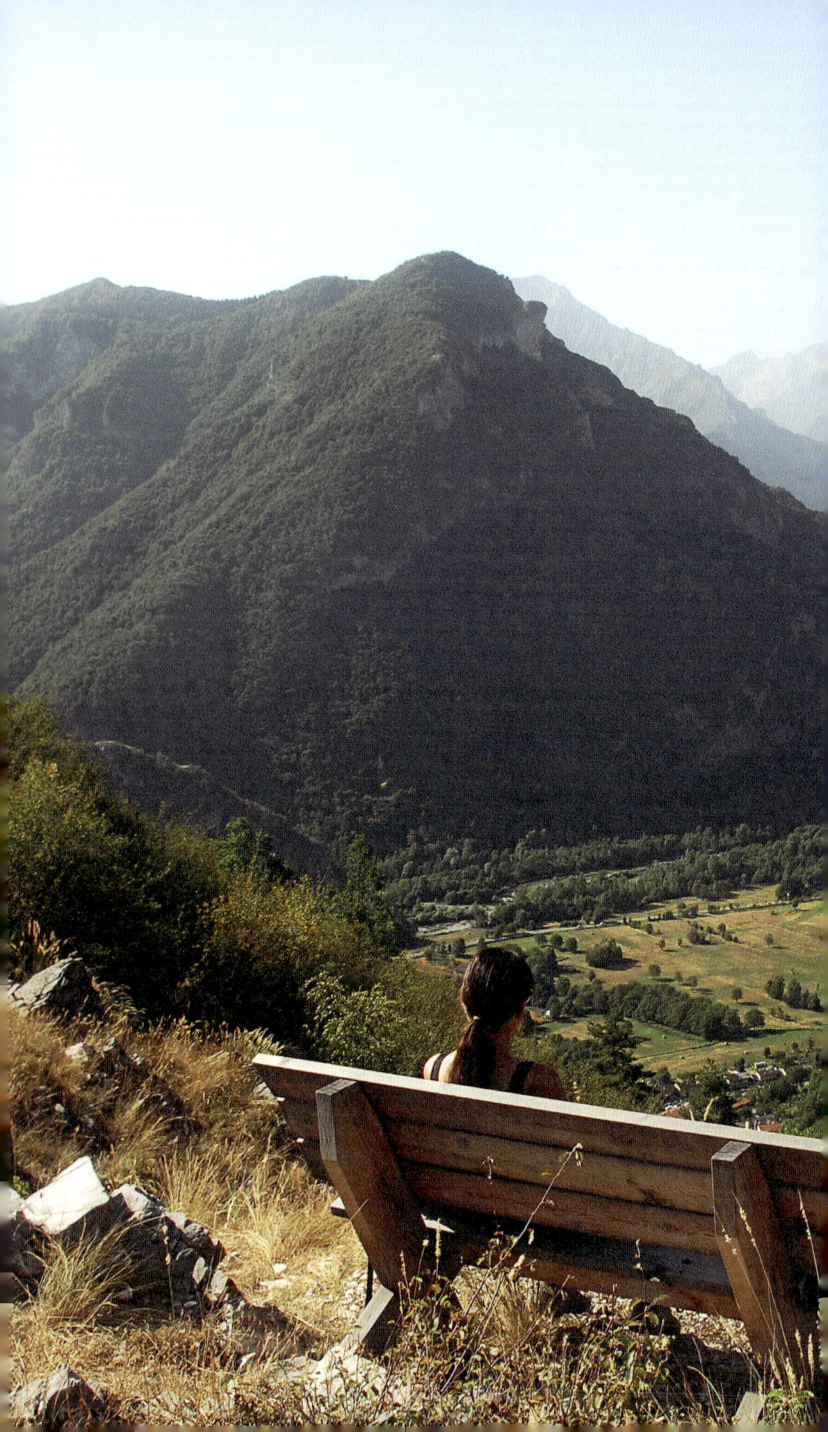

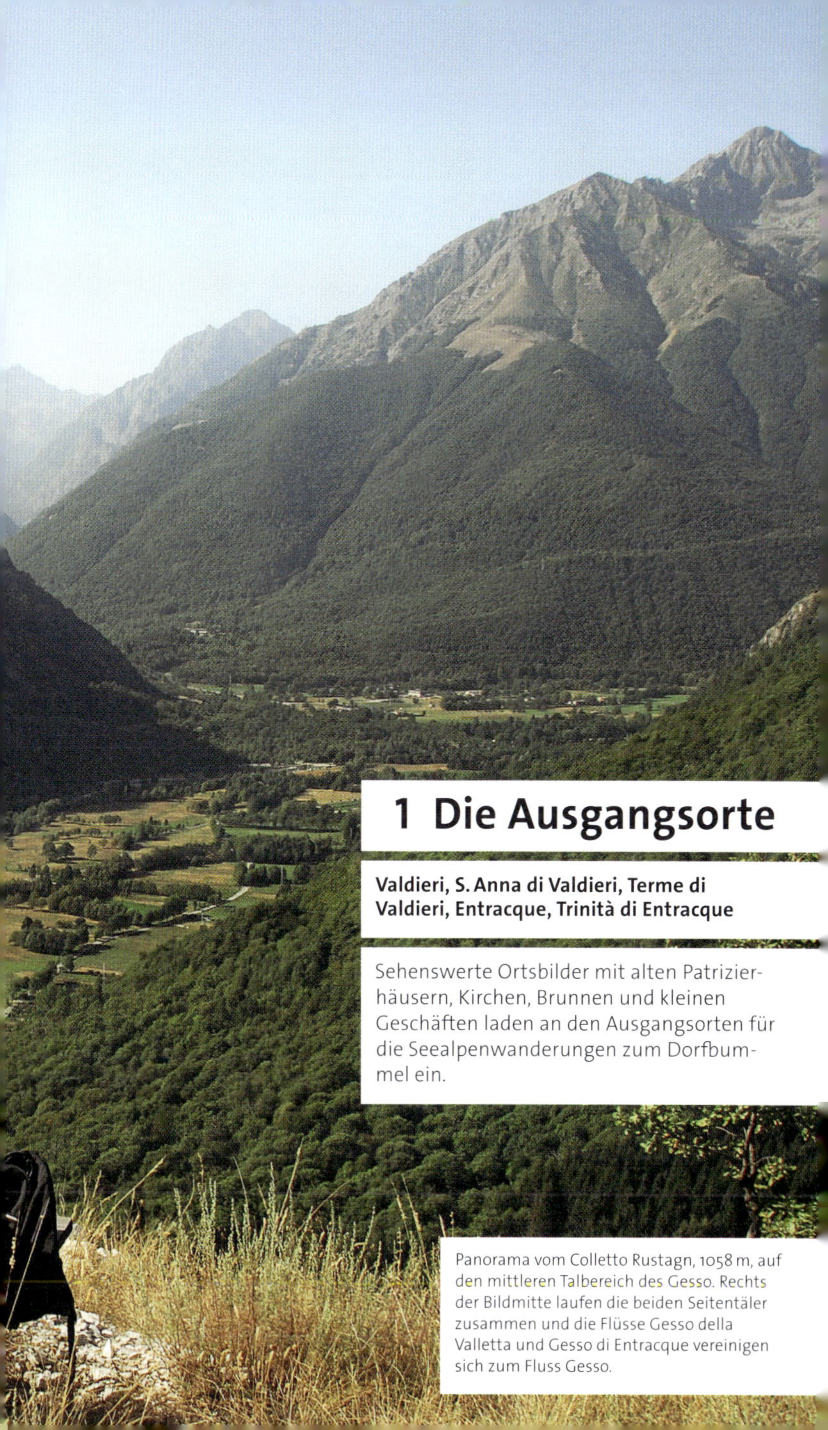

1 Die Ausgangsorte

Valdieri, S. Anna di Valdieri, Terme di Valdieri, Entracque, Trinità di Entracque

Sehenswerte Ortsbilder mit alten Patrizierhäusern, Kirchen, Brunnen und kleinen Geschäften laden an den Ausgangsorten für die Seealpenwanderungen zum Dorfbummel ein.

Panorama vom Colletto Rustagn, 1058 m, auf den mittleren Talbereich des Gesso. Rechts der Bildmitte laufen die beiden Seitentäler zusammen und die Flüsse Gesso della Valletta und Gesso di Entracque vereinigen sich zum Fluss Gesso.

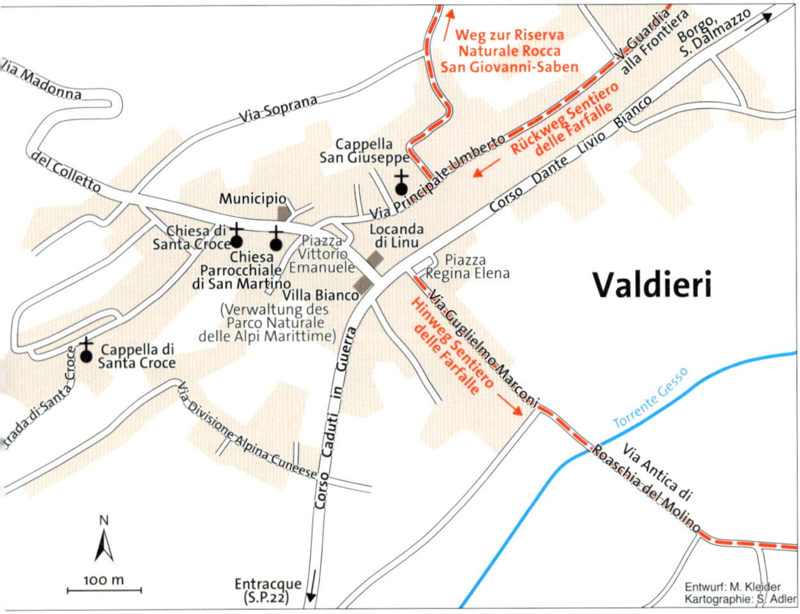
Valdieri
Weg zur Riserva Naturale Rocca San Giovanni-Saben
Rückweg Sentiero delle Farfalle
Hinweg Sentiero delle Farfalle
Via Madonna
del Colletto
Via Soprana
V. Guardia alla Frontiera
Borgo, S. Dalmazzo
Corso Dante Livio Bianco
Via Principale Umberto
Cappella San Giuseppe
Municipio
Chiesa di Santa Croce
Chiesa Parrocchiale di San Martino
Piazza Vittorio Emanuele
Locanda di Linu
Piazza Regina Elena
Villa Bianco
(Verwaltung des Parco Naturale delle Alpi Marittime)
Cappella di Santa Croce
Strada di Santa Croce
Via Divisione Alpina Cuneese
Corso Caduti in Guerra
Via Guglielmo Marconi
Torrente Gesso
Via Antica di Roaschia del Molino
N
100 m
Entracque (S.P.22)
Entwurf: M. Kleider
Kartographie: S. Adler

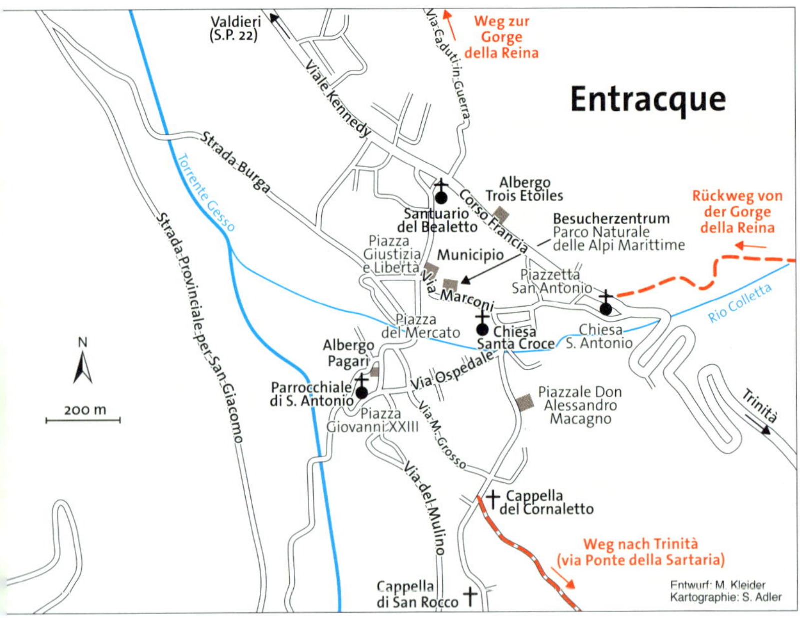
Entracque
Valdieri (S.P. 22)
Weg zur Gorge della Reina
Via Caduti in Guerra
Viale Kennedy
Strada Burga
Torrente Gesso
Strada Provinciale per San Giacomo
Albergo Trois Etoiles
Corso Francia
Santuario del Bealetto
Besucherzentrum Parco Naturale delle Alpi Marittime
Rückweg von der Gorge della Reina
Piazza Giustizia e Libertà
Municipio
Via Marconi
Piazzetta San Antonio
Rio Colletta
Piazza del Mercato
Chiesa Santa Croce
Chiesa S. Antonio
Albergo Pagari
Via Ospedale
Parrocchiale di S. Antonio
Piazza Giovanni XXIII
Piazzale Don Alessandro Macagno
Trinità
Via M. Grosso
Via del Mulino
Cappella del Cornaletto
Weg nach Trinità (via Ponte della Sartaria)
Cappella di San Rocco
N
200 m
Entwurf: M. Kleider
Kartographie: S. Adler

Unterkunft

Valdieri, 773 m, I-12010
Agriturismo Lu Garun Rus: frazione Andonno, Via provinciale 4, Tel. 346 3613934, www.lugarunrus.it.

Frazione S. Anna di Valdieri, 963 m, I-12010 Valdieri
Albergo Balma Meris: S. Anna 55, Tel. 371 3565914, www.balmameris.com
B&B Ciaburna dei Ribotta: Fraz. S. Anna 54, Tel. 0171 977839, Casa alpina Giraudo, Fraz. S. Anna 65, 90 Plätze, Tel. 333 2666450, www.lacasaalpina.com.

Frazione Terme di Valdieri, 1368 m, I-12010 Valdieri
Posto tappa im Casa Rifugio Savoia: Regione Terme di Valdieri 1, 24 Plätze in sechs Zimmern, Restaurant/Bar, Tel. 327 0116545, www.rifugiocasasavoia.it
Grande Albergo Royal Terme: Tel. 0171 97106. Informationen im Winter: Tel. 0171 261666, www.termerealidivaldieri.it
Albergo Turismo: Regione Terme 3, geöffnet Mitte April–Mitte Okt., Tel. 0171 97334 oder 340 1423408, www.albergo-turismo-terme-valdieri.it
Rifugio alpino del Valasco: 1763 m, 45 Plätze, geöffnet von Anfang Juni bis Ende September, Restaurant, Dusche, Tel. 0171 1836267 (Rifugio) oder 347 0531456 (Betreiber Andrea Cismondi) oder 353 4086027 (für Reservierungen per WhatsApp), www.rifugiovalasco.it

Entracque, 900 m, I-12010
s. Übernachtungsmöglichkeiten Kapitel 5/ Etappe 13.

Frazione Trinità di Entracque, 1084 m, I-12010 Entracque
s. Übernachtungsmöglichkeit Kapitel 5/ Etappe 12.

Valdieri

Valdieri liegt auf 773 Meter Höhe und wurde im 12. Jahrhundert von Benediktinern gegründet. Der Ortsname dürfte vom deutschen Wort »Wald« herstammen und bezieht sich auf den dichten Wald, der früher diesen Talbereich fast vollständig bedeckte. Der Hauptort liegt unterhalb der kalkigen Hänge der Cima Saben, auf denen der geschützte »Phönizische Wacholder« wächst. Valdieri hat sich einige bauliche Charakteristika bewahrt wie den kleinen Rathausplatz mit einem Steinbrunnen aus dem 18. Jahrhundert, und hier ist auch das mit Fresken verzierte Patrizierhaus der Familie Lovera zu besichtigen. An der Piazza Regina Elena sticht einem die Villa Bianco, der heutige Sitz der Parkverwaltung, ins Auge. Lohnenswert ist auch ein Besuch der Pfarrkirche San Martino (erbaut 1789–1796) im oberen Ortsteil, die mit buntem Marmor verziert ist.

Auf der Wasserscheide zum Stura-Tal liegt die Kapelle Madonna del Colletto, die auf einer kleinen Fahrstraße zu erreichen ist. Zum Gemeindegebiet von Valdieri gehören auch der Ortsteil S. Anna di Valdieri und der Weiler Terme di Valdieri.

Unterhalb der Kalkhänge der Cima Saben erstreckt sich Valdieri im Talgrund.

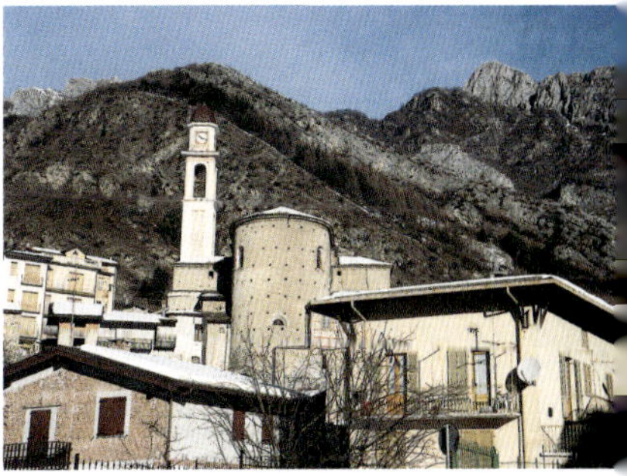

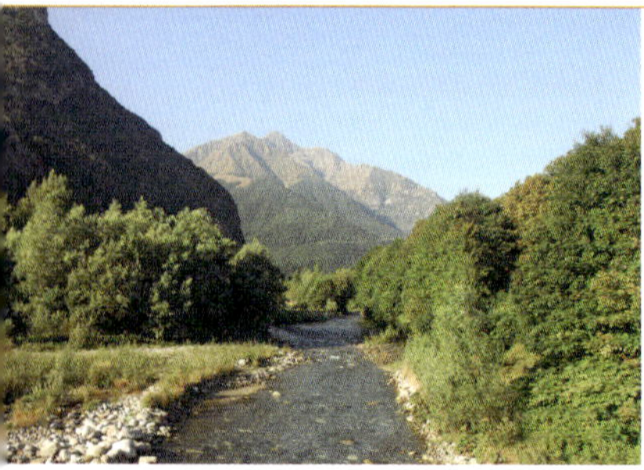

Auf dem Sentiero delle Farfalle wird der Torrente Gesso gleich bei Valdieri auf einer Brücke überquert.

Tipp 1 für den Anreisetag: »Sentiero delle Farfalle« (Schmetterlingsweg)

Markierung: Wegweiser und rot-weiße Markierungen

Gehzeit: 1 h 30

Dieser einfache Rundweg ist ideal geeignet, ohne Schwierigkeiten die Umgebung von Valdieri kennen zu lernen und bietet auch die Möglichkeit die Nekropolis (siehe *Nutzungsgeschichte*, S. 42) zu besichtigen. Er wird „Schmetterlingsweg" genannt, da er durch das Verbreitungsgebiet des endemischen und sehr seltenen Schmetterlings Papilio alexanor (Alexanor-Schwalbenschwanz) führt.

Auf der Via Marconi (im Zentrum von Valdieri, schräg gegenüber der Parkverwaltung) geht es einige hundert Meter bergab, dann wird der Fluss auf einer Brücke überquert (Wegweiser). Es geht über zwei kleine Brückchen geradeaus weiter, der Asphalt geht in Schotter über und man trifft auf eine Quelle (Wegweiser). Immer auf dem kleinen Sträßchen bleibend (N 37) geht es parallel und ohne Steigungen dem Gesso entlang (Abstecher zum Fluss möglich). Nach etwa 40 Minuten erreicht man bei Tetti Cialombard eine Weggabelung (Wegweiser), bei der man sich links hält (nach rechts ist ein Abstecher zu den 15 Minuten entfernten Grotte del Bandito, einst auch von Menschen genutzte Höhlen, möglich). Man erreicht wieder Asphalt und es geht auf einer Brücke über den Gesso. Weiter auf dem Sträßchen erreicht man in Kürze die Provinzstraße. Nun folgt man der Schotterstraße schräg gegenüber und erreicht nach etwa 150 Metern eine Weggabelung (Wegweiser), bei der man sich rechts Richtung Andonno hält. Kurz darauf wird erneut eine Weggabelung erreicht, bei der man sich links hält (Wegweiser). Nun geht es am verlassenen Steinbruch vorbei, in dessen Umgebung sich eine Vielzahl von Insekten vermehrt, unter anderem der Alexanor-Schwalbenschwanz. Der guten Beschilderung weiter bis zur Nekropolis (Be-

Der Nachbau eines Hauses aus der Bronzezeit ist sicherlich die größte Attraktion auf der archäologischen Fundstätte der Nekropolis.

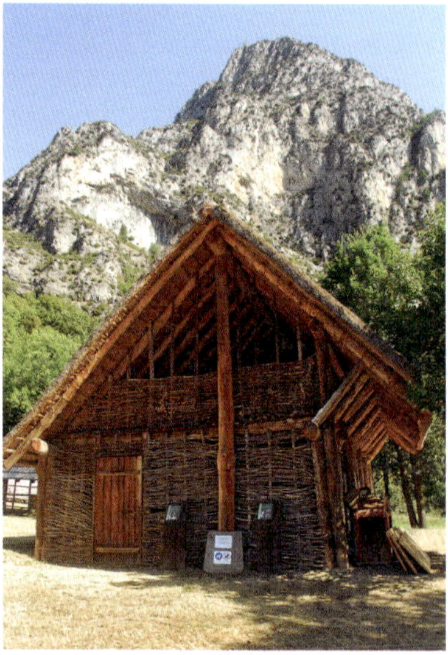

sichtigung möglich) folgen, und schließlich auf einem Asphaltsträßchen (Via Guardia alla Frontiera, später Via Principe Umberto) weiter ins Zentrum von Valdieri.

Tipp 2 für den Anreisetag: Riserva Naturale di Rocca San Giovanni-Saben

↗300 m, ↘300 m

Markierung: Wegweiser, rot-weiße Markierungen, Holzpfähle, Schilder »Riserva Naturale di Rocca San Giovanni-Saben«

Gehzeit: 1 h 30

Das 228 Hektar große Naturschutzgebiet Rocca San Giovanni-Saben (vorher Riserva Naturale Speciale Juniperus phoenicea) wurde 1984 eingerichtet. Obwohl das Gebiet außerhalb der Parkgrenzen liegt, wird es vom Seealpenpark mitverwaltet. An den südexponierten Kalkhängen der Berggipfel Pissousa, Saben und San Giovanni herrscht ein Mikroklima vor, das dem an den Küsten des Mittelmeers ähnelt. Daher finden hier Wacholderarten ideale Lebensbedingungen vor, und der Phönizische Wacholder (Juniperus phoenicea) findet hier sein nördlichstes Habitat in Europa. Der Zugang zum Reservat ist nur für wissenschaftliche Vorhaben oder im Rahmen einer geführten Tour der Parkverwaltung (auf Anfrage) erlaubt. Es gibt jedoch eine Möglichkeit, das Naturschutzgebiet auf eigene Faust auf einem neuen, gut markierten Rundweg zu besichtigen (Achtung, nur noch im Abstieg mit dem Weg N 36 auf der Fraternali-Karte identisch, hier folgen noch Absprachen des Parks mit dem Kartenverlag Fraternali, Stand Ende 2023). Wir schlagen hier eine kürzere Variante vor, die ebenfalls als Rundweg angelegt ist. Und auch bei diesem wird der Colletto di Rustagn, 1058 m, ein toller Panoramapunkt mit

Kurze Erholung am sonnigen Aussichtspunkt Colletto Rustagn, 1058 m.

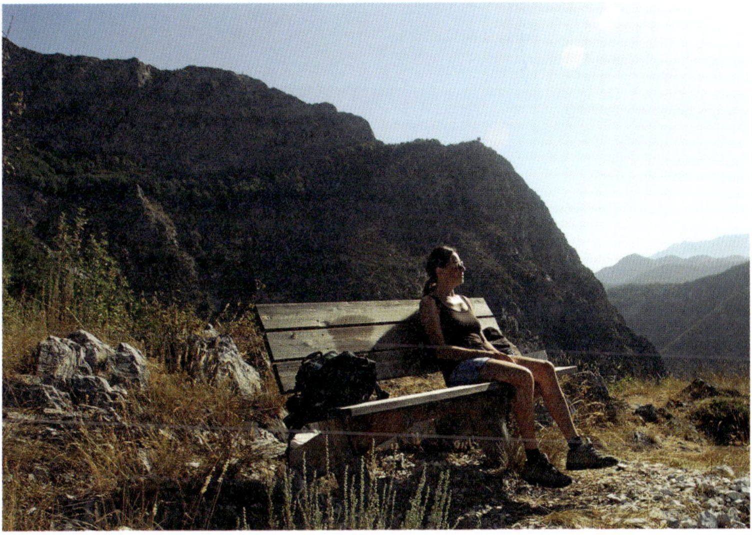

Holzbank, erreicht beziehungsweise überschritten.

Hinweis: Ein Betreten dieses Schutzgebietes mit Hunden ist nicht erlaubt (auch nicht an der Leine) und der markierte Weg darf nicht verlassen werden!

Information: Parco Naturale delle Alpi Marittime (s. *Besucherzentren und Parkverwaltungen*, S. 181).

Man geht in Valdieri die Via Principe Umberto entlang, die zwischen der Villa Bianco und dem Rathaus (Municipio) nach rechts abgeht, und gelangt zur kleinen Kapelle San Giuseppe, am oberen Ortsrand. Direkt nach der Kapelle biegt man links ab (Wegweiser). Der Asphalt geht in Schotter über und man erreicht eine Gabelung, bei der man sich links hält (Wegweiser). Wenige 100 Meter später kommt erneut eine Dreiergabelung mit Wegweiser. Hier hält man sich ganz links, und steigt steil und im Zick-Zack (viele Schilder Riserva Naturale di Rocca San Giovanni-Saben) bergauf zum Aussichtspunkt Colletto di Rustagn, 1058 m (Wegweiser, Holzbank, hier viel Wacholder).

Nun geht es links herunter nach Tetti Colletto, 963 m (man trifft hier auf die Straße, die nach Madonna del Colletto führt). Die Straße überqueren, und oberhalb der Häuserzeile entlanggehen, bis man zu einem deutlichen Weg kommt, der Richtung Südwesten in den Wald führt. Kurz darauf wird bei einem Brunnen eine Mulattiera erreicht, der man hinunter nach Valdieri folgt, wobei man einige Male die Asphaltstraße überqueren muss (Weg N48).

S. Anna di Valdieri

Der Weiler Sant'Anna di Valdieri (963 m) ist eine Frazione (Ortsteil) der Gemeinde Valdieri und die einzige Ortschaft innerhalb der Grenzen des Naturparks, die das ganze Jahr über bewohnt ist. Früher hieß das Dorf Belangero, doch mit der Zeit verdrängte der Name der Dorfkapelle (Sant'Anna) den alten Ortsnamen. In der zweiten Hälfte des 19. Jahrhunderts war Sant'Anna der Sommersitz des Savoyischen Königshauses. Aus dieser Zeit stammt das königliche Jagdhaus (1865), bestehend aus den Palazzine Reali, den kleinen roten Palästchen am östlichen Gesso-Ufer, die Vittorio Emanuele II. errichten ließ.

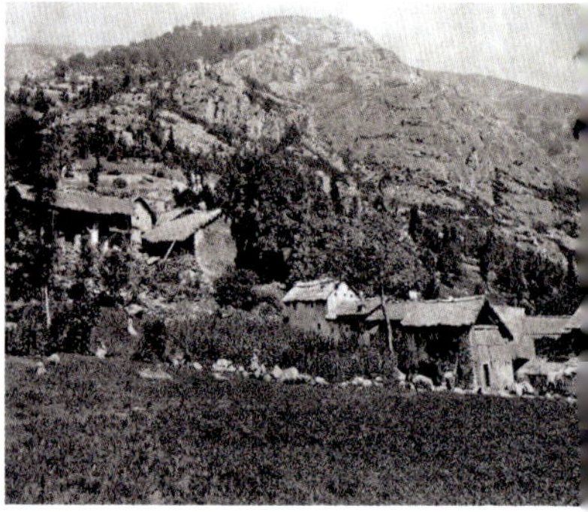

Sant'Anna im Jahr 1883 …

Tipp für den Anreisetag: Ecomuseo della segale

Das »Ökomuseum des Roggens« entstand aus der Idee heraus, den alten Weg von S. Anna di Valdieri nach Tetti Bartola – einem seit Jahrzehnten verlassenen Weiler – wieder herzurichten. Inzwischen wurde daraus ein richtiger Rundlehrpfad (»Lu viòl di Tàit«), der in knapp zwei Stunden von Sant'Anna aus zu den Weilern Tetti Bariau (ebenfalls lange verlassen) und Tetti Bartola und wieder nach Sant'Anna zurückführt. In beiden Weilern wurde ein traditionelles Gebäude restauriert, an-

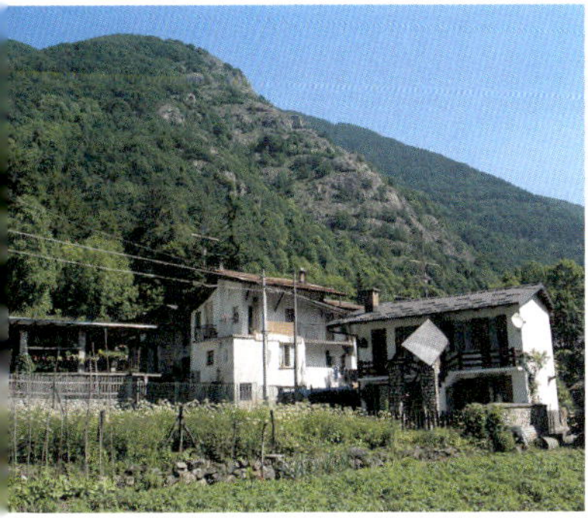

...im Jahr 2005 sind die Strohdächer verschwunden, und die Berghänge im Hintergrund bis auf die Felspartien wieder vollständig bewaldet...

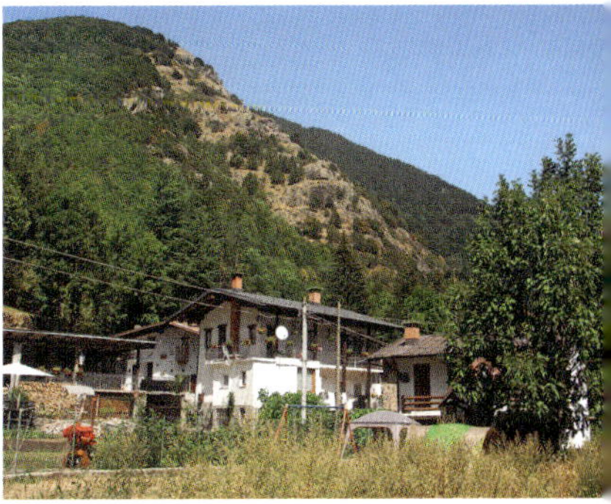

... und heute. Die Bäume sind in den letzten 15 Jahren gewachsen, und der Gemüsegarten im Vordergrund ist verwildert, ansonsten hat sich kaum etwas verändert.

hand dessen die damaligen Lebensbedingungen dargestellt werden. Diese Gebäude tragen jetzt wieder das ursprünglich hier verbreitete Strohdach, das aus den langen Halmen des Winterroggens hergestellt wird. Neben dem Rundlehrpfad beinhaltet das Ökomuseum noch zwei andere Komponenten: In Sant'Anna verkauft das Geschäft und Restaurant I Bateur typische Produkte aus den umliegenden Alpentälern und garantiert den 60 Einwohnern des Ortes die tägliche Versorgung. Einmal im Jahr, immer am zweiten Sonntag im August, findet in Sant'Anna die »Festa della segale« (Roggenfest) statt. Bei okzitanischer Musik und okzitanischem Essen wird an die einstmalige Wichtigkeit des Roggens erinnert, dem auch ein lokales Sprichwort gewidmet ist: »Lou sèl l'è lou pan e lou pan l'è la vita« (Der Roggen ist das Brot und das Brot ist das Leben).

Ecomuseo della segale

- Negozio-Osteria »I Bateur«, Via Provinciale 77, S. Anna di V.
- Rundlehrpfad Lu viòl di Tàit (mit italienischen Hinweistafeln), Ausgangs- und Endpunkt ist S. Anna di V., Wanderzeit ca. 1 h 30, Höhenunterschied etwa 400 Meter.

Terme di Valdieri

Folgt man von Sant'Anna aus dem schmalen Tal des Gesso della Valletta aufwärts, erreicht man den beeindruckenden Gebäudekomplex von Terme di Valdieri, 1368 m (s.

Im Inneren des »Ecomuseo della segale« in S. Anna di Valdieri.

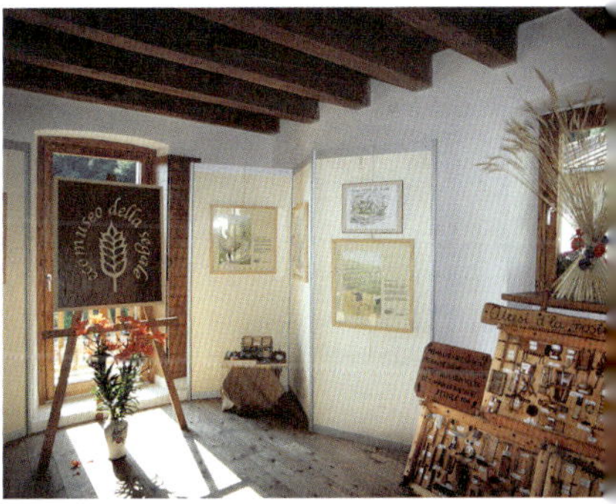

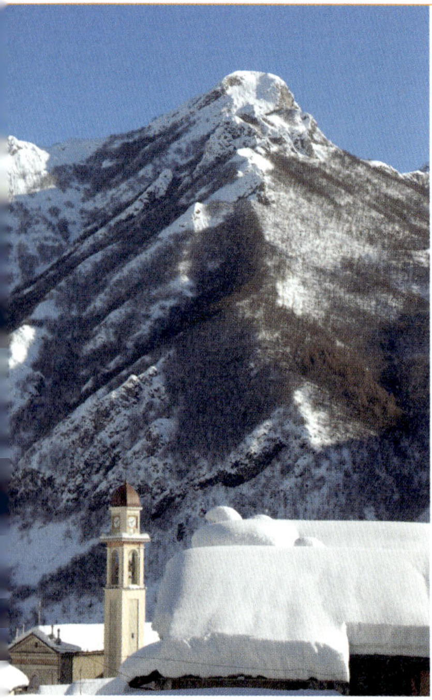

Valdieri, 773 m, ist Sitz der Parkverwaltung.

Kapitel 2: *Die Thermen von Valdieri)*. Auf dem Gelände des Thermalbades befinden sich das »Jagdschlösschen« (Casino di Caccia) und das »Haus der schönen Rosa« (Casa della Bela Rosin), zwei von vier Chalets im »Schweizer Stil«, die hier errichtet wurden. Das Haus der schönen Rosa trägt den Namen in Erinnerung an Rosa Vercellana, die Frau aus dem Volk, mit der König Vittorio Emanuele II. zwei Kinder hatte.

In den Jahren 2005 bis 2008 wurden beide Gebäude aufwendig restauriert. In der Casa della Rosin fanden anfangs kulinarische Veranstaltungen, wie zum Beispiel okzitanische Kochkurse, statt. Der Plan, ab Sommer 2010 dort ein Restaurant zu etablieren, scheiterte jedoch und heute ist das Chalet unbenutzt. Das Casino di Caccia mit seinen fünf Zimmern wird von den Betreibern des Grandhotels auf ausdrücklichen Wunsch als Ferienhaus vermietet.

Tipp: Giardino botanico »Valderia«

Wenig oberhalb der Terme befindet sich der Eingang zum Botanischen Garten Valderia, der auf 10000 Quadratmetern etwa 450 Pflanzenarten der Seealpen beherbergt.

Der Botanische Garten wurde vom Park aus arterhaltenden, wissenschaftlichen und didaktischen Überlegungen heraus gegründet und 1990 eingeweiht. Schon Mitte des 19. Jahrhunderts war hier ein »Englischer Garten« angelegt worden. Das endemische Valderia-Veilchen ist das Symbol des Botanischen Gartens. Durch ihn führt ein Lehrpfad, der die einzelnen Arten und ihre Lebensbedingungen anhand von Holztafeln erklärt. Um den unterschiedlichen Ansprüchen der Pflanzen an ihre Umwelt gerecht zu werden, wurden neben den natürlich vorhandenen Umweltbedingungen auch künstliche eingerichtet.

Ein Besuch ist besonders in der Zeit zwischen Mitte Juni und Mitte Juli zu empfeh-

Der Botanische Garten in Terme di Valdieri bietet die Möglichkeit, die Flora des Seealpenparks besser kennen zu lernen.

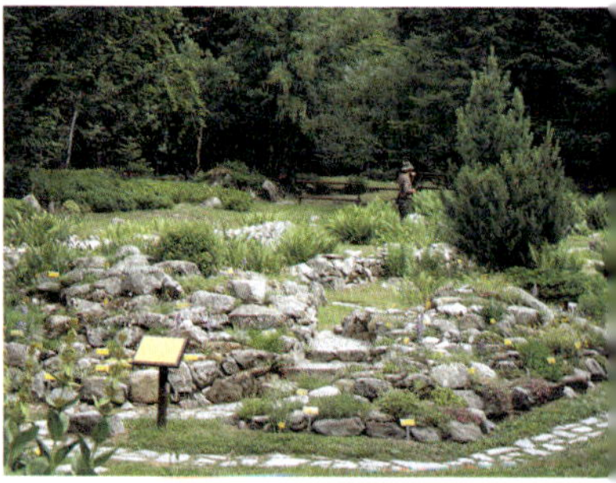

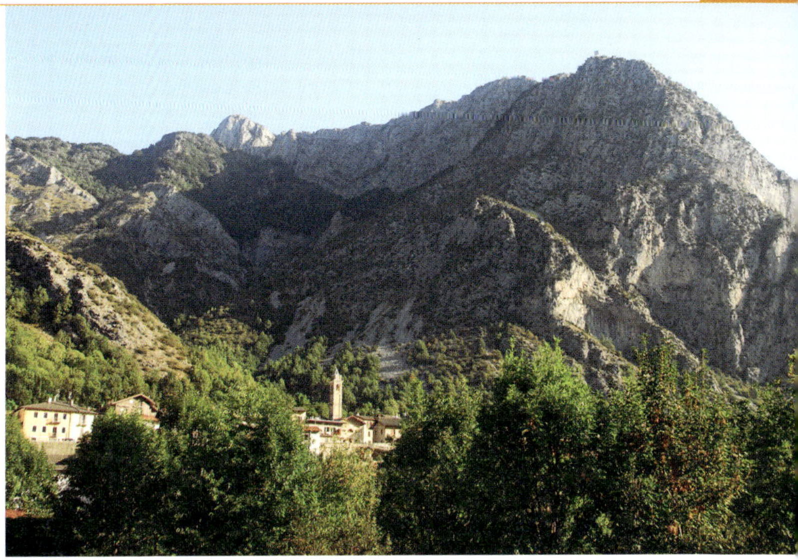

Valdieri mit der Riserva Naturale di Rocca San Giovanni-Saben im Hintergrund.

len, wenn viele der Blumen blühen. **Terme di Valdieri, Botanischer Garten** »Valderia«, geöffnet Mitte Juni bis Mitte Sept., Öffnungszeiten: 10 bis 18 Uhr.

Entracque

Entracque, 900 m, liegt in einer sonnigen Mulde am Talschluss des Gesso-Tals und am Zusammenfluss des Gesso della Barra mit dem Rio Bousset und ist Ausgangspunkt für zahlreiche Ausflüge. Der Name des Dorfes kommt vom lateinischen »inter aquas« (zwischen den Gewässern) und bezieht sich auf die Wasserläufe um und in der Ortschaft. Der ursprüngliche Ortskern liegt zwischen dem Rio Bousset und dem Rio Colletto. Dieser Bach bildete einmal die Grenzlinie zwischen damals getrennten Orten: Auf der einen Seite lagen Chiappere und Paschero, auf der anderen Seite lag Oltrerivo. Hier steht die sehenswerte Pfarrkirche San Antonio (16. Jahrhundert), und im angeschlossenen Museum sind religiöse Kunstgegenstände ausgestellt. In Paschero steht der gleichnamige, mit einer Statue verzierte Brunnen aus dem Jahr 1565, einer der schönsten der Region.

Als in den 1960er und 1970er Jahren die beiden großen Stauseen in den umliegenden Bergen des Dorfes gebaut wurden und die vielen Arbeiter eine Unterkunft benötigten, setzte ein kleiner Bauboom ein, der den ursprünglichen Charakter des Bergdorfes stark veränderte. Aufgrund seiner günstigen Ausgangsposition für Bergtouren im Sommer und einem Langlaufzentrum sowie einigen kleinen Skiliften für die Wintersaison lebt Entracque heute vor allem vom Tourismus. Für eine lange Zeit, bis zum Zweiten Weltkrieg, war Entracque berühmt als das »Kartoffeldorf« (Paese delle patate). Die wertvollen Knollen – im lokalen Dialekt »Bodi« – genannt, gediehen hier aufgrund des Bodens und des Klimas besonders gut. Mit dem Zusammenbruch der Landwirtschaft verschwand auch die groß angelegte Kultivierung der Kartoffel. Seit Anfang 2000 hat die Gemeinde den Kartoffelanbau wieder aufgewertet. Dazu hat man erst das Qualitätslabel »Patate di Entracque« (Kartoffel aus Entracque) und 2017 dann das »Consorzio per la valorizzazione e la tutela della patata di Entracque« (Konsortium zur Aufwertung und zum Schutz der Kartoffel aus Entracque) geschaffen (ein ähnliches Konsortium mit dem Namen »I Balin dal re« entstand wenig später auch in Valdieri). Im Jahr 2010 wurde auf dem Gemeindegebiet von Entracque die Area faunistica (siehe dazu auch Kapitel *Tiere)* eröffnet. Diese ist ebenfalls Teil des Besucherzentrums Centro Visita Uomini e Lupi, ist jedoch außerhalb des Ortskerns an der Straße nach San Giacomo di Entracque (Strada provinciale per S. Giacomo 3) gelegen.

Ein 150 Meter langer Tunnel unter der Erde, in dem auch 5 Informationssäle (Multimedia) zum Thema Wolf untergebracht sind, führt zu einem Aussichtsturm innerhalb des Hauptgeheges, in dem derzeit (Stand 2023) fünf Wölfe leben. Ein zweiter, kleinerer Aussichtsturm befindet sich im Süden des umzäunten Areals, wo zwei weitere Wölfe beherbergt sind. Von beiden Türmen aus lassen sich mit etwas Glück Wölfe beobachten und fotografieren.

Im Ortskern von Entracque (Piazza Giustizia e Libertà 3) befindet sich die zweite Komponente des Besucherzentrums Uomini e Lupi, siehe Kapitel *Besucherzentren und Parkverwaltungen*, Info: www.centrouominielupi.it.

Tipp: Rundwanderung zur Schlucht »Gorge della Reina«

↗400 m, ↘400 m

Markierung: rot-weiß und Wegweiser

Gehzeit: 3 h

Hinweis: Bei und unmittelbar nach Regenfällen ist von einer Begehung der Schlucht wegen erhöhter Steinschlag- und Überflutungsgefahr dringend abzuraten! Für die Begehung der Klamm ist Trittsicherheit erforderlich.

Die Wanderung beginnt gegenüber der Kirche Bealetto, wo man in die Via Caduti della Guerra einbiegt (Wegweiser). Kurz darauf endet die Straße und es beginnt eine schöne und gut markierte Mulattiera, die erst in offenem Gelände Richtung Norden führt, dann aber bald im Wald steil und in Kehren Richtung Nordosten und Osten ansteigt. Nach etwa einer Stunde ist der Colletto della Lausa (Wegweiser, 1305 m) erreicht. Man hält sich halb rechts und geht auf einem sonnigen Weg leicht bergab, mit Blick auf senkrechte Kalkwände. Man erreicht die Ruinen von Tetti Stramondin, 1228 m, und es geht weiter nahezu hangparallel Richtung Osten. Bald darauf ist der Eingang der Gorge della Reina (Wegweiser, 1140 m) erreicht. Hier biegt ein Weg nach links in die Schlucht ab. Der Eingang wird oberhalb des Wasserlaufs umgangen, dann führt der Weg in der Klamm weiter, teilweise durch das Bachbett und unter überhängenden Felsen hindurch, oft ist er nur schlecht erkennbar. Die Enge der Klamm erleichtert jedoch die Orientierung, da es keine Wegalternative gibt. Nach einigen Minuten erreicht man das Ende der Klamm, wo sich der schmale Einschnitt öffnet und man vor einem bewaldeten Felskessel steht, von dessen Wand das

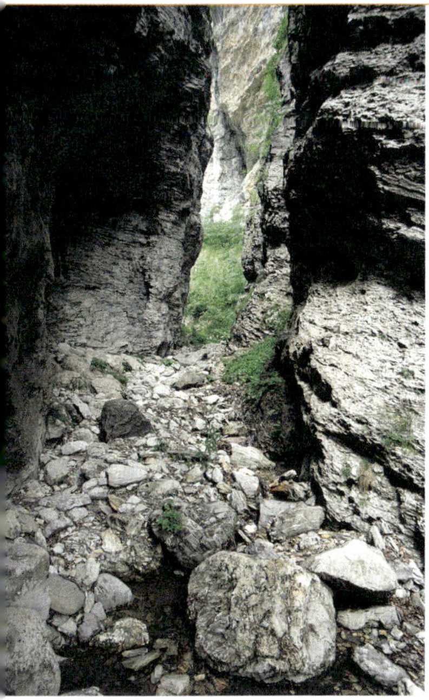

Die Wanderung in die Gorge della Reina ist sehr zu empfehlen.

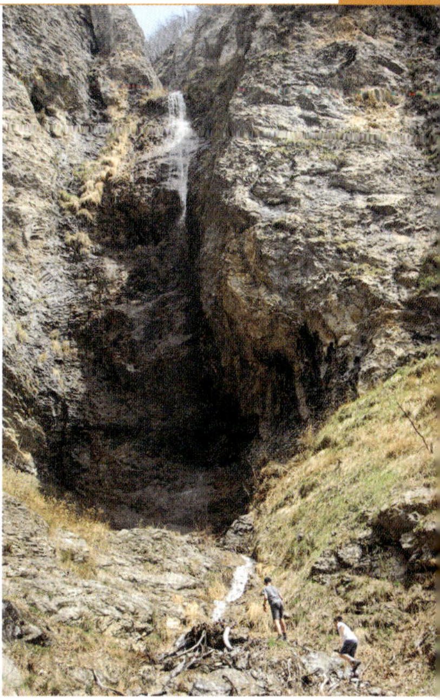

Der Wasserfall am Ende der Reina-Schlucht.

Wasser herabstürzt. Zurück beim Wegweiser am Eingang der Klamm, geht man den Weg Richtung Entracque weiter leicht bergab, der Weg zum Pian di Funs bleibt unberücksichtigt. Nun weiter Richtung Südwesten, später Richtung Westen, den Markierungen und Wegweisern folgend, und am Schluss ein längeres Stück auf Schotterstraße absteigend zurück nach Entracque. Man erreicht den Corso Francia (Asphaltstraße) etwa auf der Höhe der Kirche S. Antonio. Auf der Straße nach rechts gehend, wird etwa 500 Meter später der Ausgangspunkt (Wegweiser bei der Via Caduti della Guerra) erreicht.

Trinità di Entracque

Trinità ist ein Ortsteil (frazione) von Entracque und liegt auf 1084 Meter Höhe. Seinen Ursprung verdankt der kleine Weiler, der heute nur noch von wenigen Menschen dauerhaft bewohnt wird, dem Sitz des Ordens der Reiter der Heiligen Dreieinigkeit (Trinità). Dieser diente als Station für Pilger, die anschließend den Weg über den Colle del Sabbione nahmen und deren Ziel das spanische Kloster des Heiligen Jakobs (Santiago de Compostela) war.

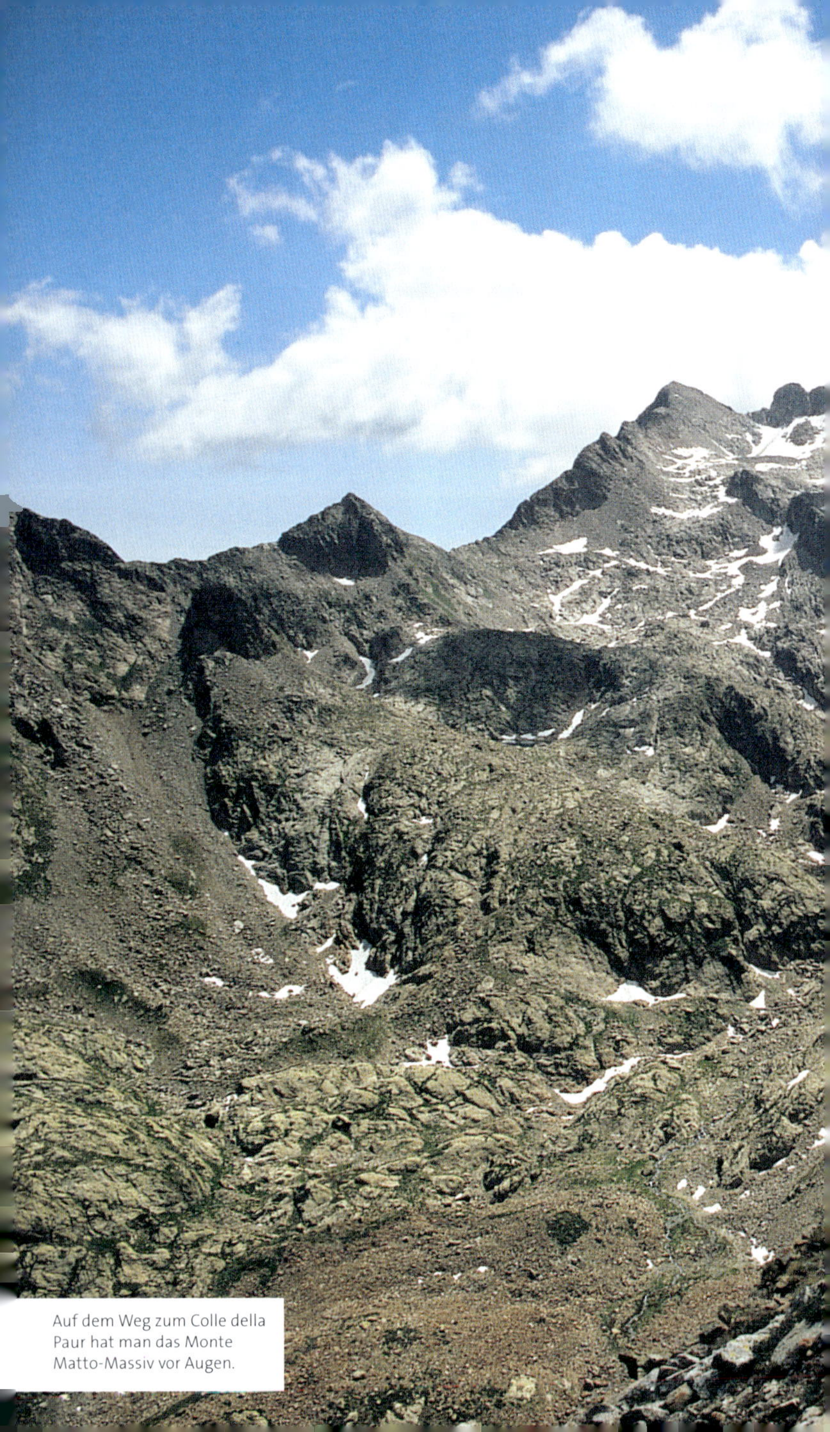

Auf dem Weg zum Colle della Paur hat man das Monte Matto-Massiv vor Augen.

2 Monte Matto und Valasco-Hochebene

In 4 Tagen auf und um den Monte Matto herum

Die Etappen dieses Kapitels stehen im Zeichen des Monte Matto. Der markante, über 3000 Meter hohe Doppelgipfel erhebt sich steil aus dem Valletta-Tal, und bei seiner Umrundung und Besteigung eröffnen sich fantastische Panoramen.

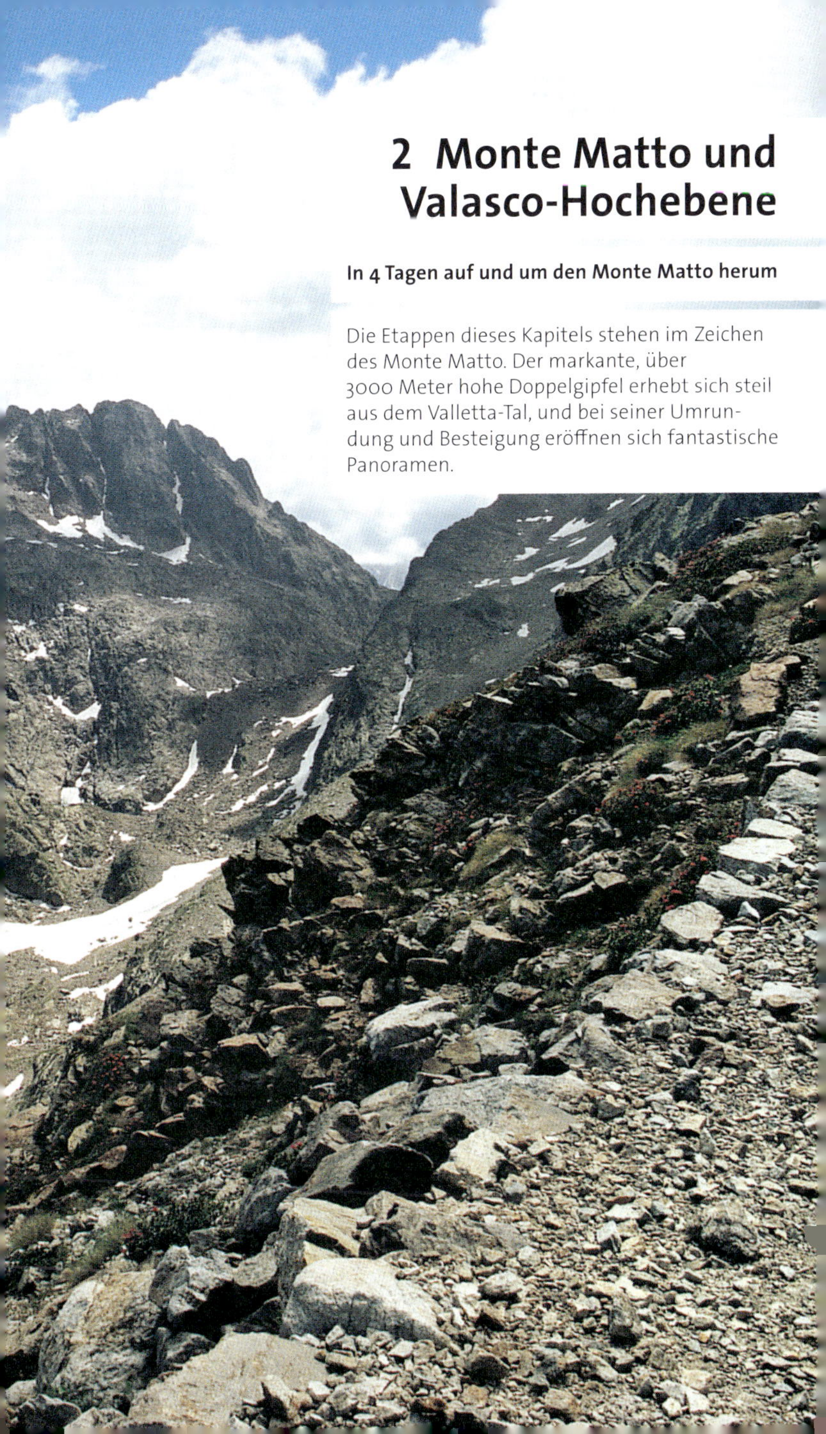

Unterkunft

Etappen 1 und 2

S. Anna di Valdieri: S. Kapitel 1, S. 84.

Rifugio Dante Livio Bianco: 1890 m, 62 Plätze, geöffnet vom 18. Juni bis 18. September (davor und danach je nach Wetterlage und Absprache), Restaurant, Dusche, Tel. 0171 97328. Hüttenwirt ist Livio Bertaina, Tel. 335 5461677 (im Winter), www.rifugioliviobianco.com.

Etappe 3

Rifugio Emilio Questa: 2389 m, 55 Plätze, geöffnet von Mitte Juni bis Mitte September (davor und danach je nach Wetterlage und Absprache), Restaurant, Dusche, Tel. 0171 97338. Hüttenwirt ist Marco Bassino, Tel. 351 5835607, www.rifugioquesta.it/de.

Rückkehr- und Abstiegsmöglichkeit Terme di Valdieri: S. Kapitel 1, S. 85.

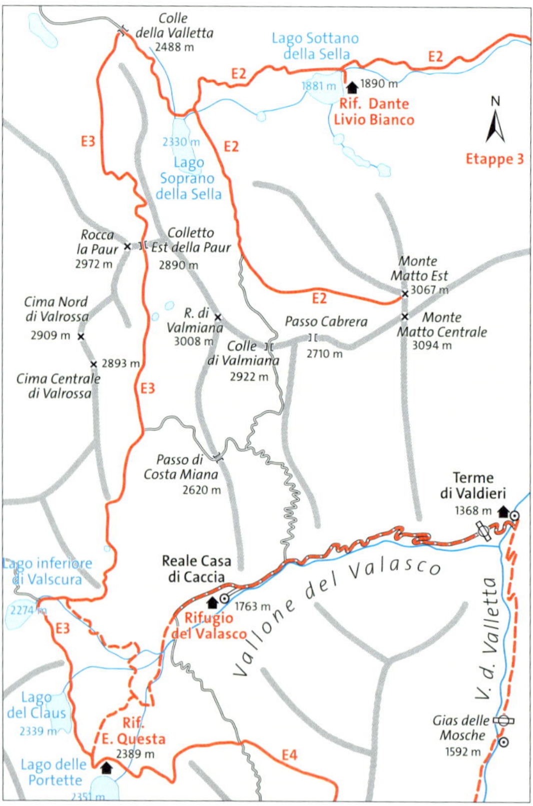

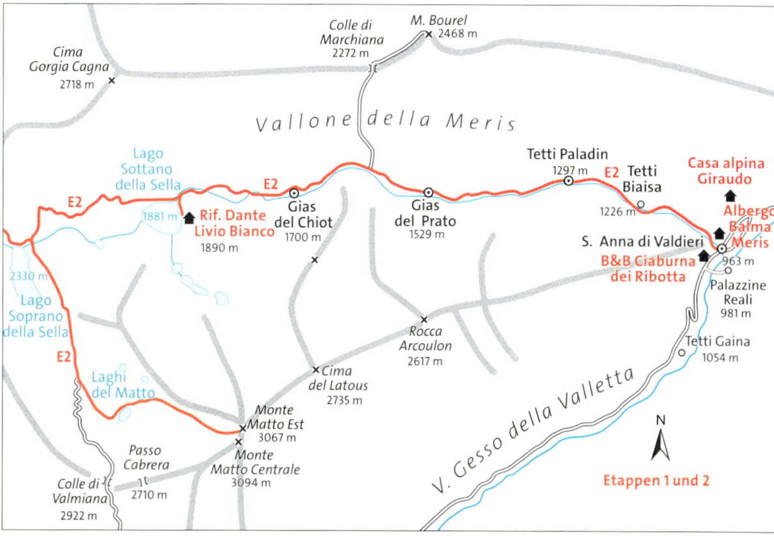

Der fischreiche Lago Sottano della Sella, 1881 m.

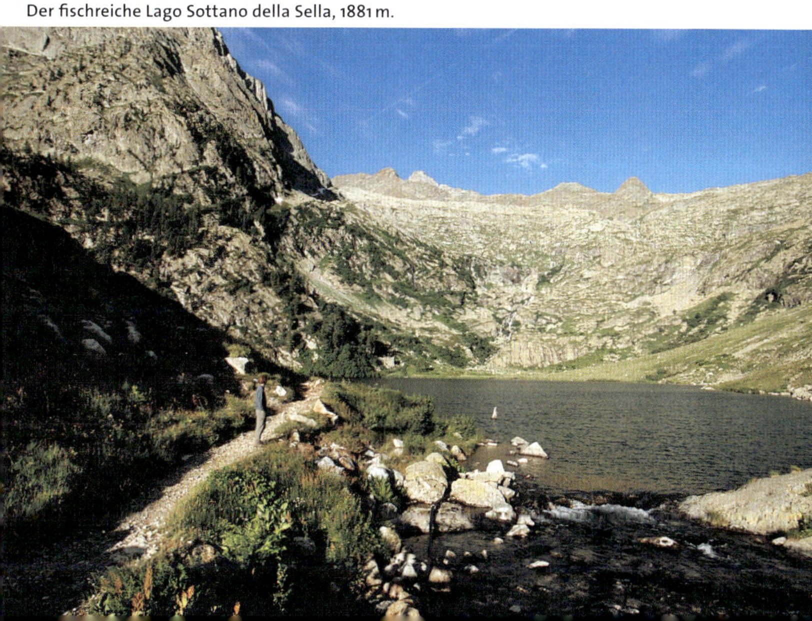

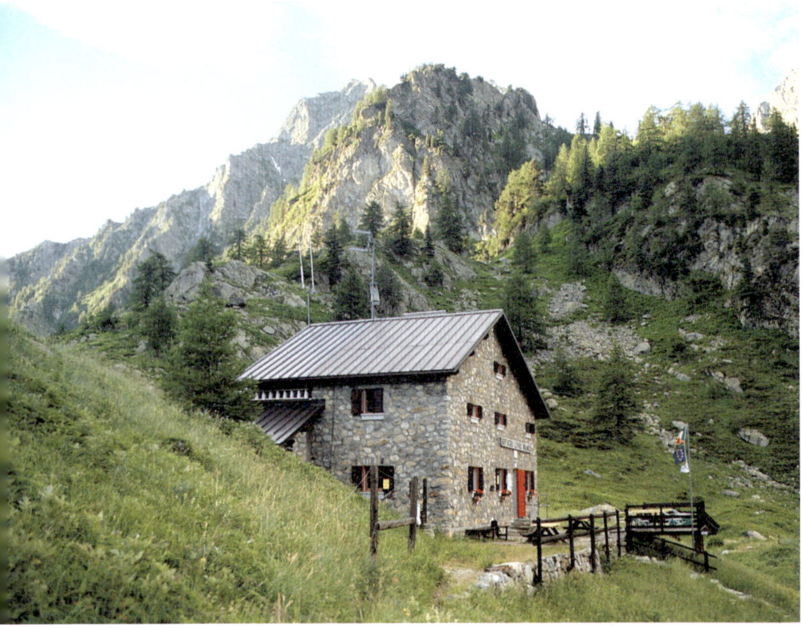

Das Rifugio Dante Livio Bianco, 1890 m, liegt oberhalb des Lago Sottano della Sella und ist Endpunkt der Etappe 1.

1 S. Anna di Valdieri, 963 m– Rifugio Dante Livio Bianco, 1890 m

↗ 950 m

Aufstieg im Vallone della Meris zur Hochebene der Gias del Chiot della Sella, 1700 m, und weiter zum Rifugio Dante Livio Bianco, 1890 m, am Lago Sottano della Sella.

Markierung: roter Balken

Gehzeit: 3 h 30

Am südwestlichen Dorfeingang von S. Anna di Valdieri (bei der Post) folgt man dem Wegweiser in Richtung Nordwesten zum Rifugio Dante Livio Bianco. Anfangs steigt man auf einem asphaltierten Sträßchen zwischen den Häusern des Ortes auf, das Sträßchen geht bald in eine steile Mulattiera mit schönen Trockensteinmauern über. Auf dieser geht es im Vallone della Meris bergauf.

Der Weg führt an den Ruinen der ehemaligen Temporärsiedlungen Tetti Biaisa, 1228 m, Tetti Paladin, 1297 m, und später an der Gias del Prato (mit neuem kleinem Alpgebäude, hier bietet sich erstmals die Möglichkeit, Murmeltiere und Gämsen zu sehen), 1529 m, vorbei, und wenig später ist die Hochebene der Gias del Chiot della Sella, 1700 m, erreicht (Haus der Parkverwaltung und ehemaliges königliches Jagdhaus Chiot). Es geht leicht bergauf weiter in westlicher Richtung zum nördlichen Ende des Lago Sottano della Sella, 1881 m. Hier wird der Ausfluss des Sees auf einer

Brücke überquert, und von dort erreicht man in wenigen Minuten Richtung Süden das Rifugio Dante Livio Bianco, 1890 m. Sehr schön gelegen bietet sich das Rifugio als guter Ausgangspunkt für Erkundungen in der Gegend an. Neben den Bergseen in der näheren Umgebung lohnt beispielsweise auch die Besteigung des aussichtsreichen Monte Bourel, 2461 m (Aufstieg auf Pfadspur zum Colle di Marchiana, 2272 m, dann auf dem Grat leicht zum Gipfel).

Zum fischreichen Lago Sottano della Sella kam Königin Helena oft zum Angeln, schließlich war das königliche Jagdhaus Chiot nicht weit. Stets stand ein Ruderboot für sie bereit, eines der Paddel hängt heute an einer Wand im Inneren des Rifugio.

2 Rifugio Dante Livio Bianco, 1890 m – Monte Matto Est, 3067 m – Rifugio Dante Livio Bianco, 1890 m

↗1200 m, ↘1200 m

Ausflugsetappe auf den Ostgipfel des Monte Matto, 3067 m, und zurück zum Rifugio Dante Livio Bianco.

Markierung: gelbe Balken bis zur Weggabelung Colle Valletta – Colle Valmiana, dann Steinmännchen und vereinzelt rote Markierungen

Gehzeit: 7 h 30

Aufgrund seiner Erreichbarkeit ohne Kletterpassagen und seines Bekanntheitsgrades als vorzüglicher Aussichtspunkt ist der Ostgipfel des Monte Matto ein beliebter »Klassiker« unter den Dreitausendern des Naturparks.

Ehemalige Militärstellung oberhalb des Lago Soprano della Sella (im Hintergrund zu erkennen), an dem Punkt, wo die breite Mulattiera, die weiter zum Colle di Valmiana führt, verlassen wird.

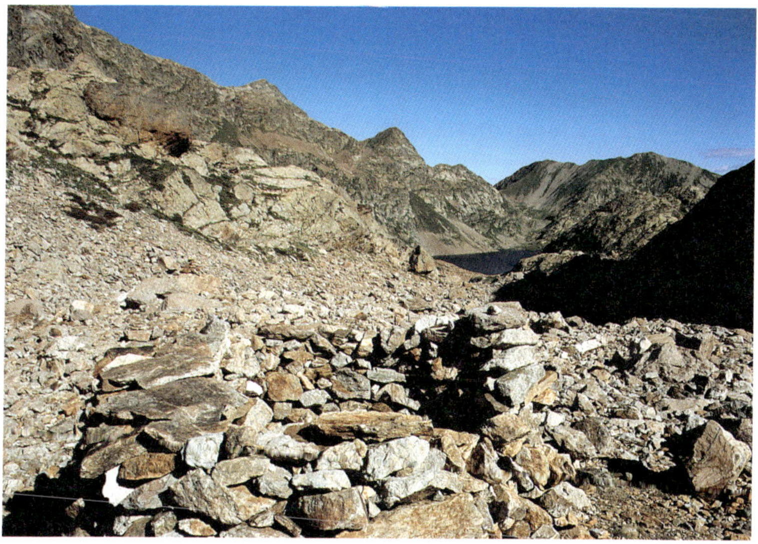

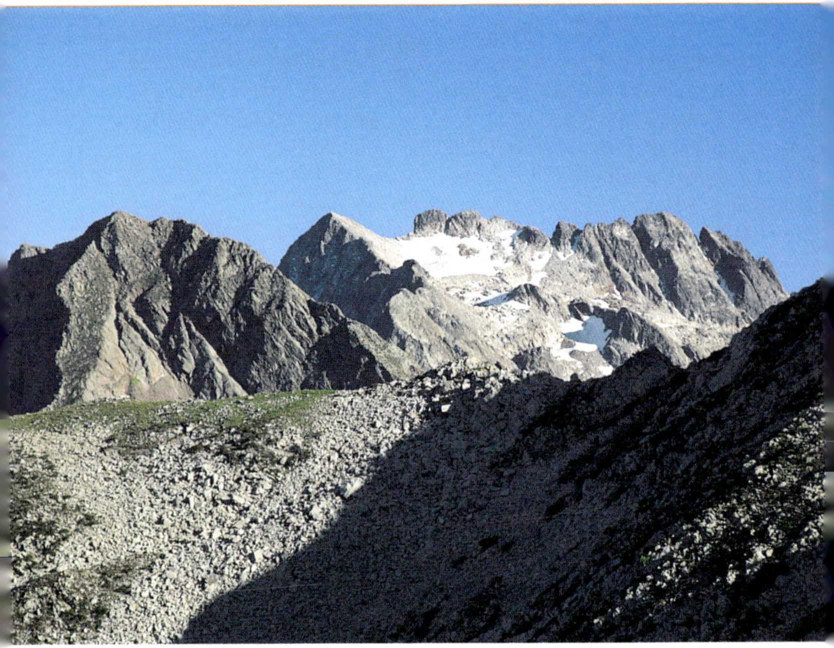

Monte Matto von Norden. Der Aufstieg führt auf das »Dreieck« links neben dem Schneefeld (Cima Est), die zwei »Buckel« rechts daneben bilden die Cima Centrale und sind wie die anderen Gipfel (Sägezahngrat) den Kletterern vorbehalten. Der Gipfel ganz links ist die Cima Gorgia Cagna, 2718 m.

Hinweis: Obwohl seine Besteigung keine technischen Schwierigkeiten aufweist, sollte man über solide Bergerfahrung und eine gute Wanderausrüstung (s. *Praktische Hinweise/Ausrüstung)* verfügen und den Aufstieg nur bei guter und sicherer Wetterlage unternehmen!

Vom Rifugio Dante Livio Bianco geht man zurück zum Ausfluss des Lago Sottano della Sella, überquert die Brücke und folgt der Mulattiera nach links (Richtung Colle della Valletta, Wegweiser). Es geht vorbei am kleinen Lago Mediano della Sella (erst später von oben sichtbar), 2016 m, und man erreicht ein altes Weidegebiet mit einer Gias, 2110 m (viel Lägerflur). Man folgt der schönen und mit aufwändigen Stützmauern versehenen Mulattiera, die sich auf einem Felssporn hinaufschlängelt, und kommt zum Austritt (Wasserfall) des Lago Soprano della Sella, 2330 m. Den See, einer der größten natürlichen Seen der Seealpen, kann man hier noch nicht sehen. Hier folgt man nicht mehr weiter der gelb markierten Mulattiera, die rechts zum Colle della Valletta aufsteigt, sondern folgt der Mulattiera Richtung Colle di Valmiana (Wegweiser), die sich nach Süden wendet und zu einem kleinen Pass (Karschwelle) hinaufführt. Gleich darauf kommt eine Weggabelung. Hier verlässt man den Hauptpfad nach links (Steinmännchen und Ruine eines Rundgebäudes aus Stein) und folgt den Steinmännchen in Richtung Süd-Osten. Dann geht es steiler auf grobem Geröll und nur noch teilweise vorhandenen Wegspuren bis zum Laghetto del Matto, 2531 m, wo man sich Richtung Nord-Osten hält, bis man zum höchstgelegenen der Laghi del Matto, 2618 m, kommt. Hier hält man sich rechts und steigt lange einen Felssporn auf, bis man zu dem Schneefeld gelangt, das unter der Gipfelwand der Cima Centrale (Hauptgipfel) liegt. Über steilen Blockschutt steigt man den Steinmännchen folgend auf (an der orografisch rechten Seite des Schneefeldes vorbei) und erreicht nach einem kurzen steileren Stück den engen Einschnitt der Forcella del Matto, 3035 m. Hier hält man sich links und steigt die letzten Meter über steiles Geröll zum Ostgipfel des Monte Matto, 3067 m, auf. Der Rückweg zum Rifugio Bianco erfolgt auf der Aufstiegsroute.

3 Rifugio Dante Livio Bianco, 1890 m – Rifugio Emilio Questa, 2389 m

↗1150 m, ↘650 m

Aufstieg vom Rifugio Dante Livio Bianco über den Colle della Valletta, 2488 m, und über den Colletto Est della Paur, 2890 m, ins Valrossa-Tal und Abstieg zum Rifugio Emilio Questa, 2389 m.

Markierung: gelbe Markierungen bis zum Lago Valscura und vereinzelt Steinmännchen, ab dem Lago Valscura rot-weiß (GTA)

Gehzeit: 8 h 30

Man verlässt das Rifugio Richtung Norden und gelangt nach der Brücke auf die Mulattiera, die von S. Anna di Valdieri heraufführt, und folgt ihr nach links (Richtung Colle della Valletta, s. Etappe 2). Auf dieser wandert man westwärts oberhalb des Lago Sottano della Sella entlang. Die Mulattiera, ein schöner und aufwändig gepflasterter, ehemaliger Jagdsteig des Kö-

Die letzten Meter des Jagdsteigs vor dem Colle della Valletta sind penibel gepflastert.

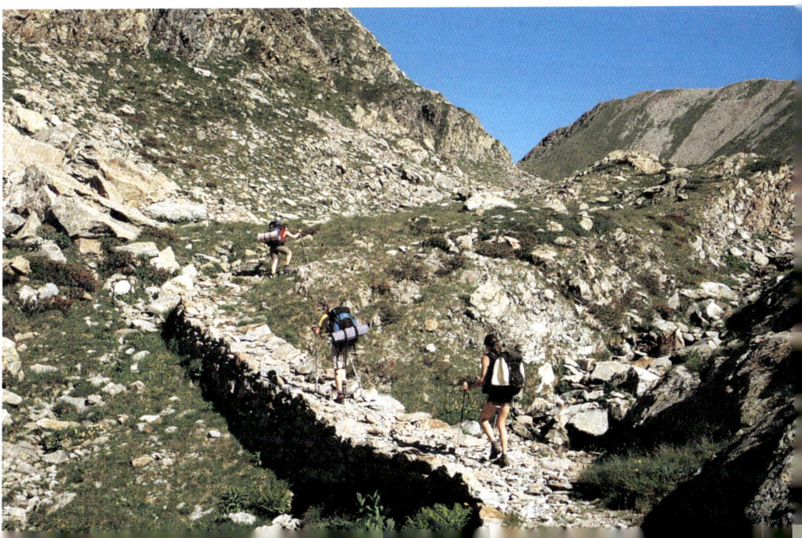

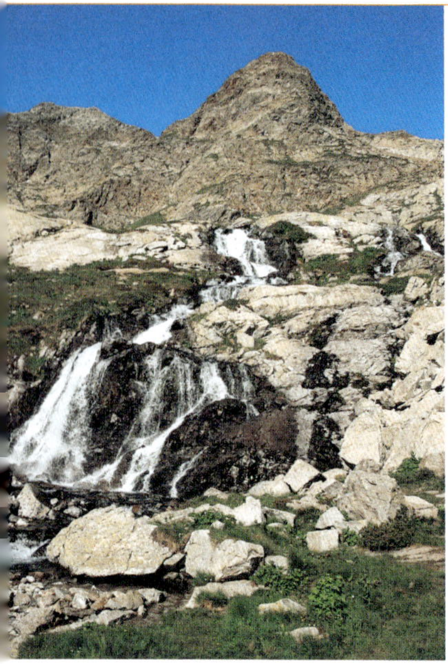

Der Ausfluss (Wasserfall) des Lago Soprano della Sella, 2330 m.

nigs, führt in steilen Windungen zum Lago Soprano della Sella, 2330 m. Auf dem Weg dorthin fallen besonders die vom Gletscher glatt geschliffenen Felsen (Gletscherschliff) auf. Kurz vor dem östlichen Ende des Sees zweigt links ein Weg zum Colle di Valmiana ab (Wegweiser), der unbeachtet bleibt.

Über Alpwiesen steigt man weiter auf (Richtung Nord-Westen) bis zum Colle della Valletta, 2488 m (hier sorgfältige Pflasterung der Mulattiera und toller Blick zurück auf den Monte Matto). Am Pass folgt man dem Weg nach links Richtung Süden (nicht nach NW absteigen), und es geht ein Stück weit nahezu eben, bis der Weg wieder steil in schön angelegten Serpentinen hinaufführt (Blick auf den Monte Viso Richtung Norden). Nach einem kurzen Zwischenabstieg erreicht man mehrere kleine Gletscherseen, und der Weg führt über Geröll wieder bergauf, am Rande eines Felssporns entlang. Nach einem sehr grobblockigen Schuttfeld (wiederum schöne Wegpflasterung) wendet man sich nach links zu dem rötlichen (eisenhaltiges Gestein) Felssporn (mit vielen gelben Markierungen), an dem es hoch geht bis zu dem Altschneefeld, das vom Colletto Est della Paur herabzieht. Hier endet die Mulattiera scheinbar »unlogisch« im Gelände, denn hier war der Punkt, wo der König mit seinem Gefolge dem zusammengetriebenen Steinwild auflauerte.

Das Schneefeld wird gequert, und wenige Minuten später ist der Colletto Est della Paur, 2890 m, erreicht. Der Abstieg vom Pass führt über sehr steiles Geröll Richtung Süden (Achtung: sehr große Schuttblöcke und nur vereinzelt Wegspuren; den gelben Markierungen und den Steinmännchen folgen, Trittsicherheit erforderlich!) zu den Valrossa-Seen. Kurz nach dem letzten See geht der Pfad in den Saumweg über, der vom Colle di Valmiana herabführt. Diesem folgt man fast eben und etwas ausgesetzt (prächtiger Blick auf zahlreiche Dreitausender und später von oben auf das königliche Jagdschloss auf der Valasco-Hochebene) nach Süden. Kurz vor dem Lago inferiore di Valscura stößt man auf ein kleines Militärsträßchen, auf das man nach rechts einbiegt (Wegweiser).

Hier trifft man auf die GTA (rot-weiße Markierungen), die von der Bassa del Druos (alte Wegführung), 2628 m, beziehungsweise vom Colletto di Valscura (neue Wegführung), 2533 m, herabführt. Auf dieser geht es an den Ruinen von ehemaligen Militärgebäuden vorbei zum Lago inferiore di Valscura, wo man den Abzweig zur Bassa del Druos unbeachtet lässt, und folgt dem Wegweiser zum Rifugio Emilio Questa, 2389 m. Ab hier verlieren sich die gelben Markierungen, und man folgt der Militärstraße (GTA), die teils aufwändig gepflastert ist. Kurz nach dem wunderschönen Lago del Claus, 2339 m, erreicht man eine Wegkreuzung (Wegweiser), bei der man sich rechts hält, und ist kurz darauf beim Rifugio Emilio Questa, 2389 m, angelangt, das oberhalb des Lago delle Portette, 2351 m, liegt.

Das heutige Rifugio wurde Anfang des 19. Jahrhunderts als Beobachtungsposten des Militärs (Ricovero delle Portette) errichtet und ist für seine spätere Nutzung als Berghütte ausgebaut worden. Diese wurde 1925 eingeweiht und trägt seither den Namen von Emilio Questa, einem Alpinisten aus Genua, der 1906 in den Bergen tödlich verunglückt ist. Im Laufe der Zeit wurde die Berghütte nach und nach erweitert.

Alternative

Man zweigt kurz vor dem Lago Valscura anstatt nach rechts nach links auf die Militärstraße ab (ebenfalls GTA) und steigt so zum Rifugio Emilio Questa auf. Dieser Weg ist allerdings etwas länger, und man verpasst den schönen Lago del Claus.

Beim Rifugio Questa hat man Anschluss an zwei Weitwanderwege:

1. An den »Roten Weg« der Via Alpina als Endpunkt der Etappe 141 (Rifugio Malinvern–Rifugio Questa). Von hier führt die Etappe 142 der Via Alpina weiter nach Terme di Valdieri und zum Rifugio Morelli Buzzi.
2. An die GTA, die vom Rifugio Malinvern über den Colletto di Valscura nach Terme di Valdieri (Etappe 47) und dann weiter zum Rifugio Genova (Etappe 48) führt und auf die man beim Lago di Valscura trifft.

Das Valasco-Seitental mit dem renovierten Jagdhaus auf der Hochebene. Im Hintergrund die Pyramide der Testa del Claus

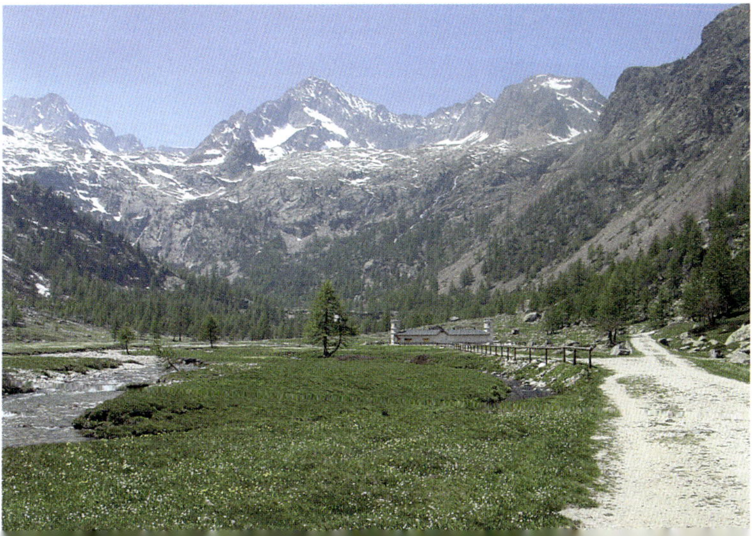

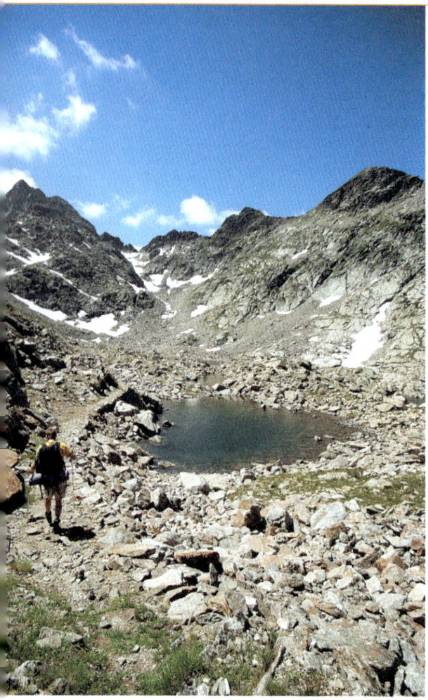

Der Weg zwischen dem Colle della Valletta und dem Colle della Paur.

Wer die Wanderung unterbrechen oder vorzeitig beenden möchte, kann vom Rifugio Emilio Questa nach Terme di Valdieri absteigen. Im Folgenden wird sowohl eine Rückkehrmöglichkeit (als Tagestour via Gias delle Mosche) als auch eine schnellere Abstiegsmöglichkeit (auf der GTA) beschrieben.

Rückkehrmöglichkeit

vom Rifugio Emilio Questa, 2389 m, durch das Val Morta und über den Colletto di Valasco, 2423 m, nach Terme di Valdieri, 1368 m

↗300 m, ↘1350 m

Markierung: orange Balken

Gehzeit: 4 h

Vom Rifugio Emilio Questa folgt man dem zu Beginn der Etappe 4 beschriebenen Weg bis zum untersten der Fremamorta-Seen. Hier zweigt eine schmalere Mulattiera nach links Richtung Nord-Osten (Wegweiser) ab, die in Serpentinen ins Tal führt (tolle Sicht auf das Argentera-Massiv genau gegenüber). Beim Erreichen der Gias delle Mosche, 1592 m, geht man über die Brücke, welche den Fluss Gesso della Valletta überspannt, und nach wenigen Metern auf dem Zubringer zur Alp ist die Asphaltstraße nach Terme di Valdieri erreicht, der man abwärts nach Norden bis Terme di Valdieri, 1368 m, folgt.

Abstiegsmöglichkeit

auf der GTA vom Rifugio Emilio Questa, 2389 m, nach Terme di Valdieri, 1368 m

↘1000 m

Markierung: rot-weiß (GTA)

Gehzeit: 2 h 30

Vom Rifugio Emilio Questa steigt man nach Norden bis zur Wegkreuzung ab und folgt hier dem nach Norden führenden Weg (Wegweiser), der mit der GTA identisch ist. Über felsige Hänge geht es in vielen Windungen hinunter zur Valasco-Hochebene. Man stößt auf die befahrbare Schotterstraße (ehemalige Militärstraße, die vom Piano del Valasco direkt zum Valscura-See führt), die am ehemaligen königlichen Jagdhaus, der Reale Casa di Caccia, 1763 m (jetzt Rifugio Valasco, Übernachtungsmöglichkeit), und später an einem Wasserfall vorbeiführt und der man weiter nach Terme di Valdieri folgt (durch Pfade lässt sich der Abstieg auf der Schotterstraße verkürzen).

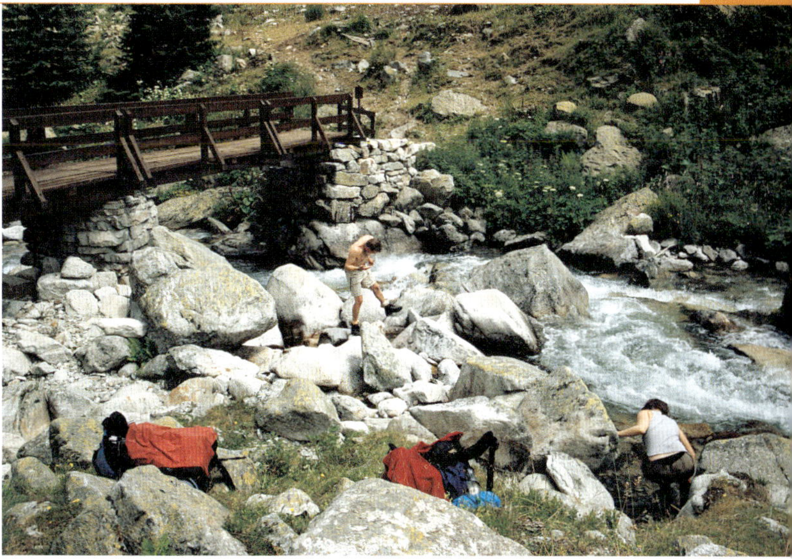

Bei der Gias delle Mosche, 1592 m, bietet der Fluss Gesso della Valletta an heißen Tagen eine willkommene Abkühlung.

Blick vom Ostgipfel des Monte Matto nach Norden. Unten rechts der Lago Sottano della Sella, 1881 m.

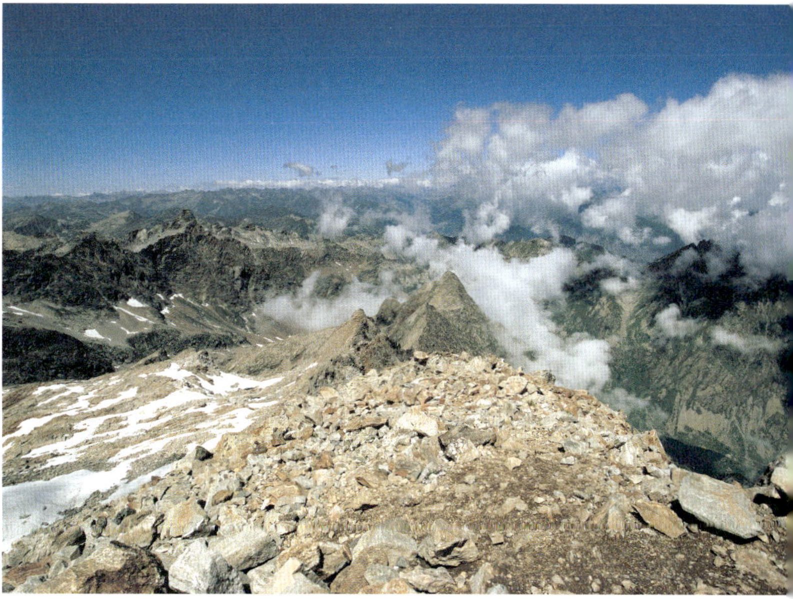

Die königlichen Jagdhäuser

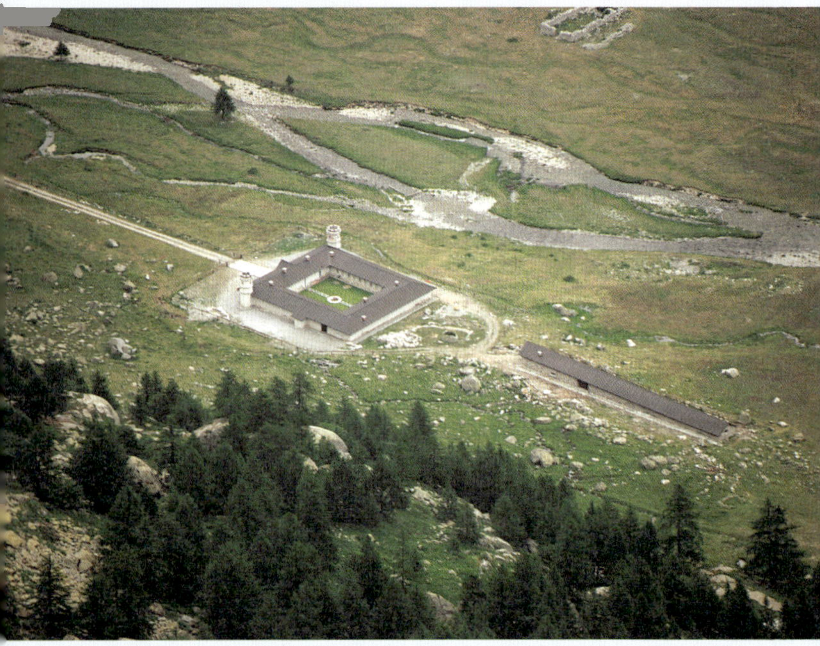

Das königliche Jagdhaus (Reale Casa di Caccia) auf der Valasco-Hochebene, in dem übernachtet werden kann.

Das ehemalige königliche Jagdgebiet von Valdieri wurde 1857 von dem Savoyer Monarchen Vittorio Emanuele II. eingerichtet, zeitgleich mit dem königlichen Jagdgebiet des Gran Paradiso. Es umfasste das obere Gesso- und Vésubie-Tal, das damals noch italienisches Territorium war. Das gewählte Gebiet war alles andere als bequem zu erreichen, wenn man an die Straßen und an die Fortbewegungsmittel von damals denkt, aber die Bevölkerungsdichte war hier schon damals gering, und Siedlungen lagen ganz am Rand des Jagdgebietes. In Verbindung mit einem feuchten Klima und einer reichen Vegetation waren das ideale Voraussetzungen für einen hohen Wildbestand, besonders von Gämsen und Steinböcken. Um die raue Bergwelt für die Adeligen erreichbar zu machen – auf Einladung des Königs kamen sie zu dieser Zeit aus ganz Europa – und um die Jagd für sich und sein Gefolge zu erleichtern, ließ der König Straßen und Saumwege bis in größte Höhen bauen, und zwischen 1865 und 1870 wurden drei königliche »Jagdhäuser« errichtet.

Die Sommerresidenz (die Palazzine Reali) in S. Anna di Valdieri glich einem eigenen Dorf. Sie umfasste mehrere Wohn- und Nutzgebäude, die um die königliche Villa herum gruppiert waren, außerdem wurde hier ein Englischer Garten angelegt.
Danach wurden – mitten in einem Buchenwald – das Jagdhaus in San Giacomo di Entracque, 1250 m, eines auf der Hochebene Chiot, 1700 m, und ein weiteres auf der Valasco-Hochebene errichtet (Reale Casa di Caccia). Letzteres liegt auf 1763 Meter Höhe und wurde mit nur einem Stockwerk nach Art eines »Forts« errichtet: Mauern umgeben den weitläufigen Innenhof, und an den vier Ecken stehen zinnengekrönte Türme.
Leider wurde beim großen Brand in den 1930er Jahren, als das Jagdhaus von italienischen Truppen genutzt wurde, viel von dem Gebäude zerstört. Anfang der 2000er Jahre wurde das Gebäude renoviert und stellt seit 2008 eine interessante Übernachtungsmöglichkeit dar (Rifugio alpino del Valasco, s. Kapitel 1, S. 81).
Natürlich stellte die Architektur der Jagdhäuser ein städtisches Element in den Seealpen dar, das sich grundsätzlich von den Bauten der einheimischen Bevölkerung unterschied. Aber die ehemaligen königlichen Jagdhäuser sind inzwischen ein Charakteristikum des Gesso-Tals und ein sichtbarer Ausdruck einer Phase der Geschichte geworden, die für die einheimische Bevölkerung von großer Bedeutung war.

Die Sommerresidenz (Palazzine Reali) der Savoyer in S. Anna di Valdieri auf einer historischen Ansichtskarte.

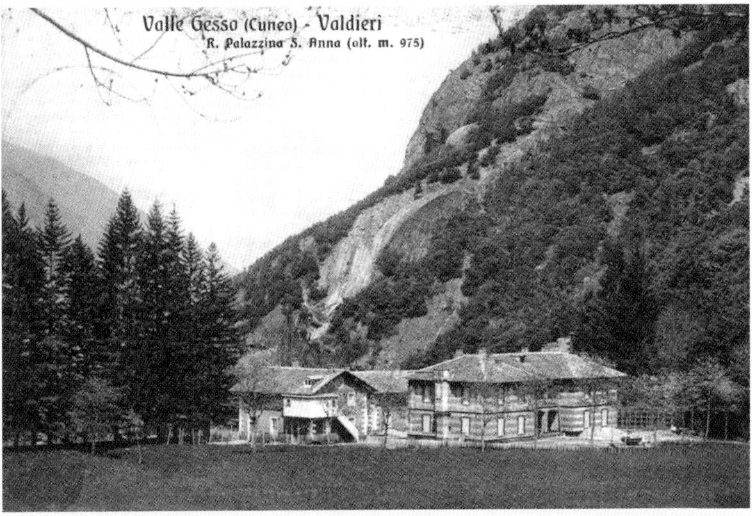

Die Thermen von Valdieri

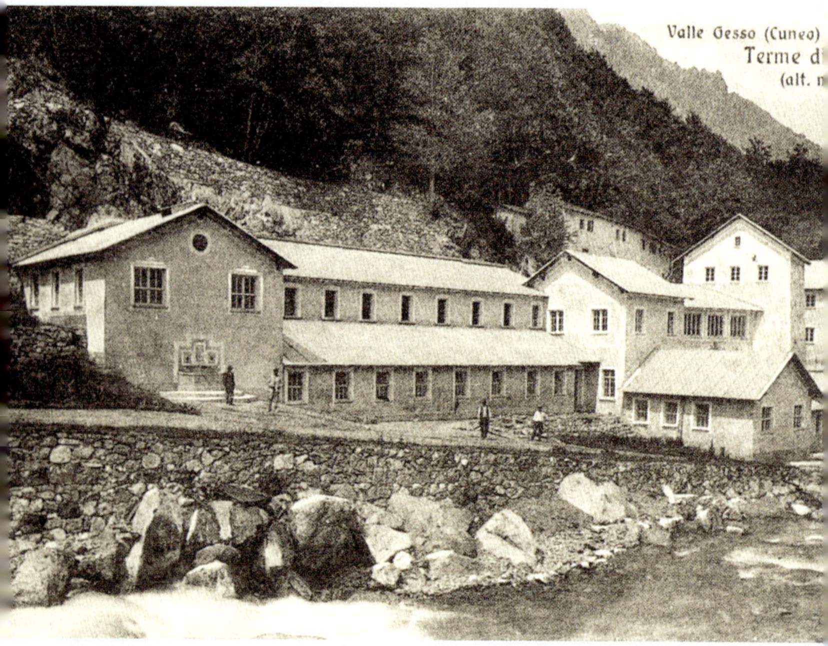

Die Thermen von Valdieri auf einer historischen Ansichtskarte.

Die Thermen von Valdieri liegen mitten im Naturpark der Seealpen auf 1368 Meter Höhe. Der Ort Terme di Valdieri leitet seinen Namen von den warmen, schwefelbromhaltigen Thermalquellen ab, die hier mit einer Temperatur von 60 Grad ans Tageslicht treten, und die schon zur Römerzeit bekannt waren. In ihrer Heilquelle sind Algen enthalten, die besonders zur Rheumabehandlung geeignet sind. Charakteristisch sind die Naturgrotten, die von heißen Schwefelquellen erfüllt sind. Bereits im 16. Jahrhundert war das Wasser Objekt einer wissenschaftlichen Abhandlung von Bartolomeo Viotto und Giuseppe Gallina. Damals entstanden auch die ersten baulichen Strukturen für eine Wasser-Heiltherapie. Die späteren Besucher – oft Mitglieder der Königsfamilie – beschwerten sich häufig über den schlechten Zustand der Gebäude.

In den 1820er Jahren begann das goldene Zeitalter der Thermen, und zahlreiche Besucher kamen hierher. Schließlich wurden verschiedene Gebäude erweitert oder neu errichtet. 1855 erwarben »unbekannte Teilhaber« (Geschäftsleute und Bankiers) aus Turin die Thermen, um sie zu einem mondänen Kurort zu machen. Dem ersten Schritt, der Errichtung einer Fahrstraße zwischen S. Anna di Valdieri und den Thermen, folgte im Kurort der Bau von vier Chalets im »Schweizer Stil« für adelige Gäste. Zwei dieser Chalets sind heute noch zu besichtigen. Es handelt sich hierbei um die ersten Beispiele einer historistischen Architektur in den piemontesischen Alpen (Kombination verschiedenster Baustile nach Vorbildern der Vergangenheit). In den darauffolgenden Jahrzehnten wurden die Thermen zu einem wichtigen Ort der mondänen Sommerfrische, eng verflochten mit der Tatsache, dass das Gebiet seit 1857 königliches Jagdrevier war. Ende des 19. Jahrhunderts entstand hier ein großes und prunkvolles Belle-Epoque-Hotel. Aus einem alten Reiseführer aus dem Jahr 1889 erfahren wir, dass das Hotel über 500 Betten verfügte. Für einen angenehmen Aufenthalt standen ein riesiger Esssaal, ein Cafe mit Billardtischen, ein eigenes Postamt und Telegraphenbüro, ein Casino mit Spiel- und Leseraum sowie ein Saal für Musikauftritte und Bälle zur Verfügung. Das Hotel wurde dann über längere Zeit vernachlässigt und drohte zu verfallen; noch in den 1980er Jahren verbreitete es aufgrund baulicher Mängel eine triste Atmosphäre, bevor es in den 1990er Jahren wieder renoviert wurde.

Die schwefelhaltigen Thermalquellen von Terme di Valdieri sind besonders zur Rheumabehandlung geeignet.

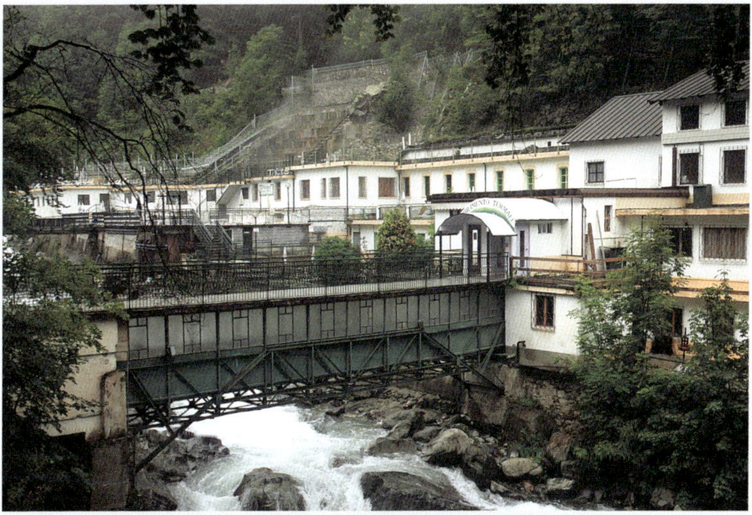

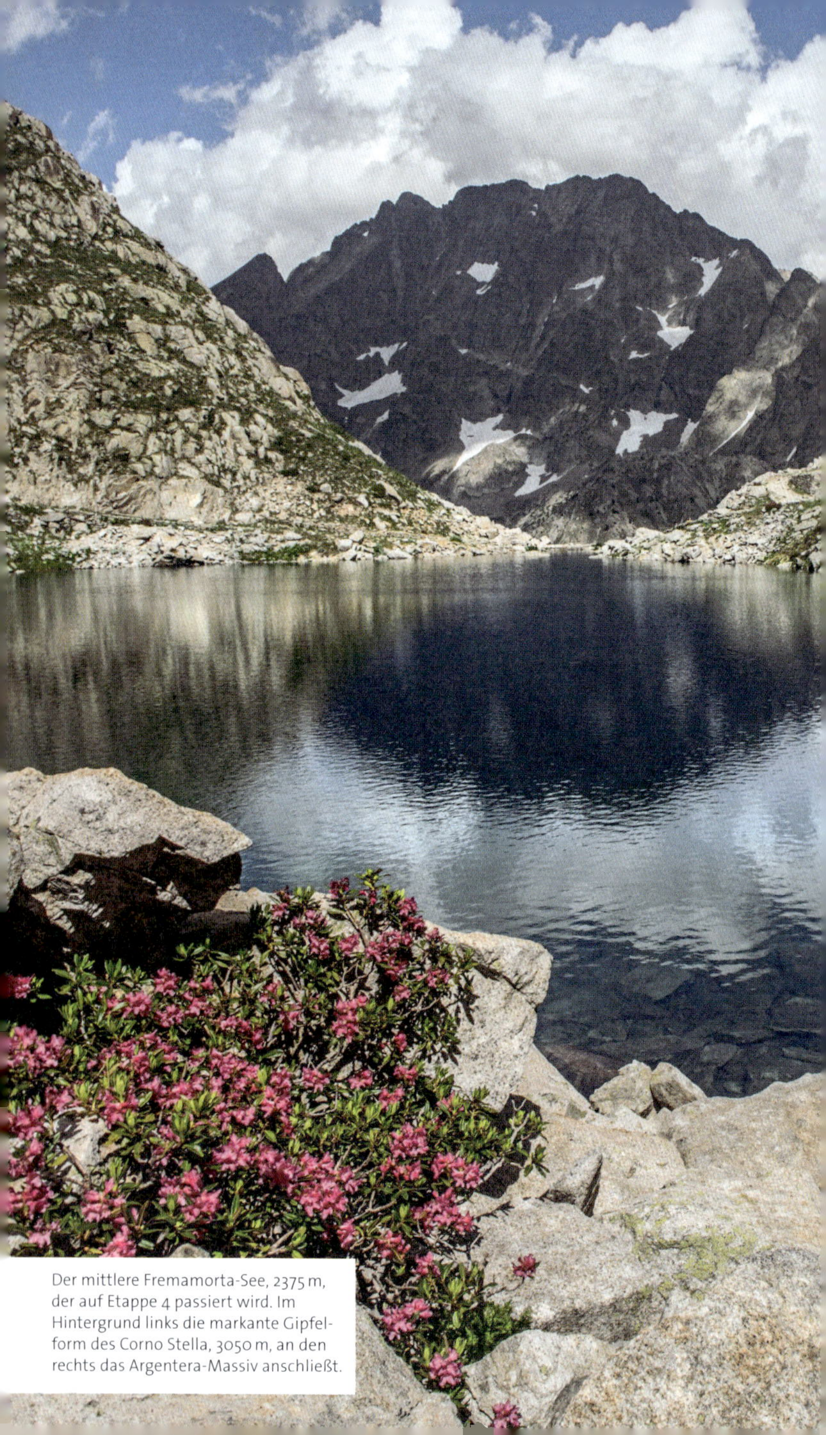

Der mittlere Fremamorta-See, 2375 m, der auf Etappe 4 passiert wird. Im Hintergrund links die markante Gipfelform des Corno Stella, 3050 m, an den rechts das Argentera-Massiv anschließt.

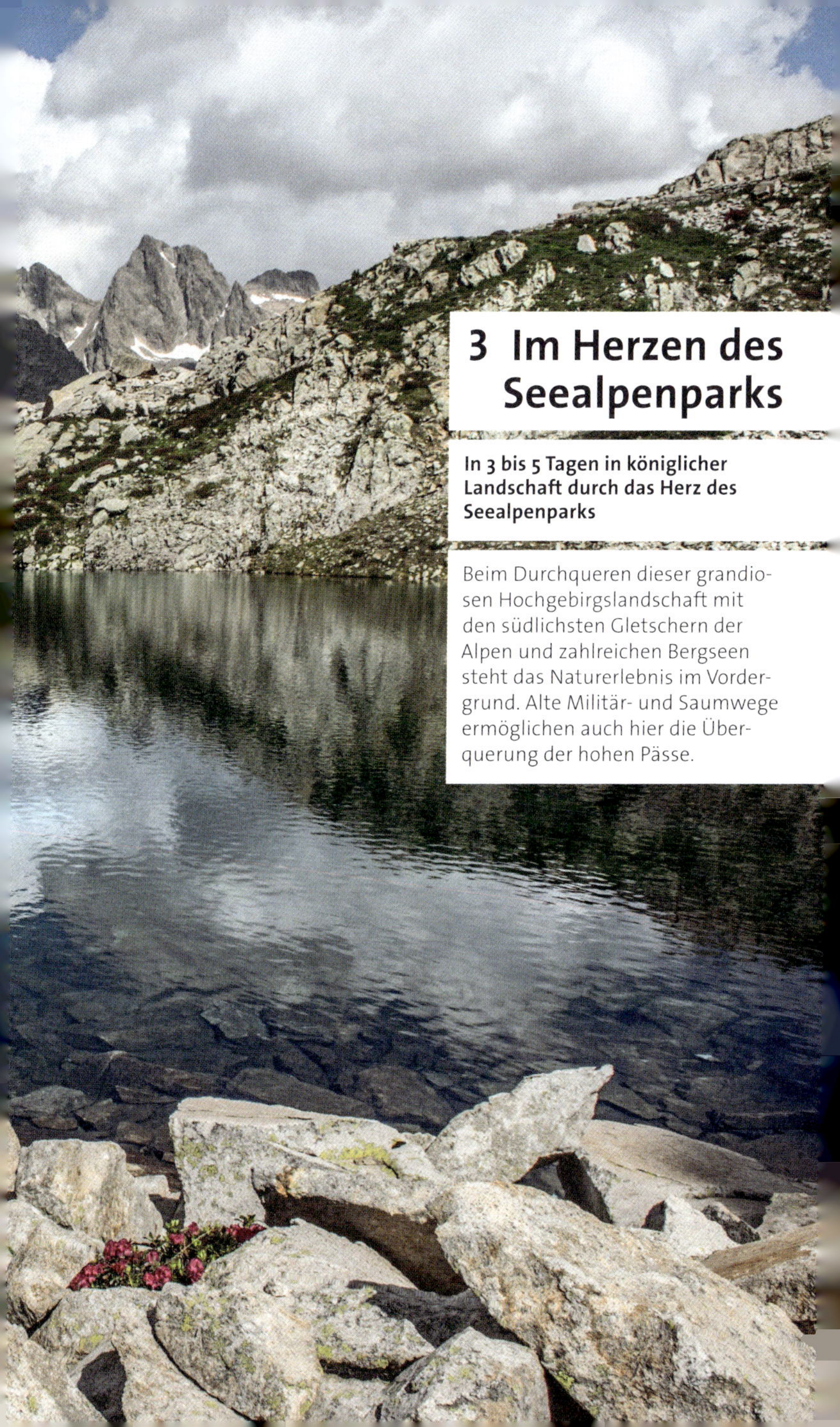

3 Im Herzen des Seealpenparks

In 3 bis 5 Tagen in königlicher Landschaft durch das Herz des Seealpenparks

Beim Durchqueren dieser grandiosen Hochgebirgslandschaft mit den südlichsten Gletschern der Alpen und zahlreichen Bergseen steht das Naturerlebnis im Vordergrund. Alte Militär- und Saumwege ermöglichen auch hier die Überquerung der hohen Pässe.

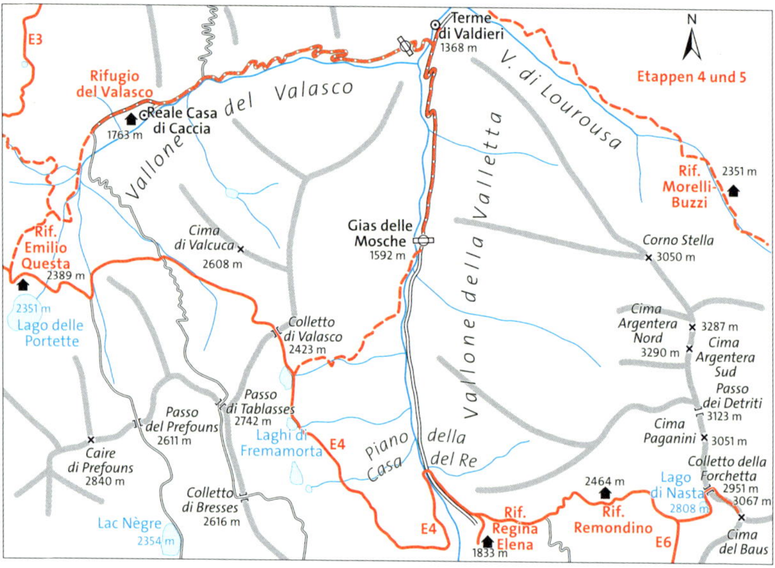

N
Etappen 4 und 5
E3
Terme di Valdieri
1368 m
V. di Lourousa
Rifugio del Valasco
Reale Casa di Caccia
1763 m
Vallone del Valasco
Vallone della Valletta
Rif. Morelli-Buzzi
2351 m
Cima di Valcuca
2608 m
Gias delle Mosche
1592 m
Corno Stella
3050 m
Rif. Emilio Questa
2389 m
2351 m
Lago delle Portette
Colletto di Valasco
2423 m
Cima Argentera Nord
3290 m
3287 m
Cima Argentera Sud
Passo dei Detriti
3123 m
Passo di Tablasses
2742 m
Passo del Prefouns
2611 m
Laghi di Fremamorta
E4
Piano della Casa del Re
Cima Paganini
3051 m
Caire di Prefouns
2840 m
Colletto della Forchetta
2951 m
3067 m
2464 m
Lago di Nasta
2808 m
Colletto di Bresses
2616 m
Rif. Regina Elena
1833 m
Rif. Remondino
E6
Cima del Baus
Lac Nègre
2354 m

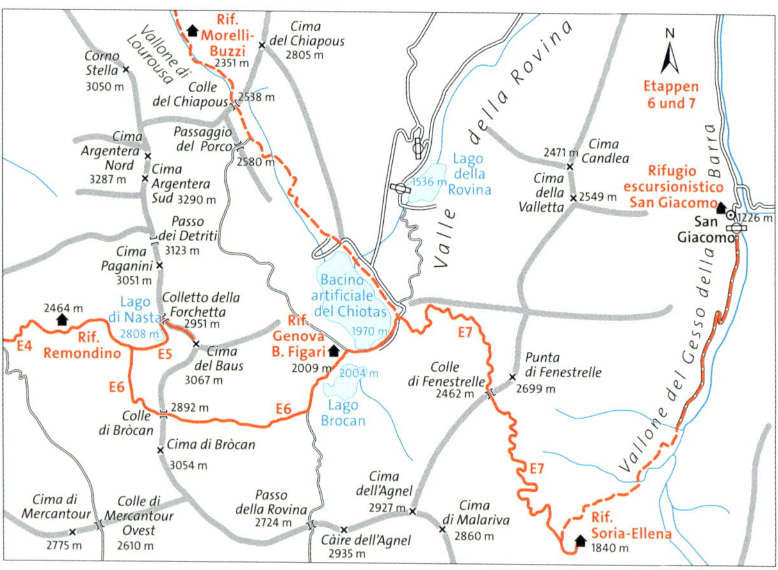

N
Etappen 6 und 7
Rif. Morelli-Buzzi
2351 m
Cima del Chiapous
2805 m
Vallone di Lourousa
Corno Stella
3050 m
Colle del Chiapous
2538 m
Valle della Rovina
Cima Argentera Nord
3287 m
Passaggio del Porco
2580 m
Lago della Rovina
1536 m
2471 m
Cima Candlea
Rifugio escursionistico San Giacomo
Cima Argentera Sud 3290 m
Cima della Valletta
2549 m
San Giacomo
1226 m
Passo dei Detriti
3123 m
Cima Paganini
3051 m
Bacino artificiale del Chiotas
1970 m
Vallone del Gesso della Barra
2464 m
Lago di Nasta
2808 m
Colletto della Forchetta
2951 m
Rif. Genova B. Figari
2009 m
E4
Rif. Remondino
E5
Cima del Baus
3067 m
E7
Punta di Fenestrelle
2699 m
E6
2004 m
Colle di Fenestrelle
2462 m
2892 m
Lago Brocan
Colle di Bròcan
Cima di Bròcan
3054 m
Cima di Mercantour
2775 m
Colle di Mercantour Ovest
2610 m
Passo della Rovina
2724 m
Cima dell'Agnel
2927 m
Càire dell'Agnel
2935 m
Cima di Malariva
2860 m
Rif. Soria-Ellena
1840 m

Unterkunft

Etappe 4

Rifugio Remondino: 2464 m, 60 Plätze, geöffnet von Anfang Juni bis Ende September, Restaurant, Dusche, Tel. 0171 97327. Hüttenwirt ist Marco Ghibaudo, Tel. 389 6364622, www.rifugioremondino.it

Rifugio Regina Elena: 1833 m, 16 Plätze, geöffnet von Mitte Juni bis Mitte September, kein Restaurant, keine Dusche, keine Lebensmittel, Kochmöglichkeit, Tel. 0171 97559. Die Hütte gehört der »Associazione Nazionale Alpini« (Sezione Genova, Tel. 010 587236) und wird von mehreren Personen (im Wechsel) ehrenamtlich betreut.

Etappe 5

Rifugio Remondino: s. Etappe 4.

Etappe 6

Rifugio Genova B. Figari: 2009 m, 50 Plätze, geöffnet von Anfang Juni bis Ende September, Restaurant, Dusche, Tel. 0171 978138. Hüttenwirtin ist Susanna Gioffredo, Tel. 351 3465666, www.rifugiogenova.it.

Rückkehrmöglichkeit vom Rifugio Genova

Rifugio Morelli-Buzzi: 2351 m, 49 Plätze, geöffnet vom 15. Juni bis 15. September (Öffnung nach Absprache auch Anfang Juni und Ende September bei günstigen Wetterverhältnissen), Restaurant, Dusche, Tel. 0171 97394. Hüttenwirt ist Paolo, Tel. 348 3399722 (ganzjährig), www.rifugiomorellibuzzi.com

Terme di Valdieri s. Kapitel 1, S. 85.

Etappe 7

Rifugio Soria-Ellena: 1840 m, 70 Plätze, geöffnet vom 15. Juni bis 15. September, Restaurant, Dusche, Tel. 0171 978382 oder 351 6743073 (Betreiber Luca Galfré, ganzjährig), www.rifugiosoria.com/de.

Abstiegsmöglichkeit vom Rifugio Soria-Ellena

Frazione San Giacomo di Entracque, 1226 m, I-12010 Entracque

Rifugio escursionistico del Parco San Giacomo (Posto tappa di San Giacomo): 21 Plätze, geöffnet von April bis Oktober, www.parks.it/rif/san.giacomo, Tel. 0171 978704 oder 333 4173912 (Ristorante Baita Monte Gelas, das Gebäude gegenüber. Hier sind die Schlüssel für das Rifugio erhältlich, www.bmgelas.com)

Campingplatz Sotto il faggio: geöffnet von Anfang Juni bis Ende September, Tel. 0171 1935515. Betreiber ist Gianluca Scapin, Tel. 349 7305438, www.sottoilfaggio.it. Hier können Wanderer, für die auch gekocht wird, in einem bereitgestellten Zelt übernachten.

Das Rifugio Emilio Questa, 2389 m, mit den Felsnadeln der Caire di Prefouns, 2840 m, im Hintergrund.

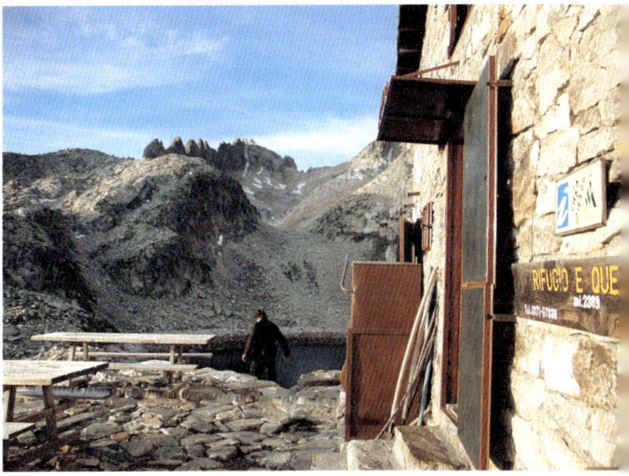

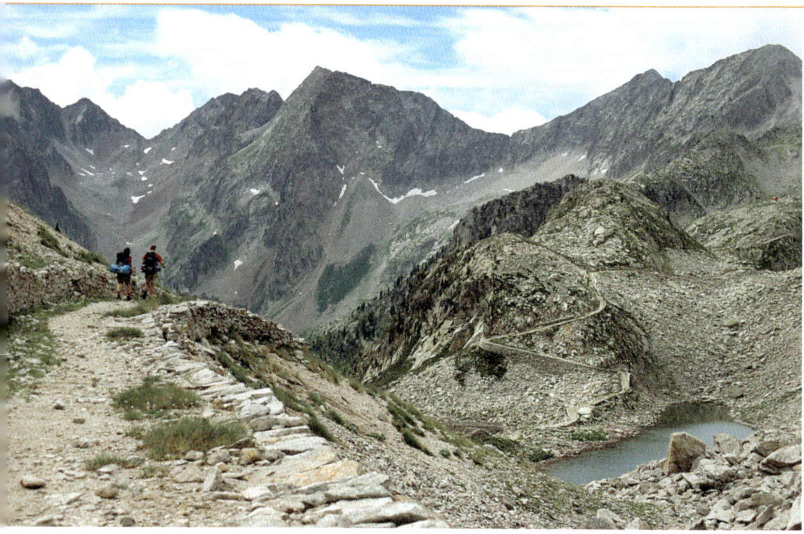

Eine breite Militärstraße führt zu den Laghi di Fremamorta. Unten rechts ist der Lago Sottano di Fremamorta zu sehen, im Hintergrund Cima Ovest del Pagarì, Bassa del Pagarì di Salèse und Cima Est del Pagarì (von rechts nach links).

4 Rifugio Emilio Questa, 2389 m– Rifugio Remondino, 2464 m

↗1050 m, ↘1050 m

Aufstieg im Val Morta zum Colletto di Valasco, 2423 m, und Abstieg zur Hochebene Piano della Casa del Re, 1762 m. Von dort aus Aufstieg im Vallone Assedras zum Rifugio Remondino, 2464 m

Markierung: orange bis zum Lago mediano di Fremamorta, dann rote Balken und vereinzelt Steinmännchen

Gehzeit: 5 h 30

Von der Hütte folgt man dem Zubringer zurück Richtung Norden, bis man zu dem Saumpfad kommt, der zu den Fremamorta-Seen führt (Wegweiser). »Frema« ist das okzitanische Wort für »Frau«, das italienische Wort »morta« bedeutet »tot«. Niemand weiß mehr, was für eine tragische Geschichte diesem Ort den Namen »tote Frau« gegeben hat.

Man folgt dem Weg Richtung Osten, und nach einem sanft bergab führenden Stück steigt die breite Mulattiera steiler werdend in Kehren zum Colletto del Valasco, 2423 m, an. Kurz nach dem Pass wird der unterste der Fremamorta-Seen erreicht (Militärruinen). Es geht nach Süden weiter (Richtung Colle di Fremamorta) bis zum östlichen Ufer des mittleren Fremamorta-Sees, wo ein Weg Richtung Süd-Osten abzweigt (Wegweiser). Auf der schönen und teilweise gepflasterten ehemaligen Militärstraße steigt man Richtung Piano della Casa del Re ab. Bei einer Weggabelung oberhalb einer Gias (ohne Wegweiser) hält man sich rechts (andernfalls kommt man auf einen Weg, der in direkterer Richtung ebenfalls zum Piano della Casa zielt und später wieder in die Mulattiera einmündet), die später folgenden Abzweigungen zum Colle di Fremamorta und zum Colle di Ciriegia (beide mit Wegweiser) sind nicht zu beachten. Über Alpgebiete, wo sich häufig viele Gämsen aufhalten, und an einer Gias vorbei steigt man zur Hochebene Piano della Casa ab. Der Fluss Gesso della Valletta wird auf einer Brücke überquert, und man gelangt auf die Schotterstraße, die von Terme di Valdieri heraufführt. Auf dieser nach rechts aufwärts und an deren Ende (nach wenigen Hundert Metern) erreicht man die Abzweigung zum Rifugio Remondino (Wegweiser) und folgt dem Weg in Kehren ansteigend (die Abzweigung zum Colle di Mercantour bleibt unbeachtet) zum Rifugio Remondino, 2464 m.

Das Rifugio Remondino ist erst 1965 aus einem vorher vorhandenen Biwak entstanden. Hier kann man fast immer Steinböcke aus nächster Nähe beobachten, da diese gerne an der salzhaltigen Wandverputzung lecken.

Alternative

Bei schlechtem Wetter kann man auch von der Pian della Casa in wenigen Minuten zum Rifugio Regina Elena, 1833 m, aufsteigen und dort übernachten (Selbstversorgerhütte!).

5 Rifugio Remondino, 2464 m– Cima del Baus, 3067 m– Rifugio Remondino, 2464 m

↗600 m, ↘600 m

Ausflugsetappe auf den Aussichts-Dreitausender Cima del Baus und zurück zum Rifugio Remondino

Markierung: rot markiert und Steinmännchen bis zum Lago di Nasta, dann nur noch Steinmännchen

Gehzeit: 4 h

Panorama vom Colletto della Forchetta, 2950 m, auf den höchstgelegenen See der Seealpen, den Lago di Nasta, 2808 m. Auch im Sommer ist der See häufig von einer dünnen Eisschicht bedeckt.

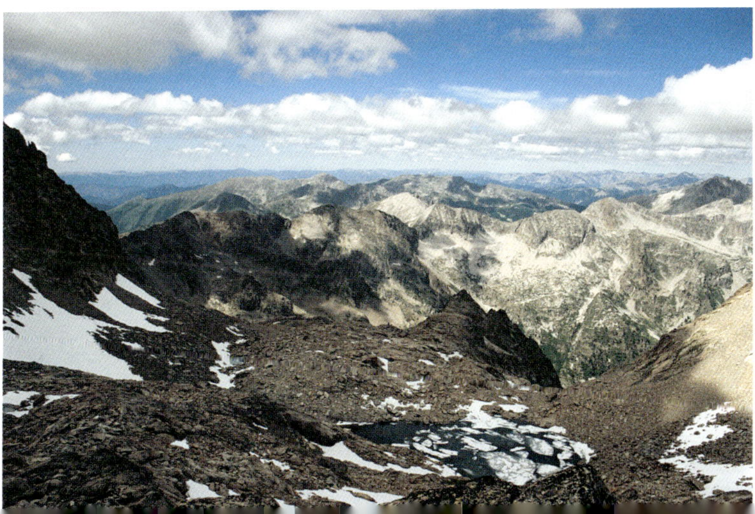

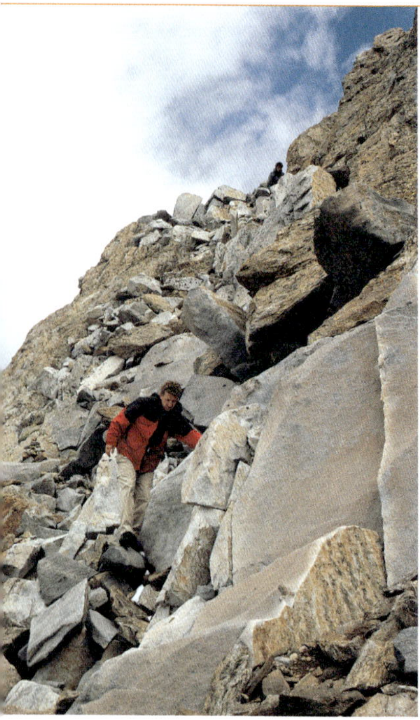

Ein helles Granitband durchzieht die Nordwestwand der Cima del Baus.

Der Baus ist einer der 13 Dreitausender im Naturpark und kann relativ einfach, mit einer leichten Kletterpassage am Gipfelgrat, bestiegen werden. Wie beim Aufstieg auf den Monte Matto muss man aber über Bergerfahrung, Schwindelfreiheit, Trittsicherheit und über eine gute Wanderausrüstung verfügen und darf den Aufstieg nur bei guter und sicherer Wetterlage unternehmen.

Vom Rifugio Remondino geht man Richtung Osten in Richtung des Lago di Nasta. Hierbei folgt man den roten Punkten und den Steinmännchen. Dann könnte die Orientierung – besonders bei Nebel – problematisch werden. Über Steinblöcke und Geröll steigt man zu einem Felswall, den man an seinem Fuße aufsteigend (von links nach rechts) quert. Den Markierungen folgend steigt man weiter Richtung Osten auf, hält sich bei der Wegabzweigung zum Colle di Brocan halblinks und erreicht dann den Lago di Nasta, den höchstgelegenen See der Seealpen, der inmitten der Hochgebirgslandschaft auf 2808 Meter Höhe liegt (Ende der roten Markierungen). Am rechten Seeufer entlang und dann halblinks haltend (Richtung Nord-Osten) steigt man weglos (Steinmännchen beachten) über Felsblöcke aufwärts, bis zu der Eintiefung des Colletto della Forchetta, 2951 m.

Von hier hat man Richtung Norden schon eine großartige Aussicht auf das Argentera-Massiv, den Chiotas-Stausee und die Tiefebene von Cuneo. Man steigt weiter nach rechts, am Nordwestgrat des Baus, auf und kommt an die Stelle, wo man das graue Granitband erreicht, das die Wand des Baus durchzieht und das schon vom Lago di Nasta gut sichtbar ist. Hier hält man sich links und erreicht dem Granitband entlang, über leicht zu besteigende Felsblöcke, einen Einschnitt im Gipfelgrat. Hier steigt man kurz und ausgesetzt etwa 10 Meter auf der anderen Seite ab und wendet sich dann wieder nach rechts und von neuem dem Grat zu. Hier geht man links und folgt dem Gipfelgrat in leichter Kletterei (die Steinpyramide kurz vor dem Gipfel wird links umgangen) zum höchsten Punkt auf 3067 Meter Höhe. Das Panorama ist immens und reicht von der Tiefebene von Cuneo bis zum Meer an der Côte d'Azur. Der Abstieg erfolgt auf derselben Route wie der Aufstieg, dabei ist besonders beim ausgesetzten Teilstück zwischen dem Gipfel und dem Colletto della Forchetta besondere Aufmerksamkeit geboten.

6 Rifugio Remondino, 2464 m– Rifugio Genova-Figari, 2009 m

↗450 m, ↘900 m

Aufstieg zum Colle di Brocan, 2892 m, und Abstieg im Vallone di Brocan zum Rifugio Genova B. Figari.

Markierung: rot bis zur Abzweigung zum Colle di Brocan (kurz vor dem Lago di Nasta), dann gelb und rot bis zum Colle di Brocan und gelb ab dem Colle di Brocan (und Steinmännchen auf der gesamten Route)

Gehzeit: 4 h

Vom Rifugio Remondino geht es Richtung Osten, bis man zur Abzweigung Richtung Colle di Brocan kommt (s. Beginn Etappe 5). Hier hält man sich rechts und geht anfangs höhenparallel Richtung Süden und dann wieder über Geröll und weglos aufsteigend Richtung Osten (gelb-roten Markierungen und Steinmännchen folgen), und man erreicht den Colle di Brocan, 2892 m (eventuell sind vor dem Pass Schneefelder zu überqueren). Dann geht es steil und teilweise über Geröll (Trittsicherheit erforderlich) in östlicher Richtung bergab (die Seen und das Rifugio Genova sind schon kurz nach dem Pass sichtbar), anfangs auf der linken (in Laufrichtung), später auf der rechten Seite des mächtigen Kars, bis man auf den Weg trifft, der vom Rifugio Genova zum Passo di Rovina heraufzieht. Hier hält man sich links (Richtung Norden) und kommt bald zum Lago Brocan, 2004 m. An dessen linker Uferseite geht es zum Rifugio Genova B. Figari, 2009 m.

Beim Rifugio Genova hat man Anschluss an die GTA, die von Terme di Valdieri (via Rifugio Morelli-Buzzi und Colle di Chia-

Blick ins Vallone di Brocan und auf die Seen Brocan und Chiotas.

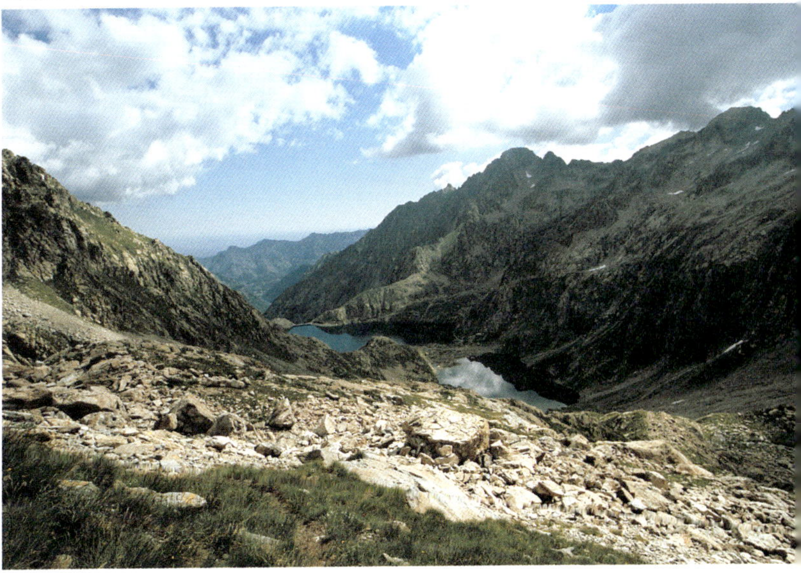

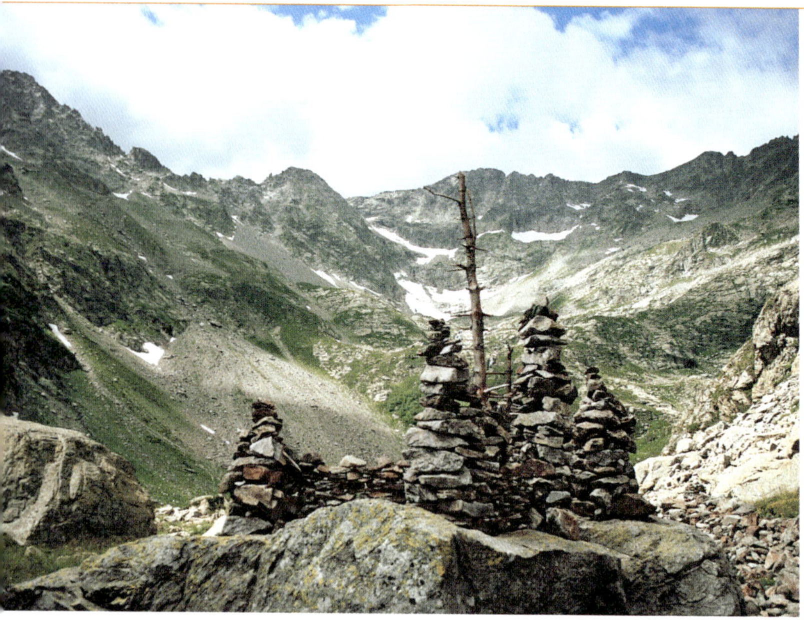

Blick vom Rifugio Genova nach Süden zum Passo della Rovina.

pous) kommt (Etappe 48) und vom Rifugio Genova weiter nach San Giacomo (Etappe 49) und Trinità (Etappe 50) führt. Wenn man die Tour beim Rifugio Genova unterbrechen möchte, kann man mit einer schönen Tagestour (Etappe 48 der GTA in Gegenrichtung) nach Terme di Valdieri gelangen.

Rückkehrmöglichkeit

vom Rifugio Genova, 2009 m, nach Terme di Valdieri (via Rifugio Morelli-Buzzi).

↗500 m, ↘1150 m

Übergang vom Vallone del Chiapous über den Colle di Chiapous, 2538 m, ins Vallone di Lourousa und hinunter nach Terme di Valdieri.

Markierung: rot-weiß (GTA)

Gehzeit: 5 h

Vom Rifugio Genova geht es in östlicher Richtung und auf einem breiten Weg am östlichen Ufer des Chiotas-Stausees entlang zu einem Sträßchen, das zur Staumauer des Sees führt. Es geht über die Staumauer und jenseits des Sees auf einem guten Weg über einen Geröll- und Blockhang hinauf zum Colle del Chiapous, 2538 m. Von dort aus über Blöcke und Platten zum Rifugio Morelli-Buzzi, 2351 m (Übernachtungsmöglichkeit). Der Weg bietet eine beeindruckende Sicht auf die beiden Argentera-Gipfel sowie den Gletscherrest des Canalone di Lourousa (Eiskatarakt). Weiter absteigend geht es durch das Lourousa-Tal, der Abzweig zum Bivacco Varrone (12 Plätze) bleibt unbeachtet, und schließlich gelangt man durch Buchenwald absteigend zum Parkplatz des

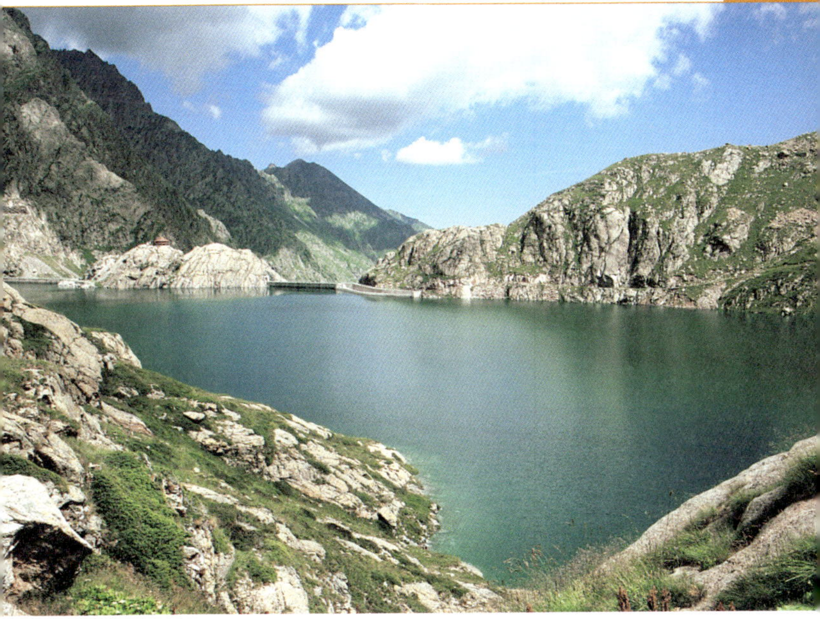

Die große Wasserfläche des künstlichen Stausees Chiotas, 1970 m, hat das Mikroklima rund um diesen neu geschaffenen See verändert.

Ortes. Nach wenigen Metern auf der Asphaltstraße aufwärts erreicht man Terme di Valdieri, 1368 m.

7 Rifugio Genova-Figari, 2009 m–Rifugio Soria-Ellena, 1840 m

↗500 m, ↘650 m

Übergang vom Vallone del Chiapous über den Colle di Fenestrelle, 2462 m, ins Valle Gesso della Barra

Markierung: rot-weiß (GTA)

Gehzeit: 2 h 45

Vom Rifugio Genova geht es in östlicher Richtung (Wegweiser zum Colle di Fenestrelle) und anfangs auf einem breiten Weg ein Stück am rechten Seeufer des Chiotas entlang, bis rechts ein Weg zum Colle di Fenestrelle abzweigt (Wegweiser). Man folgt dem Weg, der anfangs durch ein Weidegebiet und später in Serpentinen und über Geröll hinauf zum Colle di Fenestrelle, 2462 m, führt (zwischen Rifugio und Pass gibt es kein Wasser). Von der Höhe hat man einen schönen Blick auf den Ghiacciaio del Gelàs, einen der südlichsten Gletscher der Alpen, der aber allmählich wegen der Klimaerwärmung verschwindet. Der Abstieg verläuft problemlos zum Piano del Prajet, 1812 m, von wo man die letzten Meter zum Rifugio Soria-Ellena, 1840 m, aufsteigt. Der Weg ist identisch mit der GTA-Etappe 49, die vom Rifugio Genova nach San Giacomo führt. Da die Etappen 6 und 7 beide recht kurz sind, kann man sie natürlich zusammenfassen und an einem Tag gehen.

Das Vallone des Gesso della Barra bei San Giacomo im späten Winterkleid.

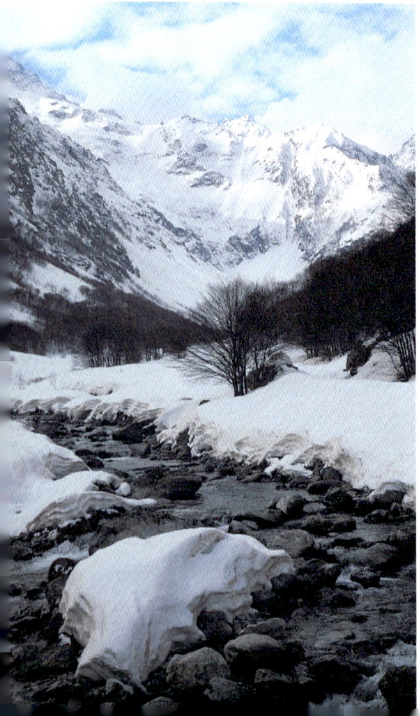

Abstiegsmöglichkeit

vom Rifugio Soria-Ellena, 1840 m, beziehungsweise dem Piano del Prajet, 1812 m, nach San Giacomo, 1226 m

↘600 m

Abstieg im Seitental des Gesso della Barra nach San Giacomo di Entracque.

Markierung: rot-weiß

Gehzeit: 1 h 45 (vom Rifugio Soria-Ellena); 1 h 30 (vom Piano del Prajet).

Wer die Wanderung unterbrechen und absteigen möchte, kann vom Rifugio Soria-Ellena, beziehungsweise direkt vom Piano del Prajet, 1812 m, die Schotterstraße an Alpgebieten vorbei und zuletzt durch Buchenwald problemlos talabwärts bis San Giacomo wandern (GTA Etappe 49). San Giacomo di Entracque war der Sitz eines militärisch-religiösen Ordens, vielleicht der Templer, und war dafür bestimmt, die Pilger, die über den Colle di Finestra zum gleichnamigen Kloster Madonna di Finestra (Madone de Fenestre) gehen wollten, zu beherbergen. Den gleichen Ursprung hat auch Trinità di Entracque (Sitz des Ordens der Reiter der Heiligen Trinità als Station auf dem Weg über den Colle del Sabbione). Ziel war auf beiden Wegen das Kloster des Heiligen Jakobs (italienisch: San Giacomo) in Compostela (Spanien), damals das meistbesuchte in Europa. Das ist auch der Grund für die häufige Verbreitung des Namens Giacomo entlang der Pilgerwege. In San Giacomo kann man im Posto tappa (Foresteria del Parco) oder am Campingplatz »Sotto il faggio« (unter der Buche) übernachten (s. *Unterkunft*).

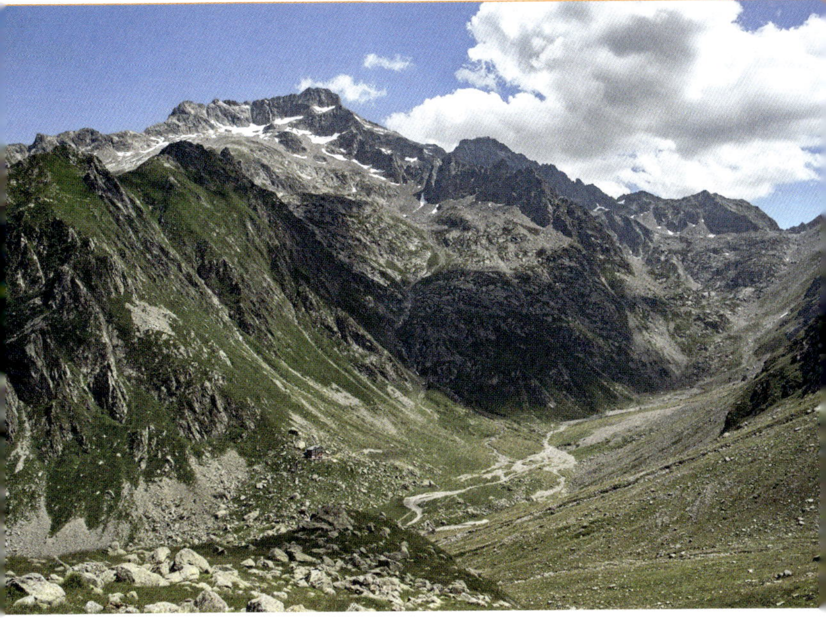

Die Hochebene Praiet mit dem Rifugio Soria-Ellena, 1840 m.
Blick vom Colle di Fenestrelle auf den vergletscherten Monte Gelàs, 3143 m.

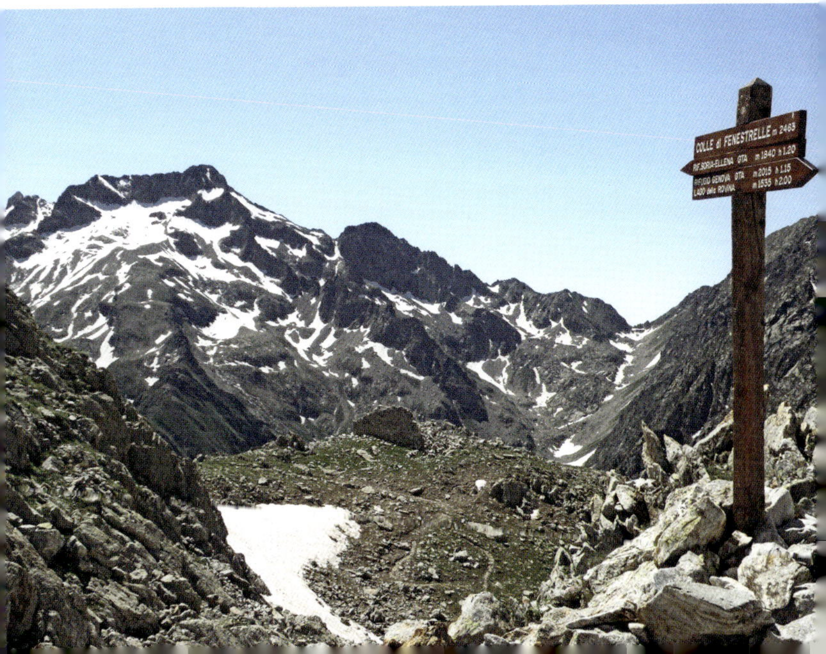

Piastra und Chiotas: Umweltschutz kontra Wasserkraft

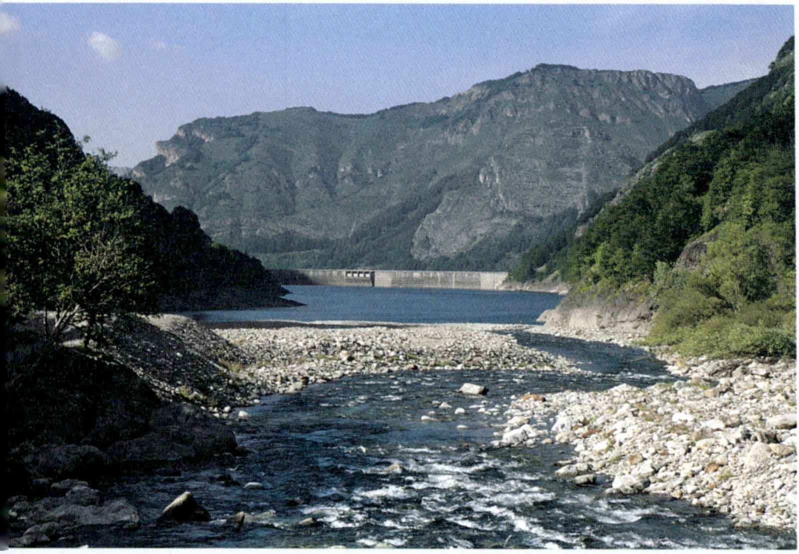

Der Piastra-Stausee südlich von Entracque wurde in den 1960er Jahren angelegt.

Im Gegensatz zum Nationalpark Gran Paradiso (eingerichtet 1922), der ebenfalls auf ein ehemaliges königliches Jagdgebiet zurückgeht, dauerte es bei diesem Gebiet sehr lange, bis es als Naturpark unter Schutz gestellt wurde. Das stärkste Hindernis war – wie in anderen Alpengebieten auch – die Wasserkraftnutzung. Schon 1954 wurde von der piemontesischen Elektrizitätsgesellschaft ein Projekt präsentiert, das dann von der staatlichen Elektrizitätsgesellschaft ENEL realisiert wurde – der Bau der riesigen Stauseen Piastra und Chiotas. Der Piastra-See, 957 m, wurde zwischen 1961 und 1965 südlich von Entracque angelegt, der Stausee Chiotas, 1970 m, wurde in den 1970er Jahren gebaut und hat die Alp Chiotas (der Name bedeutet »große Ebene«) überflutet. Beide gehören zum Wasserkraftwerk Entracque, das die ENEL 1983 in Betrieb nahm und deren Zentrale sich bei Entracque in einer Kaverne befindet. Dieses Kraftwerk dient hauptsächlich dazu, teuren Spitzenstrom zu erzeugen, also der Energieveredelung und nicht der Energiegewinnung. Zu diesem Zweck wird nachts das Wasser vom unteren Stausee (Piastra) zum höheren (Chiotas) gepumpt, um am Tag in den Zeiten der größten Nachfrage den Spitzenstrom zu

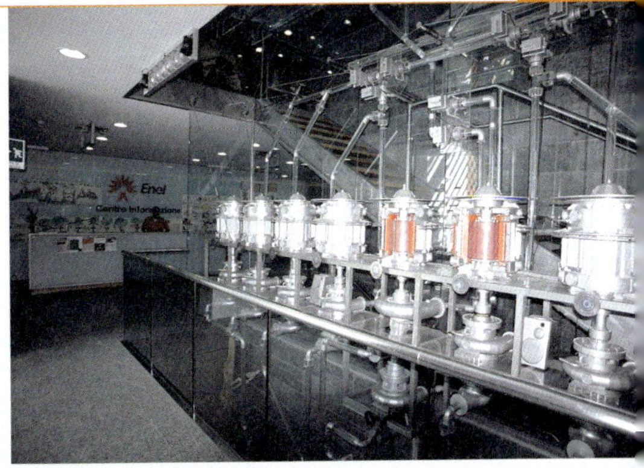

Im Informationszentrum der ENEL wird die Energiegewinnung anhand eines Modells erklärt.

produzieren, der unter anderem nach Frankreich exportiert wird. Dafür beziehen die Italiener als Gegenleistung deutlich billigeren Grundlaststrom aus den französischen Atomkraftwerken.

In Italien hat sich die Energiepolitik »chaotisch« entwickelt, indem weder traditionelle Kraftwerke noch Atomkraftwerke oder alternative Formen der Energiegewinnung nach dem Zweiten Weltkrieg groß ausgebaut wurden, so dass Italien heute Strom importieren muss. Diese Anlage hier stellt eine der wenigen neuen großen Wasserkraftanlagen in den italienischen Alpen dar, die jedoch zu den größten Pumpspeicherwerken Europas zählt. Da der Staat eine regelmäßige Kontrolle der Staumauer verlangt, die neue Fahrstraße durch das Rovina-Tal aber wegen der starken Lawinengefährdung fünf Monate im Jahr nicht zu benutzen ist, hat man eine unterirdische Verbindung gebaut, durch die man mit einer Art U-Bahn bis zur Staumauer gelangt (nicht öffentlich zugänglich).

Erst als das Kraftwerksprojekt fast fertig und der zukünftige Betrieb sichergestellt war, konnte die Einrichtung des Naturparks durchgesetzt werden. Trotzdem gab es wenig später, Anfang der 1980er Jahre, noch einmal heftigen Streit, als die ENEL verschiedene weitere Bäche anzapfen und in den Chiotas-See überleiten wollte (italienisch Canali di gronda). Dagegen setzte ein sehr breiter Protest ein, bei dem sich auch der italienische Alpenverein (CAI) lebhaft engagierte, und bis heute sind diese Überleitungen nicht gebaut worden.

An der Straße von Entracque nach San Giacomo, nahe beim Stausee Piastra, befindet sich das Informationszentrum »Luigi Einaudi« der ENEL.

Informationszentrum Luigi Einaudi

Im Informationszentrum Luigi Einaudi befindet sich ein Modell des Kraftwerks, welches die Erzeugung des Spitzenstroms veranschaulicht. Es werden auch Führungen ins Innere der Kaverne, wo sich die Zentrale befindet, angeboten.

Seit 2019 befindet sich im ersten Stock des Gebäudes die Dauerausstellung »Ultimi ghiacci. Cambiamenti climatici nelle Alpi Mediterraneo«, welche unter anderem den Rückgang der Gletscher eindrucksvoll dokumentiert und auf den Klimadaten eines transnationalen (Italien-Frankreich) EU-Klimaprojekts (2014–2020) basiert. In diesem Rahmen entstand auch die Publikation von Mercalli/D. C. Berro, s. *Literaturhinweise*.

Informationen und Anmeldungen telefonisch unter 0171 1740052 und unter prenotazioni@areeprotettealpimarittime.it

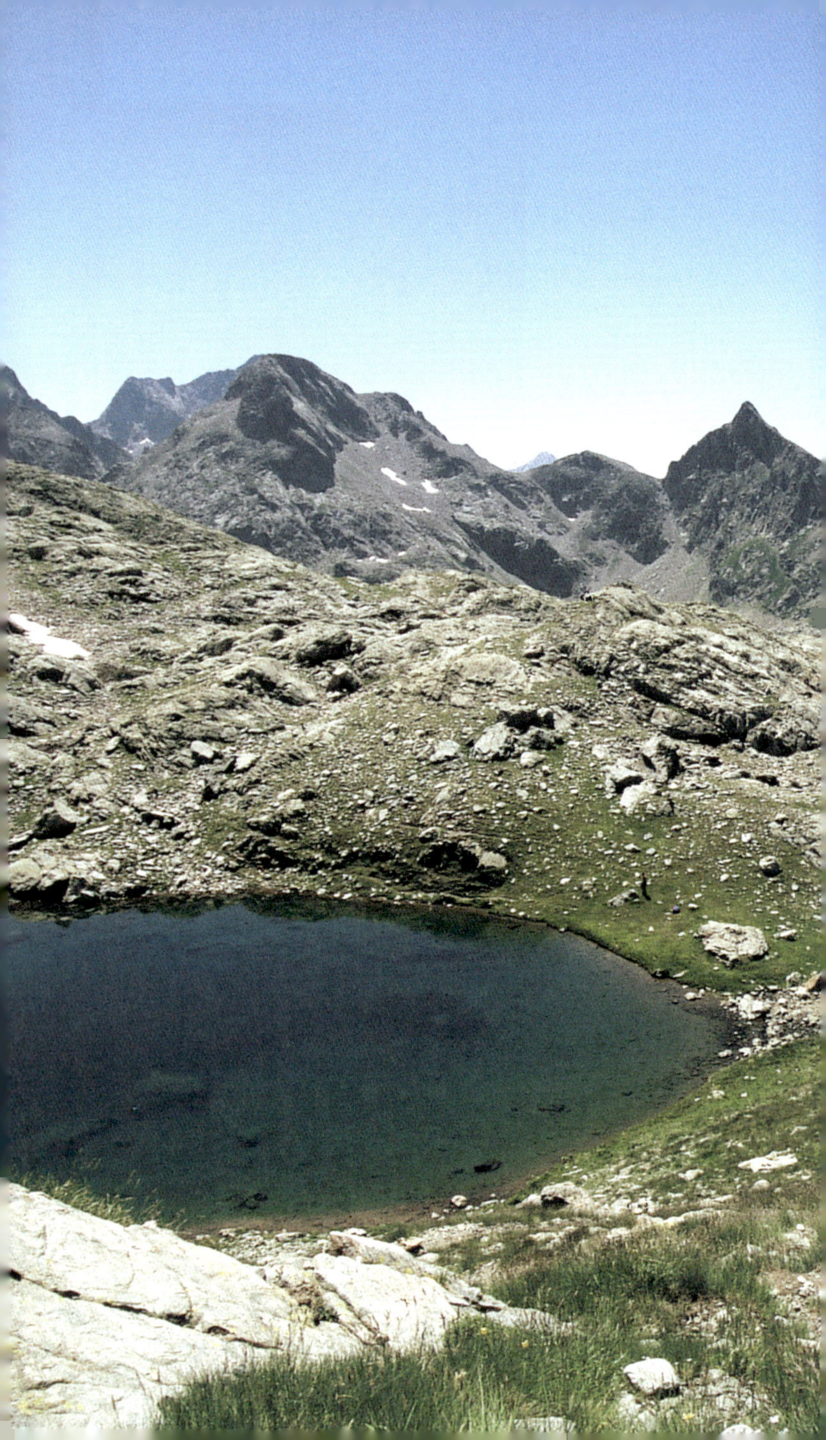

4 Im Nationalpark Mercantour

Auf den Spuren der Säumer zu den Felszeichnungen von Fontanalba

Die 40 000 prähistorischen Felszeichnungen rund um den Mont Bego stellen die große Besonderheit des Nationalparks Mercantour dar und geben Hinweis auf eine Jahrhunderte lange Nutzung der Weidegebiete und deren hohe Bedeutung in diesem Gebiet.

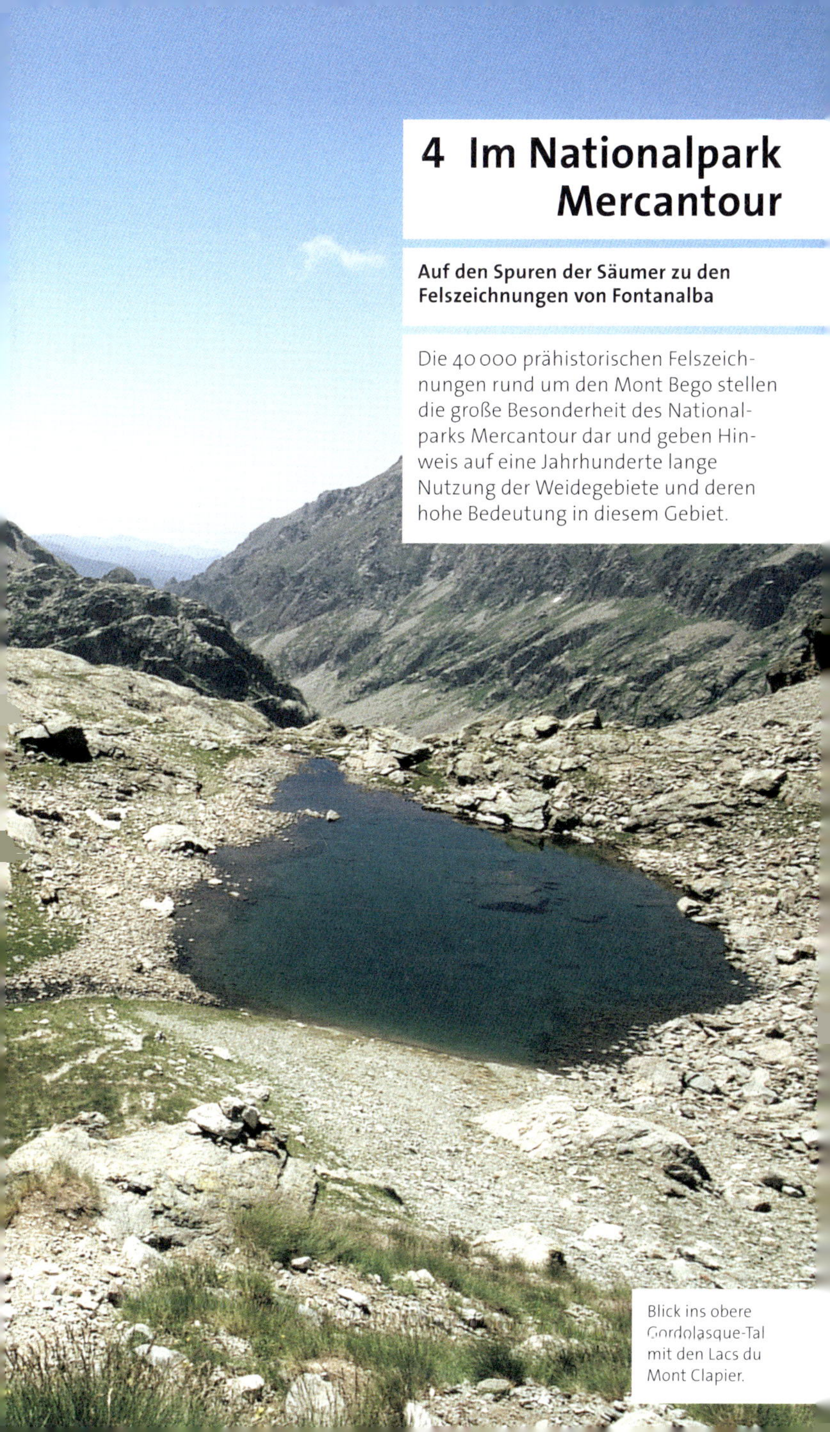

Blick ins obere Gordolasque-Tal mit den Lacs du Mont Clapier.

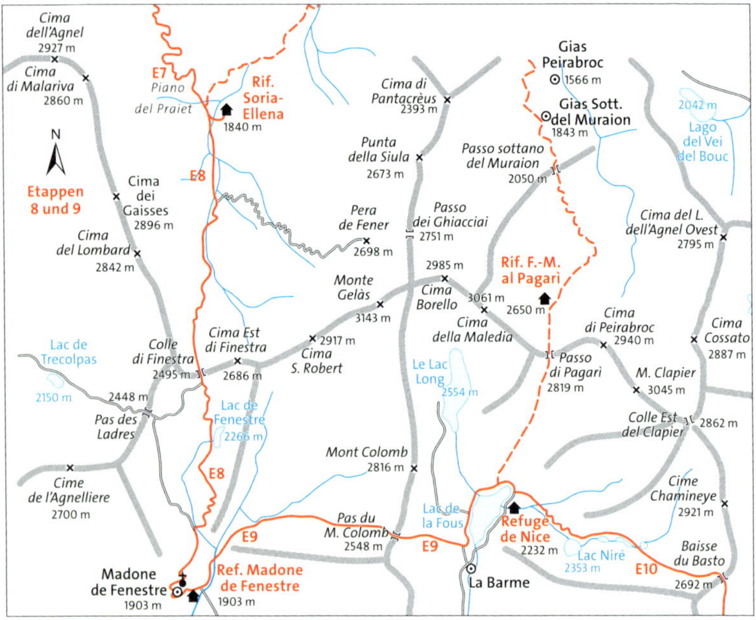
Etappen 8 und 9
N
Cima dell'Agnel 2927 m
Cima di Malariva 2860 m
E7
Piano del Praiet
Rif. Soria-Ellena 1840 m
Cima di Pantacrèus 2393 m
Gias Peirabroc 1566 m
Gias Sott. del Muraion 1843 m
2042 m
Lago del Vei del Bouc
E8
Cima dei Gaisses 2896 m
Punta della Siula 2673 m
Passo sottano del Muraion 2050 m
Cima del Lombard 2842 m
Pera de Fener 2698 m
Passo dei Ghiacciai 2751 m
Cima del L. dell'Agnel Ovest 2795 m
Monte Gelàs 3143 m
2985 m
Cima Borello
Rif. F.-M. al Pagarì 2650 m
3061 m
Cima della Maledia
Cima di Peirabroc 2940 m
Cima Cossato 2887 m
Lac de Trecolpas 2150 m
Colle di Finestra 2495 m
Cima Est di Finestra 2686 m
2917 m
Cima S. Robert
Le Lac Long 2554 m
Passo di Pagarì 2819 m
M. Clapier 3045 m
2448 m
Pas des Ladres
Lac de Fenestre 2266 m
Colle Est del Clapier 2862 m
Mont Colomb 2816 m
Cime de l'Agnelliere 2700 m
Cime Chamineye 2921 m
Lac de la Fous
Refuge de Nice 2232 m
Pas du M. Colomb 2548 m
E9
Lac Niré 2353 m
Baisse du Basto 2692 m
E10
Madone de Fenestre 1903 m
Ref. Madone de Fenestre 1903 m
La Barme

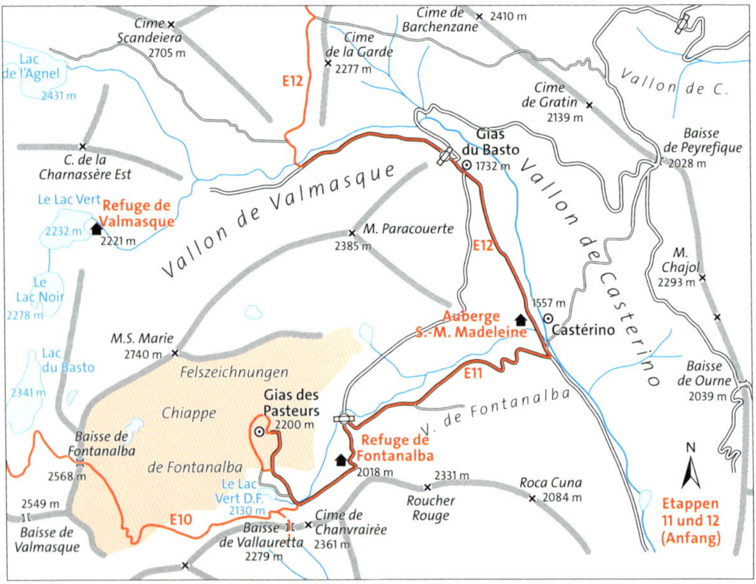
Cime Scandeiera 2705 m
Cime de Barchenzane 2410 m
Lac de l'Agnel 2431 m
Cime de la Garde 2277 m
E12
Vallon de C.
Cime de Gratin 2139 m
C. de la Charnassère Est
Gias du Basto 1732 m
Baisse de Peyrefique 2028 m
Vallon de Valmasque
Le Lac Vert 2232 m
Refuge de Valmasque 2221 m
M. Paracouerte 2385 m
Vallon de Casterino
M. Chajol 2293 m
Le Lac Noir 2278 m
1557 m
Auberge S.-M. Madeleine
Castérino
M.S. Marie 2740 m
Felszeichnungen
Chiappe
de Fontanalba
Lac du Basto 2341 m
E11
Baisse de Ourne 2039 m
Gias des Pasteurs 2200 m
V. de Fontanalba
Baisse de Fontanalba 2568 m
Refuge de Fontanalba 2018 m
2331 m
Roucher Rouge
Roca Cuna 2084 m
Le Lac Vert D.F. 2130 m
2549 m
Baisse de Valmasque
E10
Baisse de Vallauretta 2279 m
Cime de Chanvrairèe 2361 m
N
Etappen 11 und 12 (Anfang)

Unterkunft

Etappe 8

Refuge la Madone de Fenestre: 1903 m, 62 Plätze, geöffnet vom 1. Juni bis 30. September (Öffnung in anderen Jahreszeiten nach Absprache), Restaurant, Dusche. Reservierung im Sommer nur online möglich: https://chaletmadonedefenestre.ffcam.fr/ Hüttenwirt ist Patrick Miraillet, Tel. 0609 178958 (im Winter).

Etappe 9

Refuge de Nice: 2232 m, 91 Plätze, geöffnet von Anfang Juni bis Ende September (Öffnung in anderen Jahreszeiten nach Absprache), Restaurant, Dusche, kein Telefon im Refuge. Reservierungen im Sommer nur online möglich: https://refugedenice.ffcam.fr/ Hüttenwirt ist Christophe Fournier, Tel. 0661 975938 (im Winter).

Rückkehrmöglichkeit vom Refuge de Nice

Rifugio Federici-Marchesini al Pagarì: 2650 m, 24 Plätze, geöffnet von Anfang Juni bis Mitte September (Öffnung an anderen Tagen nach Absprache, jedoch nur für Gruppen ab 10 Personen), Restaurant, Dusche, Tel. 0171 978398. Hüttenwirt ist Aladar Pittavino, Via Pramallè 113, 12020 Villar San Costanzo, Tel. 380 7108075 (im Winter), www.rifugiopagari.com
San Giacomo: s. Unterkunft Etappe 7/Abstiegsmöglichkeit.

Etappe 10

Refuge de Fontanalba (Ski-Club Nizza): 2018 m, 35 Plätze, geöffnet von Juni bis September, Restaurant, Dusche, Tel. 0493 048919, Reservierung online möglich: www.refugedefontanalbe.com

Etappe 11

Frazione Castérino: 1557 m, F-06430 Tende, Auberge S.-M. Madeleine (Gîte d'Etape Castérino), 33 Plätze, Restaurant, Dusche, Tel. 0493 046593 (Anne und Paul Servel), www.casterino.com
Hotel Les Melezes: Hameau de Casterino, Restaurant, Tel. 0493 049595
*Hotel Chamois d'Or ***:* Hameau de Casterino, Restaurant, Tel. 0493 046666, www.hotelchamoisdor.net

Tende, 791 m, F-06430
Gîte d'Etape Les Carlines: Chemin S. Catherine, Tel. 0493 046274, www.gite-tende-mercantour.com sowie weitere Übernachtungsmöglichkeiten (www.menton-riviera-merveilles.fr/mercantour-roya-bevera/vallee-de-la-roya/tende).

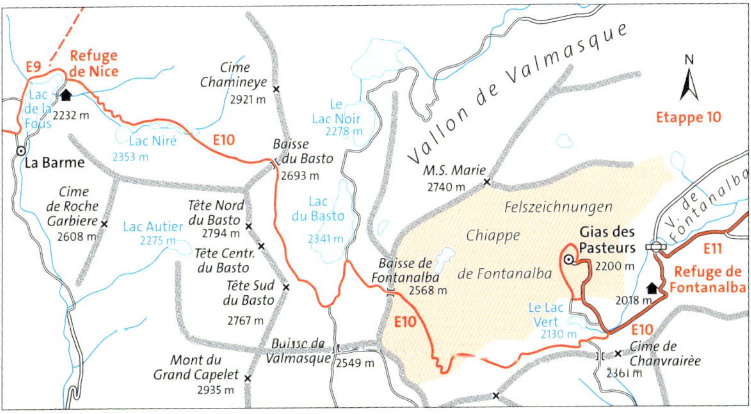

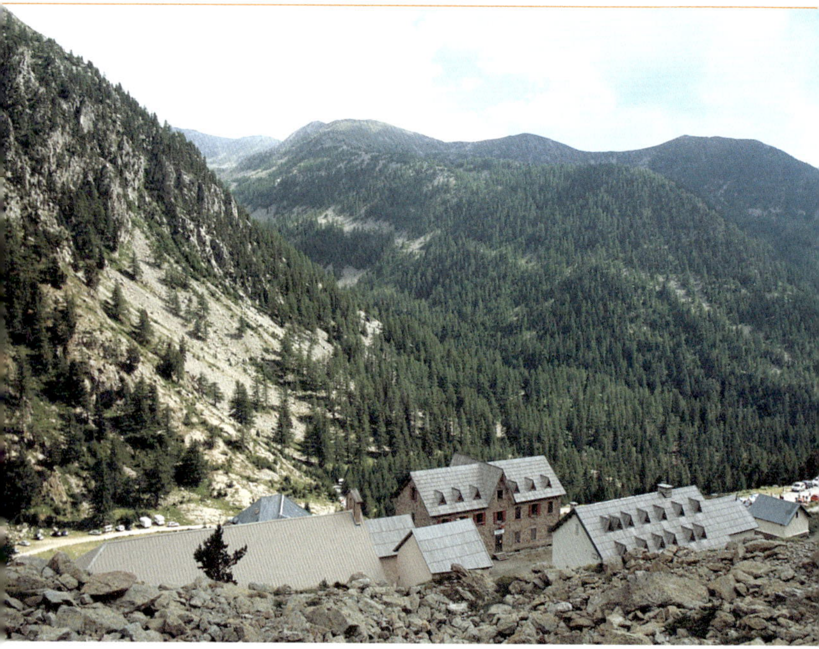

Der Wallfahrtsort la Madone de Fenestre im gleichnamigen Seitental.

8 Rifugio Soria-Ellena, 1840 m – Refuge la Madone de Fenestre, 1903 m

↗700 m, ↘600 m

Übergang vom Naturpark der Seealpen (Seitental des Gesso della Barra) über den Colle di Finestra, 2495 m, ins Fenestre-Tal im Nationalpark Mercantour

Markierung: G.R. 52 Variante (Colle di Finestra bis Erreichen der Hauptroute der G.R. 52, Via Alpina (roter Weg), und zuletzt G.R. 52 (Hauptroute, Wegweiser)

Gehzeit: 3 h 30

Vom Rifugio Soria-Ellena geht man den Zubringer nach Süden hinunter zum Piano del Prajet, 1812 m, und steigt die Mulattiera zum Colle di Finestra (Wegweiser) in Richtung Süden auf. Anfangs auf der in Laufrichtung linken Seite (die Abzweigung nach links zur Pera de Ferner bleibt unbeachtet), später in der Talmitte führt der Militärweg in Serpentinen und gleichmäßiger Steigung bergauf. Man kommt an den Ruinen des ehemaligen Ricovero Lombard vorbei und erreicht bei ungefähr 2300 Meter Höhe eine Wegspur, die zu einem ehemaligen Jagdstand des Königs in der Gorgia delle Vallette, 2400 m, führt. Man bleibt jedoch auf dem breiten Hauptweg und überwindet die letzten Meter zum Colle di Finestra, 2495 m, wo sich der französisch-italienische Grenzstein 159, ein Bunker und einige Meter unterhalb des Passes eine ehemalige Kaserne befinden. Diese bietet einen Unterschlupf bei plötzlichen Unwettern. Beim Colle di Finestra übertritt man die italienisch-französische

Grenze und gelangt in den Nationalpark Mercantour.
Bei der Wegabzweigung kurz nach dem Pass hält man sich links, Richtung Refuge la Madone de Fenestre (Wegweiser) und sieht linker Hand einen Bunker. Der Weg führt unschwierig und in Windungen bergab. Bei einer Weggabelung hält man sich links und erreicht dann das Westufer des Fenestre-Sees. Später trifft man auf die Hauptroute der G.R. 52, die vom Pas de Ladres kommt und der man weiter ohne Schwierigkeiten und in Richtung Süden das letzte Stück zum Refuge la Madone de Fenestre, 1903 m, folgt.

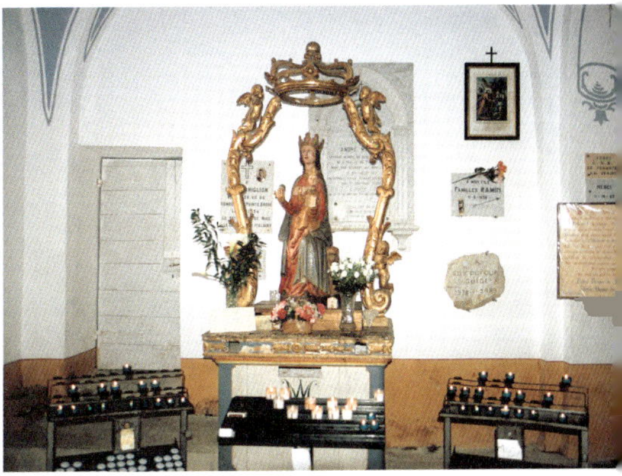

Im Inneren der Wallfahrtskirche la Madone de Fenestre.

Die Wallfahrtskirche Madone de Fenestre (direkt neben dem Refuge) ist der bedeutendste Wallfahrtsort der französischen Seealpen, und ein Besuch des Kircheninneren lohnt sich. Hier treffen sich regelmäßig Wallfahrer aus dem Vésubie- und dem Gesso-Tal, was auch damit zusammenhängt, dass die großen Alpweiden um die Kirche herum lange Zeit von St-Martin-Vésubie und Entracque aus bewirtschaftet wurden. Im Mittelalter gab es um die Rechte der Alpnutzung zwischen beiden Gemeinden heftigen Streit.

Diese Etappe ist identisch mit der Via Alpina (Roter Weg, Etappe 144), die uns auch noch auf der nächsten Etappe begleitet und dann weiter ins Vallée des Merveilles (Refuge de la Valmasque), nach Castérino und später in den Naturpark »Marguareis« führt.
Die G.R. 52 führt von Le Boréon kommend zum Refuge la Madone de Fenestre und geht zusammen mit den Etappen 9 und 10a dieses Führers weiter bis zum Refuge des Merveilles.

Abstecher

Da die Etappe 8 recht kurz ist, wird hier noch ein lohnender Abstecher vom Refuge la Madone de Fenestre zu den schönen Lacs de Prals vorgeschlagen: Von der Berghütte geht es Richtung Osten leicht bergab (Anfang Etappe 9 und G.R. 52), bis zu einer Weggabelung. Hier verlässt man die G.R. 52 und steigt Richtung Süd-Osten ins Vallon du Ponset auf, bis zur Baisse des Cinq Lacs, 2345 m. Von hier geht es dann abwärts Richtung Süden, bis man die Seenplatte der Lacs de Prals, 2269–2280 m, erreicht. Der Rückweg zum Refuge la Madone de Fenestre erfolgt auf der gleichen Route wie der Hinweg. Gesamtgehzeit: 2 h 30.

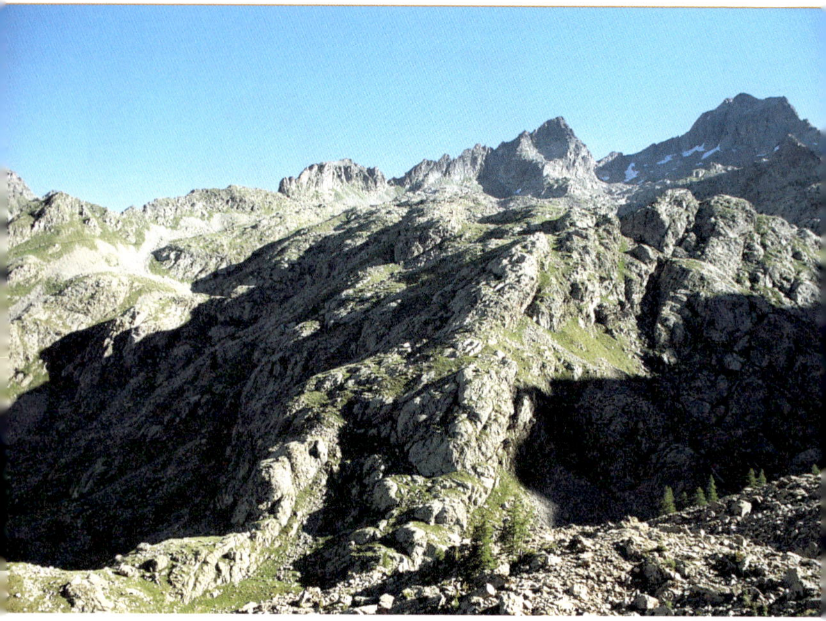

Beim Anstieg zum Pas du Mont Colomb: Bis knapp unterhalb der zerklüfteten Gipfel haben die Gletscher die Felsen rundgeschliffen.

9 Refuge la Madone de Fenestre, 1903 m– Refuge de Nice, 2232 m

↗700 m, ↘400 m

Übergang vom Vallon de la Madone de Fenestre über den Pas du Mont Colomb, 2548 m, ins Vallon de Gordolasque zum Refuge de Nice.

Markierung: rot-weiß (G.R. 52) und Steinmännchen

Gehzeit: 3 h

Vom Refuge und dem Klostervorplatz (Wegweiser) geht man auf der G.R. 52 in östlicher Richtung, überquert den Fluss und erreicht die Alp und die Alpgebiete von Fenestre, wo Toma-Käse aus Kuhmilch produziert wird. Über das schöne, mit schütterem Lärchenwald bedeckte Alpgebiet steigt man Richtung Osten auf und erreicht schließlich die Felsregion, wo am Fuße der Felswände ein langes Geröllfeld gequert wird. Nachdem man den kleinen Bergsee, der in einer Karstmulde liegt, erreicht hat, geht es weiter über Geröll steil hinauf zum engen Einschnitt des Pas du Mont Colomb, 2548 m. Der anfangs steile Abstieg erfolgt weiter Richtung Osten, dann wird ein großblockiges Geröllfeld überquert (Orientierung bei schlechter Sicht schwierig, Markierungen und Steinmännchen beachten). Man erreicht das Weidegebiet von La Barme. Bei der Weggabelung hält man sich geradeaus (Wegweiser) und folgt weiter dem Pfad der G.R. 52, der in nördlicher Richtung am Westufer des Lac de la Fous entlangführt. Nach dem See dreht der Weg nach Osten und erreicht schließlich den Zubringer, der

in wenigen Minuten zum Refuge de Nice, 2232 m, führt.
Schon seit 1902 gibt es hier eine Berghütte, und 1974 wurde dann für die Arbeiten am Stausee eine zweite und größere erbaut. In den Jahren 2007/2008 wurde das Gebäude renoviert und zum heutigen Refuge de Nice ausgebaut.
Wer die Rundwanderung unterbrechen und auf der italienischen Seite absteigen will, kann in einer schönen Tagestour über den Passo di Pagarì, 2819 m, und das Rifugio Federici-Marchesini al Pagarì, 2650 m, nach San Giacomo, 1213 m, gelangen. Ein Abstecher zum toll gelegenen Rifugio Pagarì (Übernachtungsmöglichkeit) lohnt aber auch als Ausflugsetappe, wenn man nicht nach San Giacomo absteigen will.

Diese Etappe ist identisch mit der G.R. 52 und mit der Etappe 145 des Roten Weges der Via Alpina.

Rückkehrmöglichkeit

vom Refuge de Nice über den Passo di Pagarì und via Rifugio Pagarì nach San Giacomo

↗600 m, ↘1600 m (nach San Giacomo)

↗600 m, ↘200 m (zum Rifugio Pagarì)

Übergang vom Gordolasque-Tal über den Passo di Pagarì, 2819 m, zum Rifugio Pagarì, 2650 m, und Abstieg über den Passo Sottano del Muraion, 2050 m, nach San Giacomo, 1226 m, im Seitental des Gesso della Barra.

Markierung: anfangs nur Steinmännchen, später rot und Steinmännchen

Gehzeit: 6 h bis San Giacomo und 2 h 30 bis zum Rifugio Pagarì

Vom Refuge de Nice geht man in nördlicher Richtung hinunter zum Fluss (der aus dem Vallon du Mont Clapier kommt), überquert diesen und steigt in Richtung Nord-Osten auf einem schmalen Weg zu den Clapier-Seen auf. Es geht zwischen den Seen hindurch (nicht wie auf der Karte eingezeichnet westlich daran vorbei, Steinmännchen beachten), und man steigt steil bergauf in

Felsformation beim Abstieg vom Pas du Mont Colomb.

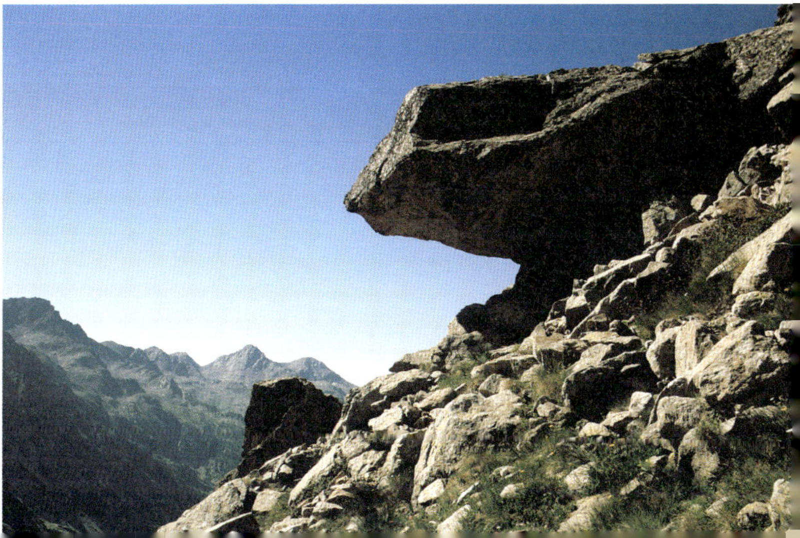

nördlicher Richtung, bis man zu einer Mulde mit zwei sehr kleinen Seen gelangt. Hier hält man sich links (westlich), um eine steile Felswand zu umgehen (Beginn der roten Markierungen, Steinmännchen).
Kurz darauf kommt man an eine kaum sichtbare Weggabelung, bei der man sich rechts hält, und am Fuße einer Felswand steigt man von links nach rechts querend zum Passo di Pagarì, 2819 m, auf (schöner Blick auf den Monte Clapier, 3045 m). Dieser Pass war wie der Pas des Ladres (Pass der Diebe) häufig von Schmugglern benutzt worden. Trotz harter Strafen hatte dieser unkontrollierte Handel große Bedeutung.
Vom Pass steigt man in nördlicher Richtung ab, und es geht rechts am Schneefeld, das einst der Pagarí-Gletscher war vorbei und dann auf einem Felssporn, später an dessen rechter Seite absteigend (viele Markierungen) und zuletzt über Geröll zum Rifugio Federici-Marchesini al Pagarì, 2650 m.
Das höchstgelegene Rifugio des Seealpenparks befindet sich inmitten einer fantastischen Hochgebirgslandschaft, umgeben von den südlichsten Gletschern der Alpen (Gelas, Maledia, Peirabroc und Clapier, siehe Kapitel *Oberflächenformen*).
Der Abstieg vom Rifugio Pagarì erfolgt in Kehren und über steiles und steiniges Ge-

Blick von Westen, kurz vor Erreichen des Passo di Pagarì, auf den M. Clapier, 3045 m, an dessen Nordhang der südlichste Gletscher der Alpen liegt (nicht im Bild).

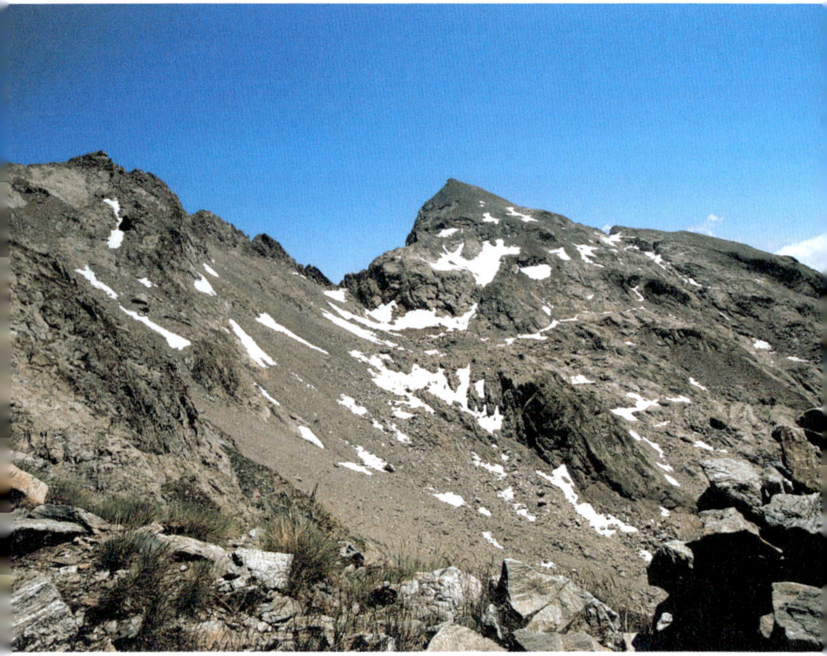

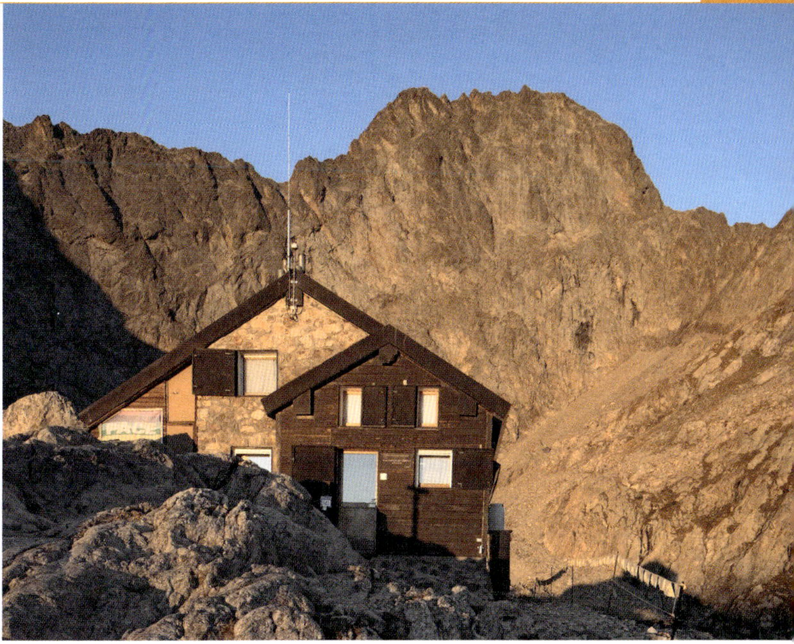

Das Rifugio Remondino, 2650 m, mit der Cima della Maledia, 3061 m, im Hintergrund.

lände, wobei der Weg einige Felsvorsprünge umrundet (der Abzweig zum Passo dell'Agnel bleibt unbeachtet). Man kommt an der Gias soprano del Muraion, 2090 m, vorbei und erreicht kurze Zeit später den Passo Sottano del Muraion, 2050 m. Die Mulattiera schlängelt sich wieder in Serpentinen bergab, führt an der Gias Sottano del Muraion, 1856 m, vorbei und überquert den Rio Pantacreus. Über ein Alpgebiet geht es weiter zur Gias Moncolomb, 1444 m, wo man den Rio del Monte Colombo auf einer Brücke überquert. Hier beginnt ein Schottersträßchen, dem man zur Gias del Vei del Bouc Sottano, 1430 m, und weiter bis zum ehemaligen königlichen Jagdschlösschen, 1248 m, folgt. Von hier geht es weiter – auf Asphalt – bis San Giacomo di Entracque, 1226 m.

10 Refuge de Nice, 2232 m– Refuge de Fontanalba, 2018 m

↗650 m, ↘850 m

Aufstieg im Vallon du Mont Chamineye zur Baisse du Basto, 2693 m, Abstieg zum Lac du Basto und danach über die Baisse de Fontanalba, 2568 m, ins Vallon de Fontanalba und zum gleichnamigen Refuge, 2018 m.

Markierung: rot-weiß (G.R. 52) und Steinmännchen bis zum Lac du Basto, später grüngelb

Gehzeit: 5 h

Vom Refuge de Nice folgt man der G.R. 52, die gleich vor der Hütte beginnt. Nach kurzer Zeit überquert man den Fous-Fluss und befindet sich im Seitental des Mont Chamineye, wo es nördlich am Lac Niré und dann an drei weiteren kleineren Seen ent-

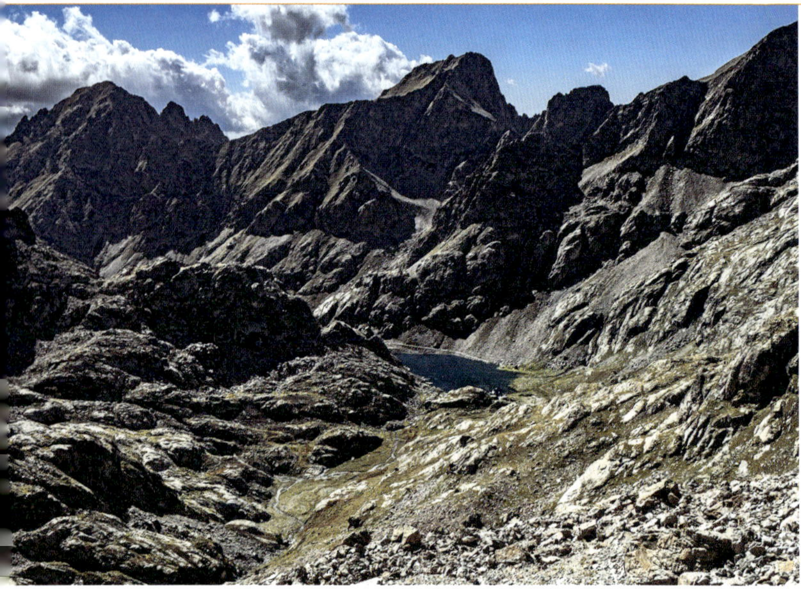

Das Refuge de Nice am Ufer des Lac de la Fous.

lang und schließlich steiler ansteigend zur Baisse du Basto, 2693 m, geht. Von hier steigt man ein Stück bergab, folgt dann dem ebenen Weg über Geröll (im Bereich westlich des Lago di Basto liegen überall große weiße Felsspatbrocken), und erreicht südlich des Lac du Basto eine Weggabelung (hier trennen sich die Wege von Etappe 10 und Etappe 10a). Man verlässt die G.R. 52 nach links und läuft dem Lac du Basto wieder entgegen bis zur nächsten Weggabelung kurz vor dem Südufer des Sees. Hier folgt man dem Wegweiser zur Baisse de Fontanalba (rechts) und steigt den grün und gelb markierten Weg zur Baisse de Fontanalba, 2568 m, auf. Hier betritt man das besonders geschützte Gebiet der »Chiappe de Fontanalba« (»Chiappe« stammt vom piemontesischen Wort »Ciapa« italienisch: Pietra piatta, ab, bedeutet also »flacher Fels« und in diesem Fall »geschliffener Fels«). Man steigt erst etwas bergab, dann nochmals kurz bergauf, und dann geht es erst Richtung Süd-Osten,

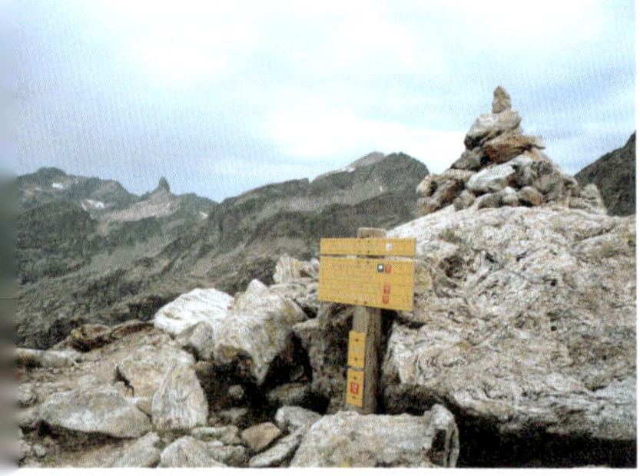

Blick von der Baisse du Basto, 2693 m. Links neben dem Steinmännchen sind der M. Clapier, 3045 m, und die Cima di Peirabroc, 2940 m, zu sehen.

später Richtung Osten bergab bis zum Auslauf des Lac Vert de Fontanalba, 2130 m (Brücke und Wegweiser). Hier erreicht man eine Schotterstraße, die nach rechts zum Refuge de Fontanalba, 2018 m, führt.
Da das Refuge de Fontanalba nur über eine geringe Bettenzahl verfügt, sollte man unbedingt einige Tage vorher reservieren und das Wochenende meiden (online-Reservierung auf der Homepage möglich, siehe *Übernachtungsmöglichkeiten)*.

11 Refuge de Fontanalba, 2018 m–Chiappe de Fontanalba, 2200 m–Castérino, 1557 m

↗200 m, ↘650 m

Aufstieg zu den Felszeichnungen der Chiappe de Fontanalba, 2200 m, Rundweg der »Gias des Pasteurs« und Abstieg nach Castérino, 1557 m

Markierung: Wegweiser beziehungsweise Schilder

Gehzeit: 3 h 30

Vom Refuge de Fontanalba steigt man auf der Militärstraße erst Richtung Süd-Westen und nach der Brücke über den Auslauf des Lac Vert Richtung Norden bergauf, bis zu den Gias des Pasteurs, 2200 m (Haus der Parkverwaltung), bei den Lacs Jumeaux (Zwillingsseen). Hier beginnt ein individuell begehbarer Rundweg von etwa 45 Minuten, der an einigen Felszeichnungen vorbeiführt. Etwa 5 Minuten von der Gias des Pasteurs entfernt liegt die von Clarence Bicknell so bezeichnete große Felszeichnung »La Voie Sacrée«. Diese ist ebenfalls auf einem kleinen Rundweg zu erreichen, der etwa 20 Höhenmeter unterhalb der Gias des Pasteurs von der Schotterstraße nach links abzweigt. Es empfiehlt sich, diesen Abstecher als Erstes zu gehen, da er bei der Gias des Pasteurs endet, wo der längere Rundweg beginnt. Achtung: Es ist im gesamten Schutzgebiet von Fontanalba streng verboten, diese Wege zu verlassen!

Tipp: Bei der Brücke über den Auslauf des Lac Vert und beim Refuge de Fontanalba starten in den Sommermonaten dreimal täglich geführte Wanderungen (jeweils eine Gruppe mit maximal 15 Teilnehmern) in französischer Sprache zu den Felszeichnungen des Fontanalba-Gebietes. Die Führungen dauern 2 h 15 und müssen vorher online gebucht werden. Informationen und Buchung unter: www.vallee-merveilles.com (Merveille gravures et dé-

Der Lac Vert de Fontanalba in etwa 2200 Meter Höhe (Im Schutzgebiet der Chiappe de Fontanalba). Sein mit Lärchen bestandenes Ufer lädt zum Verweilen ein.

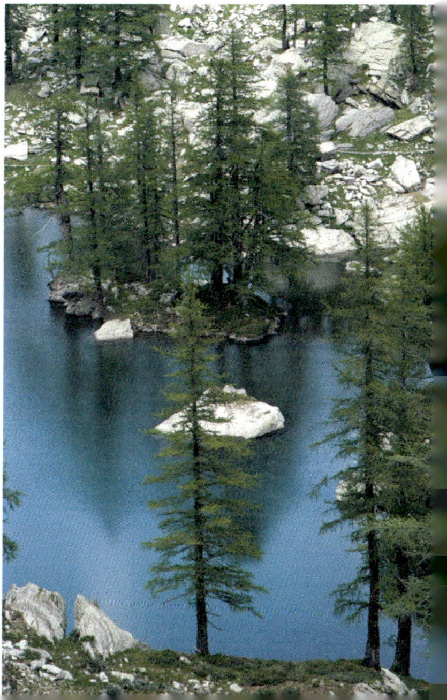

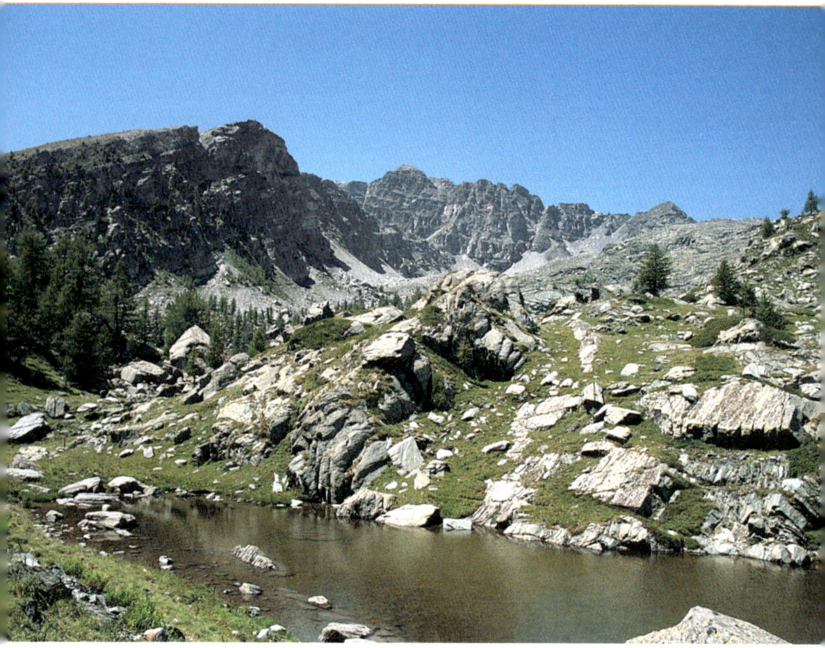

Der Mont Bego (Bildmitte) von Chiappe de Fontanalba aus gesehen.

couvertes, BP 21, 06430 Tende, info@valle-merveilles.com).

Nach der Besichtigung der Felszeichnungen steigt man auf der Militärstraße, auf der man vom Refuge de Fontanalba heraufgekommen ist, wieder ab und geht am Refuge de Fontanalba vorbei weiter in Richtung Castérino. Kurz nach dem Refuge verlässt man das besonders geschützte Gebiet der Chiappe de Fontanalba und die Kernzone des Mercantour-Parks (Schranke und Wegweiser). Hier hält man sich rechts und geht auf einer Militärstraße hinab nach Castérino, 1557 m. Stößt man auf die Asphaltstraße, wendet man sich nach links und erreicht bald Hotelbauten und einige hundert Meter weiter die Auberge S.-M. Madeleine (Gîte d'Etape Castérino).

Anstatt in Castérino zu bleiben, kann man auch weiter nach Tende, 791 m, absteigen. Hierzu geht man beim Erreichen der Asphaltstraße nicht nach links (Castérino), sondern nach rechts, bis nach gut zwei Kilometern der Lac des Mesches, 1390 m, erreicht ist. Von dort aus führt ein Weg, der sogenannte »Chemin de Valaire«, in gut drei Stunden nach Tende (s. Kapitel 5, *Im Tal der Wunder*).

Pässe und Passgeschichte

Mitten durch die Seealpen führen alte Transitwege, obwohl mit dem Maddalena-Pass, 1996 m, im Westen und dem Tenda-Pass, 1871 m, im Osten zwei tiefe Passeinschnitte existieren, welche die beiden Großräume Provence beziehungsweise Küste und Po-Ebene miteinander verbinden. Beide Pässe haben aber gravierende Nachteile: Der Tenda-Pass weist auf der Südseite (im Roya-Tal) sehr tiefe Schluchten auf, und der Maddalena-Pass bedeutet einen deutlichen Umweg von Cuneo nach Nizza oder Marseille. Dies hat zur Folge, dass auch andere Pässe schon früh von Händlern und Hirten begangen wurden.

Bereits im Jahr 1388 dehnte Savoyen-Piemont seine Herrschaft bis ans Mittelmeer aus, aber in der Tenda-Region gab es bis 1575 den Passstaat »Contea di Tenda« (Grafschaft Tenda). Dadurch war der Tenda-Pass für Savoyen blockiert, und ein Ausbau der Wege durch die zentralen Seealpen (als Alternativen) war die Folge. 1575 wurde die Grafschaft Tenda piemontesisch und die Tenda-Passstraße umgehend von den Piemontesen ausgebaut. Dadurch verloren die anderen Seealpenpässe ihre überregionale Bedeutung, blieben aber bis 1945 militärisch wichtig.

Da Nizza für die Savoyer während des gesamten 17. und 18. Jahrhunderts der einzige Zugang zum Meer blieb, genoss die verbesserte Verbindung Cuneo–Nizza über den Tenda-Pass einen hohen Stellenwert. Am Ende des 18. Jahrhunderts wurde eine neue Fahrstraße – mit einem durchge-

Blick vom Passo di Pagarì, 2819 m, auf die italienische Seite der Seealpen. Links im Bild die Cima della Maledia.

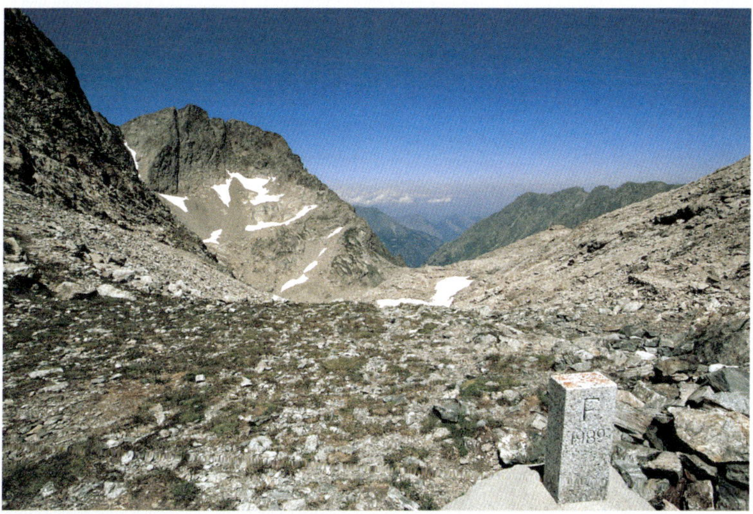

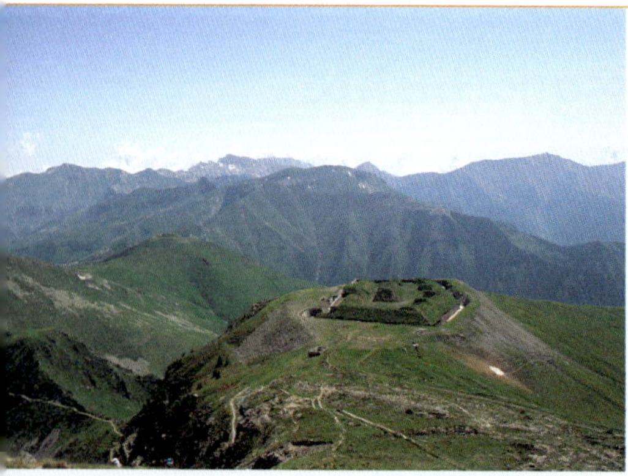

Der tiefe Einschnitt des Tenda-Passes (Bildmitte links, die Passhöhe selbst ist verdeckt) wurde am Ende des 19. Jahrhunderts mit einem Zentralfort an der Passhöhe und fünf Höhenforts stark befestigt. Im Vordergrund das Fort de Giaure, 2254 m. Im Hintergrund die Ligurischen Alpen mit der höchsten Erhebung, der Punta Marguareis, 2651 m (etwas links der Bildmitte).

hend befestigten Weguntergrund – über den Pass gebaut, eine der ersten sogenannten »Kunststraßen«, welche die Alpen überquerten. Die große Verkehrsbedeutung war natürlich verbunden mit einem hohen militärstrategischen Stellenwert.

Die wichtigsten Pässe der zentralen Seealpen im Einzelnen

Colle Est del Sabbione, 2308 m, und Colle Ovest del Sabbione, 2328 m. Ein sehr alter Übergang, der schon früher als der Tenda-Pass begangen wurde (der Tenda-Pass war wegen mehrerer Schluchten im Roya-Tal benachteiligt). Die prähistorischen Felszeichnungen am Pass stammen von Hirten, die von Norden ins Vallée des Merveilles zogen, und beweisen die Jahrtausende lange Nutzung. Ab dem Mittelalter, als der Tenda-Pass immer wichtiger wurde, war der Colle del Sabbione eine wichtige Alternativroute (mit der sogenannten »Mulattiera vecchia« erschlossen), solange die Grafschaft Tenda als Staat bestand und den Pass beherrschte. Anschließend (ab 1575) hatte er nur noch lokale Bedeutung und diente vor allem als Schmuggelroute für Salz (Contrabbandieri del sale). In den 1930er Jahren wurde die Passregion militärisch befestigt.

Passo di Pagarì, 2819 m. Wegen seiner Höhe und den schwierigen Zugängen war dies nie ein wichtiger Transitpass. Über den Pass führt eine teilweise gepflasterte Mulattiera von 1453, die Ludovico, Herzog von Savoyen, als Verbindung Cuneo–Nizza bauen ließ, um das Tenda-Gebiet zu umgehen. Diese »Strada Paganina« (Paganino del Pozzo war ihr Baumeister) war die kürzeste Verbindung zwischen Cuneo und Nizza, wurde aber wohl nur bis zur Mitte des 16. Jahrhunderts genutzt. Dann verfiel sie wegen der Klimaverschlechterung, die einige Stellen unpassierbar machte, und wegen der Aufwertung des Tenda-Passes.

Colle di Finestra, 2495 m. Der leicht erreichbare Übergang zwischen Gesso- und Vésubie-Tal war nach dem Tenda- und Maddalena-Pass der wichtigste Übergang mit einer »Mulattiera vecchia« (die von manchen auch für eine Römerstraße gehalten wird, was wohl eher unwahrscheinlich ist). Die Bedeutung des Passes wird durch das Sanctuaire la Madone de Fenestre, auf 1903 Meter Höhe direkt am Passweg auf der Südseite gelegen, noch unterstrichen. Das Benediktiner-Kloster soll erstmals bereits im Jahr 887 auf den Grundmauern eines heidnischen Tempels erbaut und dann von den Sarazenen im 10. Jahrhundert zerstört worden sein. Im 13. Jahrhundert wurde das Kloster zur Passsicherung und Erleichterung des Passverkehrs gebaut. Es wurde während der Französischen Revolution als Kloster aufgehoben und zerstört. Später wurde lediglich die Kapelle wieder aufgebaut, die Ziel einer berühmten Wallfahrt ist, die jeweils am 15. August und am 8. September stattfindet.

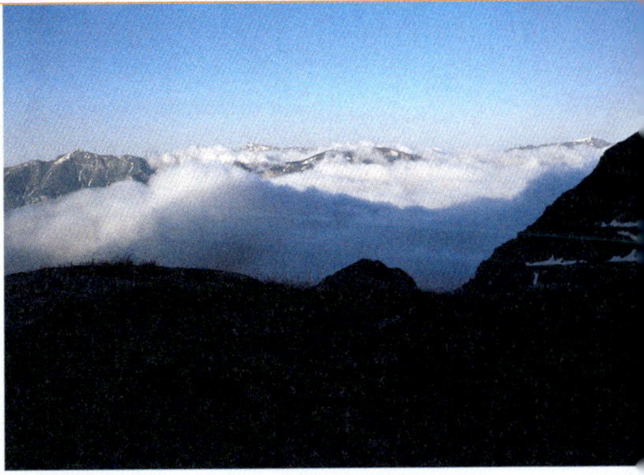

Wolken steigen aus dem Roya-Tal auf und ziehen über den Tenda-Pass (links).

Im September 1943 überquerten einige Hundert Juden (darunter Alte, Frauen und Kinder) diesen Pass, um von St-Martin-Vésubie nach Italien zu gelangen, in der Hoffnung, so den in Südfrankreich eingerückten Deutschen entfliehen zu können. Diese Hoffnung wurde bitter enttäuscht: Fast alle landeten in den Konzentrationslagern in Borgo San Dalmazzo, da die Deutschen inzwischen (nach dem deutsch-italienischen Waffenstillstand vom 8. September 1943) auch das angrenzende italienische Gebiet besetzt hatten.

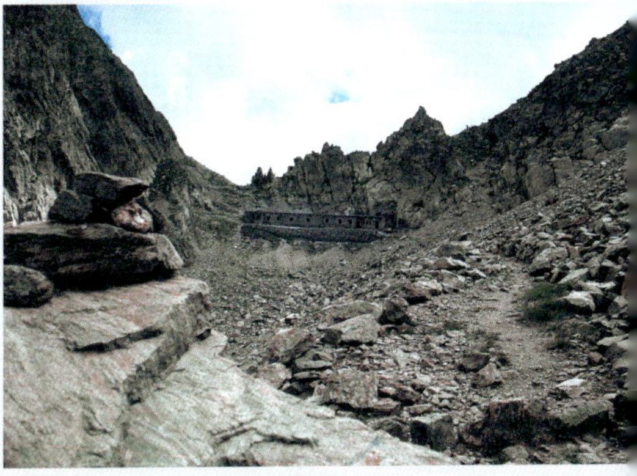

Der Colle di Finestra, 2495 m, mit der alten Mulattiera und der ehemaligen Militärkaserne.

Colle di Ciriegia, 2543 m. Wegen seiner direkten Verbindung von Cuneo nach Nizza wurde er häufig begangen. Salz und Öl wurden hier vom Hafen von Nizza nach Piemont transportiert. Die Mulattiera wurde 1430 bis 1432 gebaut; ab 1575 sinkt auch die Bedeutung dieses Passes, über den ebenfalls im September 1943 Juden vor den Deutschen fliehen wollten.

Colle di Fremamorta, 2616 m. Die Mulattiera Valdieri–Mollières war vor allem zwischen 1860 und 1945 wichtig, als die Frazione Mollières zur Gemeinde Valdieri gehörte (heute Ortsteil der Gemeinde Valdeblore in Frankreich, jedoch unbewohnt). Ab dem 19. Jahrhundert war dieses Gebiet königliches Jagdrevier, und in den 1930er Jahren wurde es militärisch befestigt.

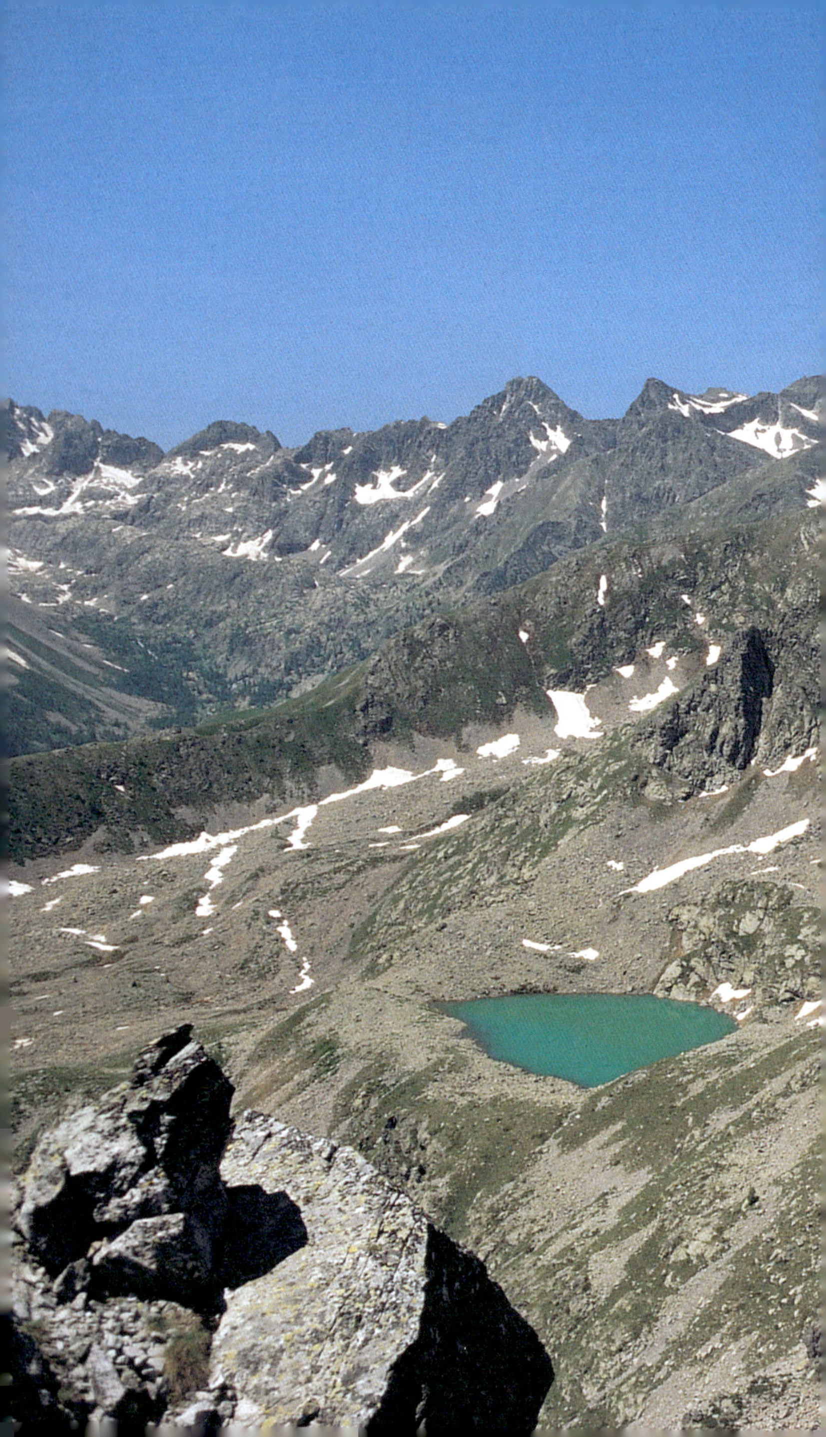

5 Im Tal der Wunder

In 4 Tagen durch das Tal der Wunder und zurück nach Entracque

Die riesigen Felsflächen, die in der Eiszeit von den Gletschern glatt geschliffen wurden, verleihen dem Tal der Wunder eine magische Atmosphäre, die durch die uralten Felszeichnungen noch verstärkt wird.

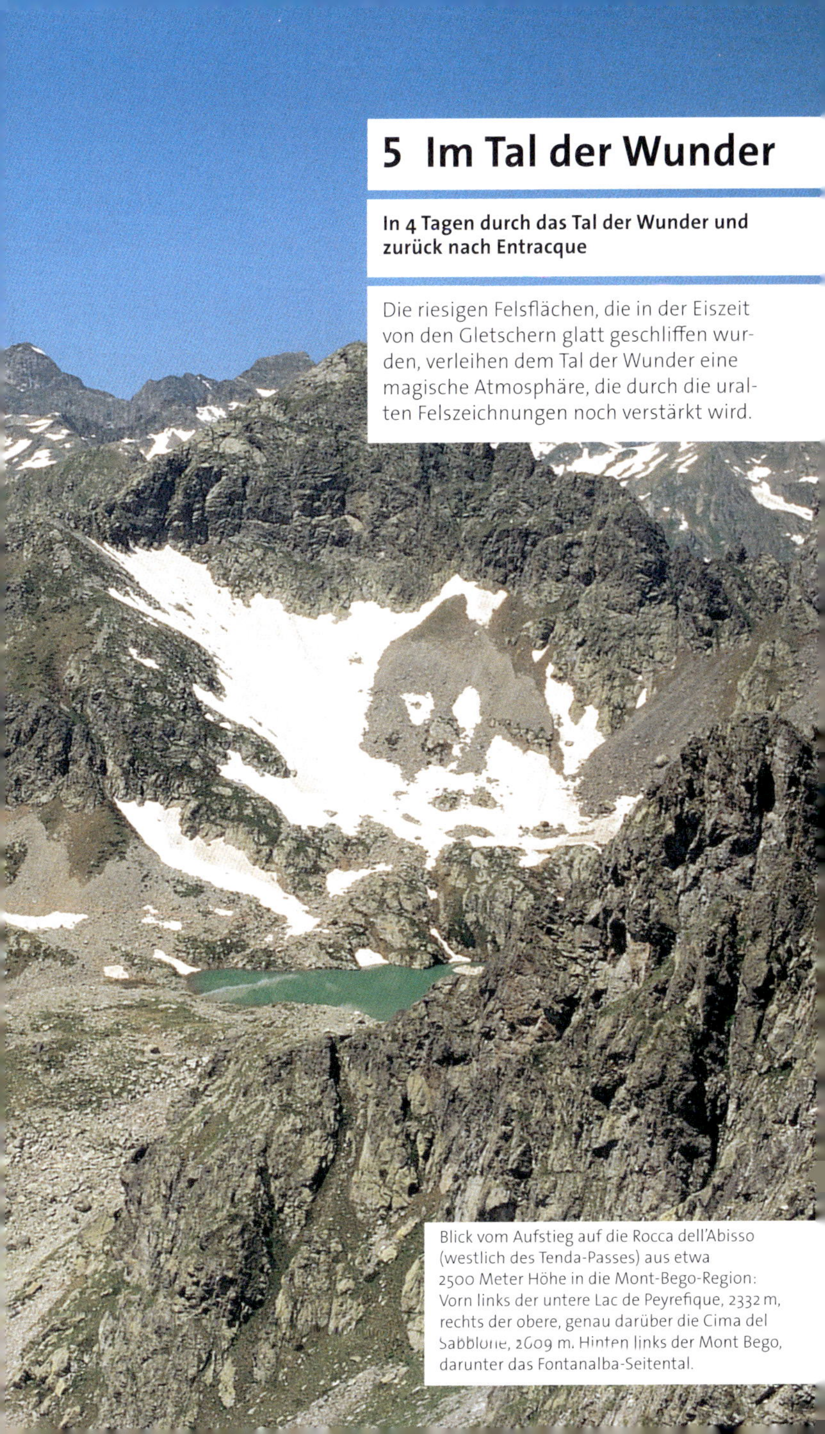

Blick vom Aufstieg auf die Rocca dell'Abisso (westlich des Tenda-Passes) aus etwa 2500 Meter Höhe in die Mont-Bego-Region: Vorn links der untere Lac de Peyrefique, 2332 m, rechts der obere, genau darüber die Cima del Sabblone, 2609 m. Hinten links der Mont Bego, darunter das Fontanalba-Seitental.

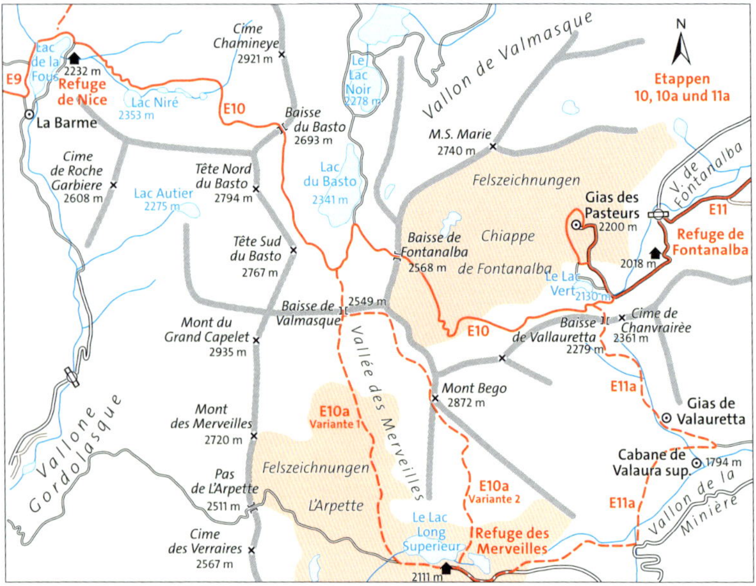

Unterkunft

Etappe 10a

Refuge des Merveilles: 2135 m, 79 Plätze, geöffnet von Mitte Juni bis Ende Oktober (Öffnung in anderen Jahreszeiten nach Absprache unter folgender mail: refugedes-merveilles@ffcam.fr), Restaurant, Dusche (kalt), Tel. 0493 046464. Hüttenwirte sind Aude Pasquier und Yann Bonneville, Refugedesmerveilles@gmail.com. Reservierungen im Sommer nur online möglich: https://refugedesmerveilles.ffcam.fr

Etappe 11a

s. Übernachtungsmöglichkeiten Etappe 11, S. 123.

Etappe 12

Locanda del Sorriso: Frazione Trinità di Entracque, I-12010 Entracque (CN), 1084 m, 38 Plätze, immer geöffnet von Anfang Juni bis Ende September und an allen Wochenenden und Feiertagen (Öffnung an anderen Tagen nach Absprache, im November geschlossen), Restaurant, Dusche, Tel. 0171 978388 oder 346 8720800, www.locandadelsorriso.com.

Etappe 13

Entracque, 904 m, I-12010

Albergo Miramonti: Viale Kennedy 2, Tel. 0171 978388, Albergo Trois Etoiles, Corso Francia 11, Tel. 0171 978283 oder 335 57 84 824, www.hoteltroisetoiles.com
Hotel Alpi Marittime: Strada Provinciale per S. Lucia 14, Tel. 335 5931749, www.hotelalpimarittime.it
Albergo C'Era Una Volta: Strada provinciale per Valdieri 5, Tel. 0171 978000.
Es gibt auch einen Campingplatz: *Campeggio Valle Gesso,* Strada provinciale per Valdieri 3, Tel. 0171 978247 (Fabrizio Fenocchio), info@campingvallegesso.com, www.campingvallegesso.com.

10a Refuge de Nice, 2232 m – Refuge des Merveilles, 2135 m (mit und ohne Gipfelbesteigung des Mont Bego, 2872 m)

Variante 1: ↗600 m, ↘700 m (auf der G.R. 52)

Variante 2: ↗900 m, ↘1000 m (über den Gipfel des Mont Bego)

Übergang vom Gordolasque-Tal über die Baisse du Basto, 2693 m, und die Baisse de Valmasque, 2552 m, und von dort entweder über den Gipfel des Mont Bego, 2872 m (Variante 2), oder direkt von der Baisse de Valmasque auf der G.R. 52 (Variante 1) ins Vallée des Merveilles zum Refuge des Merveilles, 2135 m.

Markierung Variante 1: rot-weiß (G.R. 52) und Steinmännchen

Markierung Variante 2: rot-weiß (G.R. 52) und Steinmännchen bis zur Baisse de Valmasque, dann nur noch Steinmännchen bis zum Refuge des Merveilles

Gehzeit Variante 1: 5 h

Gehzeit Variante 2: 6 h 30

Hinweis

Das Refuge des Merveilles ist als Ausgangspunkt zur Besichtigung der Felszeichnungen der geschützen »Zone des Merveilles« außerordentlich beliebt und oft bis auf den letzten Platz belegt. Eine Buchung sollte daher schon mindestens 3 bis 4 Monate vorher online erfolgen. Wer kurzfristiger plant, dem sei die Hauptroute (Etappen 10 und 11) empfohlen, die eine Besichtigung der Felszeichnungen in der Zone »Chiappe de Fontanalba« einschließt. Auch die Buchung des Refuge de Fontanalba sollte jedoch spätestens einige Tage vorher erfolgen, da die Bettenzahl dort sehr begrenzt ist.

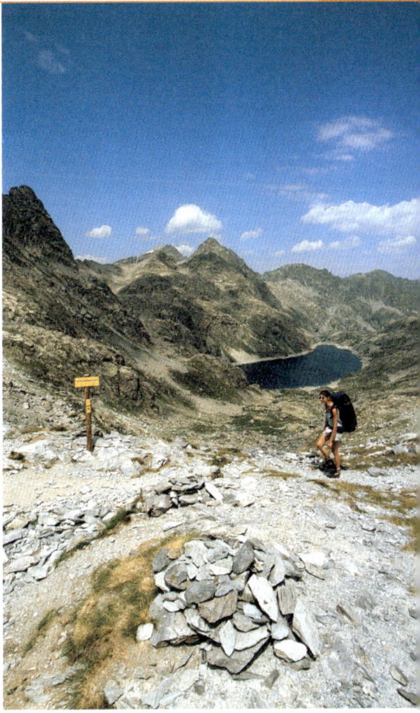

Bei der Baisse de Valmasque, 2552 m, wird das Tal der Wunder erreicht. Hier der Blick zurück ins Valmasque-Seitental zum Lac du Basto, 2341 m.

Zwei Varianten bei Etappe 10a

Von der Baisse du Valmasque kann man entweder weiter der G.R. 52 folgen (Variante 1, unschwierig) oder den wunderschönen, aber sehr ausgesetzten Weg zum Gipfel des Mont Bego nehmen und auf dessen Südseite zum Refuge des Merveilles absteigen. Wer den ausgesetzten Aufstieg von der Baisse de Valmasque auf der Nordseite zum Gipfel des Mont Bego scheut, könnte auch am nächsten Tag den Gipfel des Mont Bego über den wesentlich einfacheren Südgrat in einer Ausflugsetappe besteigen und danach wieder zum Refuge des Merveilles zurückkehren.

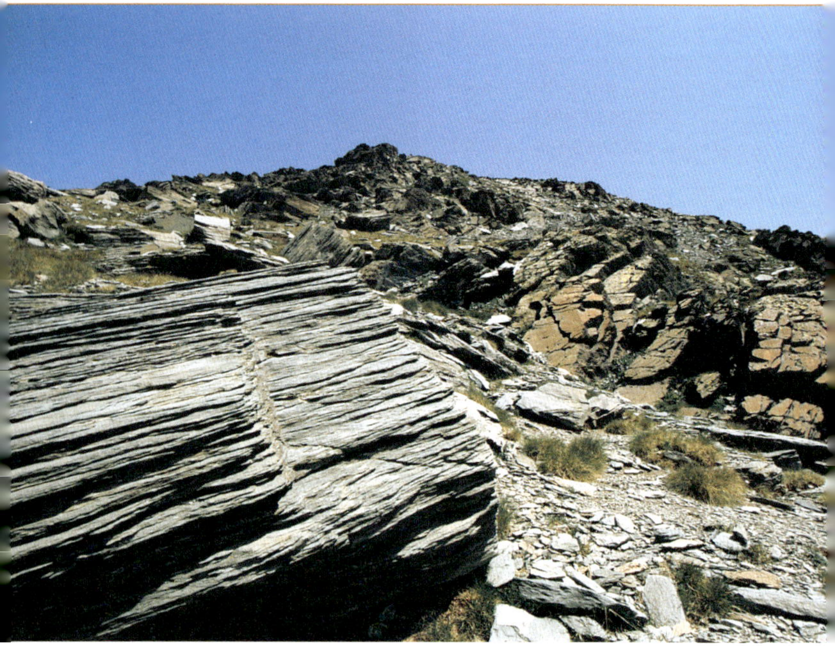

Bizzare Erosionsformen unweit der Baisse de Valmasque beim Aufstieg zum Mont Bego.

Variante 1 (G.R. 52)

Diese Variante ist identisch mit der G.R. 52. Vom Refuge de Nice, 2232 m, folgt man der G.R. 52, wie bei Etappe 10 beschrieben, bis zur Weggabelung südlich des Lac du Basto. Man bleibt auf der G.R. 52 und steigt weiter Richtung Süden zur Baisse du Valmasque, 2552 m, auf. Von der Baisse de Valmasque geht es in Richtung Süden zwischen dem Mont des Merveilles (oder Caire des Conques) und dem Mont Bego entlang, bis man die ersten Felszeichnungen am Talausgang der geschützten Zone L'Arpette erreicht. Der Weg verlässt das Tal, und der Lac Long Supérieur tritt ins Blickfeld. Bei der nächsten Weggabelung hält man sich links (Richtung Osten) und erreicht kurze Zeit später das Refuge des Merveilles, 2135 m.

Variante 2 (über den Gipfel des Mont Bego)

Hinweis: Für diesen teilweise sehr ausgesetzten Weg sind Trittsicherheit und Schwindelfreiheit absolute Voraussetzung! Keinesfalls die gut sichtbare Wegspur verlassen!

Unmittelbar beim Erreichen der Baisse de Valmasque geht links (Richtung Osten) ein Weg ab, der in Serpentinen steil bergauf steigt. Schnell gewinnt man an Höhe, und es geht an bizarren Felsformationen entlang. Dann quert man ein Kiesfeld oberhalb einer Karschwelle und eines verlandeten Sees, wobei der Weg nach Süd-Ost dreht. Kurz darauf führt der Weg an dem steil abfallenden Grat des Mont Bego entlang und wird sehr ausgesetzt (toller Blick ins Merveilles-Tal). Meist eben und ab und zu auf- und absteigend quert man weiter der Wand entlang, bis eine Scharte erreicht ist. Hier steigt man wenige Meter nach links ab und steigt dann einige Meter eine Felsrinne empor (leichteste Kletterei, dafür nicht so ausgesetzt, Steinmännchen beachten), bevor es wieder auf die rechte Seite des Grates geht und der Gipfelaufbau des Mont Bego erreicht wird. Dieser wird, den Steinmännchen folgend, ohne große Schwierigkeiten erstiegen (tolle Fernsicht und Blick in die Täler ringsherum).

Der Abstieg erfolgt nach Süden, dabei führen die ersten Meter auf einem Felsgrat (nochmals ausgesetzt), bevor es auf den breiten gegenüberliegenden Hügel (dort sind Militärrelikte zu sehen) geht. Dann steigt man ohne Schwierigkeiten den Weg nach Süden ab. Bald ist die Hütte mit den umliegenden Seen schon sichtbar, und es geht ohne Schwierigkeiten und das letzte Wegstück zwischen den Seen Richtung Südwesten hinunter zum Refuge des Merveilles, 2135 m.

Beim Refuge des Merveilles hat man Anschluss an die G.R. 52, die von hier weiter nach Süden (Sospel) führt und in Menton, am Mittelmeer, endet.

Tipp: Vom Refuge des Merveilles finden in den Sommermonaten geführte Wanderungen zu den Felszeichnungen der Umgebung statt. Die Führungen beginnen unmittelbar vor der Hütte bei den Hinweistafeln, dauern etwa drei Stunden, und müssen vorher online gebucht werden. Informationen und Buchung unter: www.vallee-merveilles.com (Merveille gravures et découvertes, BP 21, 06430 Tende, info@valle-merveilles.com).

Man kann die Besichtigung auch mit einem offiziellen Führer eigener Wahl unternehmen (eine Liste ist in den Fremdenverkehrsämtern und in den Büros des Nationalparks Mercantour erhältlich, www.mercantour-parcnational.fr).

11a Refuge des Merveilles, 2135 m–Castérino, 1557 m

↗700 m, ↘1300 m

Übergang vom Vallon de la Minière über die Baisse de Valauretta, 2279 m, ins besonders geschützte Gebiet Fontanalba mit seinen Felszeichnungen und nach deren Besichtigung Abstieg ins Vallon de Castérino.

Markierung: gelbe und gelb-grüne Balken

Gehzeit: 6 h 30 (ohne Besichtigung der Felsbilder 5 h 30)

Schmal und ausgesetzt führt der Weg von der Baisse de Valmasque auf den Gipfel des Mont Bego.

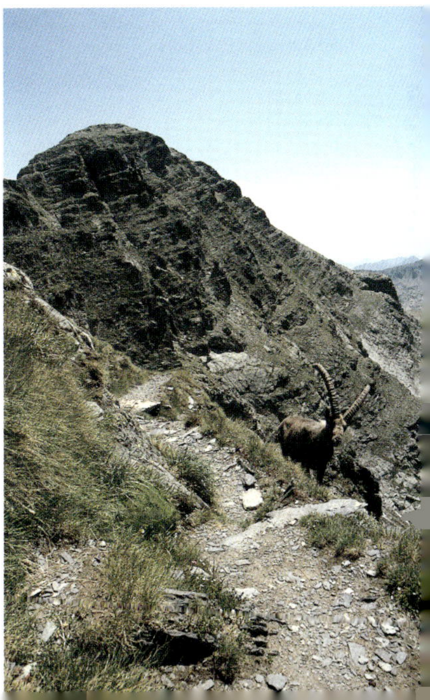

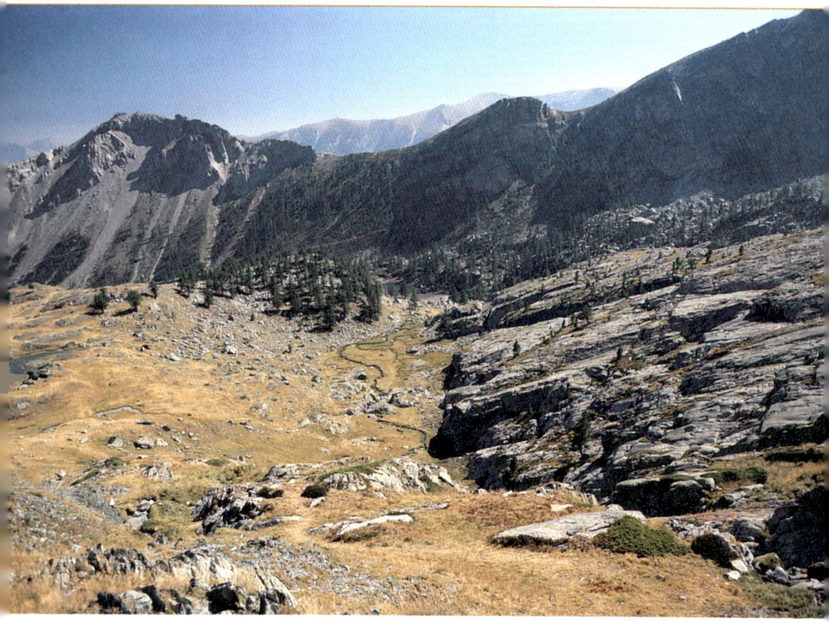

Im Fontanalba-Seitental: Blick aus etwa 2300 Meter Höhe auf die Lacs Jumeaux, 2222 m (Bildmitte). Rechts die vom Gletscher abgeschliffenen Felsen (»Chiappe«), auf denen die Felsbilder angebracht sind. Im Hintergrund der Grat, der das Fontanalba- vom Minière-Seitental trennt, mit der Baisse de Valauretta, 2279 m.

Man verlässt das Refuge in Richtung Vallon de la Minière. Nach den beiden Bergseen Lac Long Inférieur und Saorgine nimmt man den mit »La Minière« und »Les Mesches« bezeichneten Weg, der nach links abzweigt, und steigt auf einer Hochweide mit spärlichem Lärchenbewuchs ab. Nach einiger Zeit wird die Piste, die nach Minière führt, noch einmal erreicht, und wenig später geht von dieser ein Weg nach links in den inzwischen dichten Wald ab, den man nimmt (Wegweiser »Baisse de Vallaurette«). Bei der nächsten Weggabelung hält man sich links, überquert einen Fluss und steigt den gelben Markierungen folgend durch Lärchenwald bergauf. Später bleibt eine Abzweigung nach links unbeachtet, und wenige Meter danach überquert man einen Bergbach beim Alpgebäude von Gias de Valauretta. Auf der orografisch linken Seite des Baches geht es über das schöne und weitläufige Alpgebiet (viele Gämsen und Murmeltiere, links in Richtung Mont Bego sind Bunker aus dem Zweiten Weltkrieg zu sehen) hinauf zur Baisse de Valauretta, 2279 m.

Der Pass bietet ein schönes Panorama, zur linken Hand ist der Mont Bego zu sehen, und vor einem liegen die vom Gletscher geschliffenen Felsen mit den Felszeichnungen des Fontanalba-Gebietes.

Auf der anderen Seite (Richtung Norden) geht es an einer ehemaligen Kaserne vorbei in Serpentinen bergab, die Abzweigung zur Baisse de Fontanalba nach links bleibt unbeachtet. Wenige hundert Meter später

gelangt man bei einer Brücke auf die Schotterstraße, die nach Castérino und zum Refuge de Fontanalba (rechts, Wegweiser) führt. Kurz darauf zweigt nach links der Weg zu den Lacs Jumeaux, 2222 m, ab, wo der Rundpfad zu den Felszeichnungen beginnt (s. Etappe 11).
Der Weiterweg nach Castérino, 1543 m, erfolgt wie in Etappe 11 beschrieben.

Blick über das Fontanalba-Tal aus etwa 2200 Meter Höhe talabwärts: Im Vordergrund vom Gletscher abgeschliffene Felsen, in der Bildmitte gut erkennbar der Unterschied zwischen dem nordexponierten Hang (dicht bewaldet) und dem südexponierten Hang (teilweise waldfrei, teilweise schütter bewaldet) des Fontanalba-Tales, dahinter der stark bewaldete Osthang des Castérino-Tals mit der Baisse de Peyrefique, 2028 m, dem M. Chajol, 2293 m (Bildmitte), und der Baisse d'Ourne, 2039 m; deutlich zu erkennen ist die Militärstraße, die etwa höhenparallel diese beiden Pässe verbindet.

12 Castérino, 1557 m–Trinità, 1084 m

↗800 m, ↘1250 m

Übergang vom Castérino-Tal über den Colle Ovest del Sabbione, 2328 m, ins Sabbione-Tal und Abstieg ins Bousset-Tal nach Trinità.

Markierung: Steinmännchen bis zum Colle Ovest del Sabbione, dann rote Punkte

Gehzeit: 7h

Castérino liegt bereits außerhalb der Kernzone des Mercantour-Parks und außerhalb des Argentera-Massivs. Die bessere Bodenbildung aufgrund des Vorhandenseins von Sedimentgesteinen wird durch die Präsenz der vielen ehemaligen Ackerterrassen belegt, und die Unterschiede in den Landschaftsformen fallen sofort ins Auge.
Von Castérino folgt man der Asphaltstraße aufwärts Richtung Norden, bis man den Eingang des Nationalparks Mercantour (Schranke) und eine für den öffentlichen Verkehr gesperrte Militärstraße erreicht.

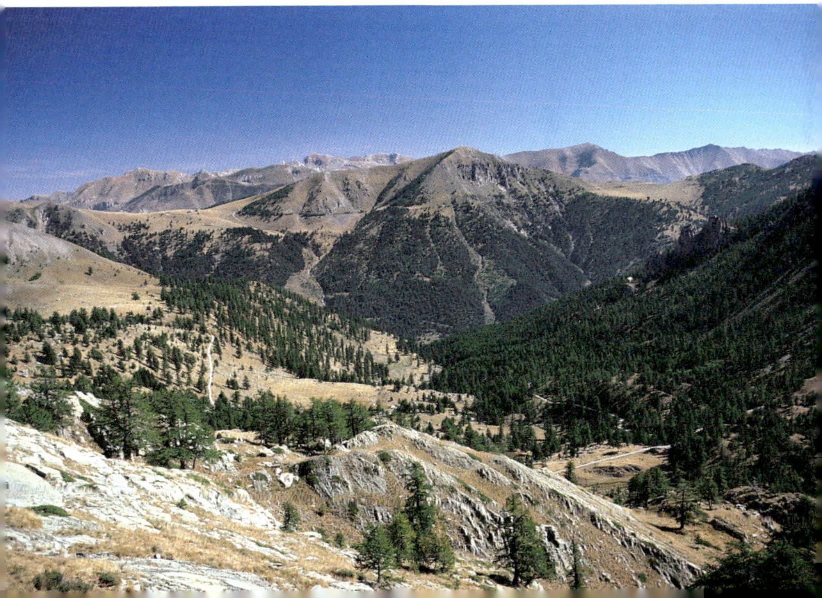

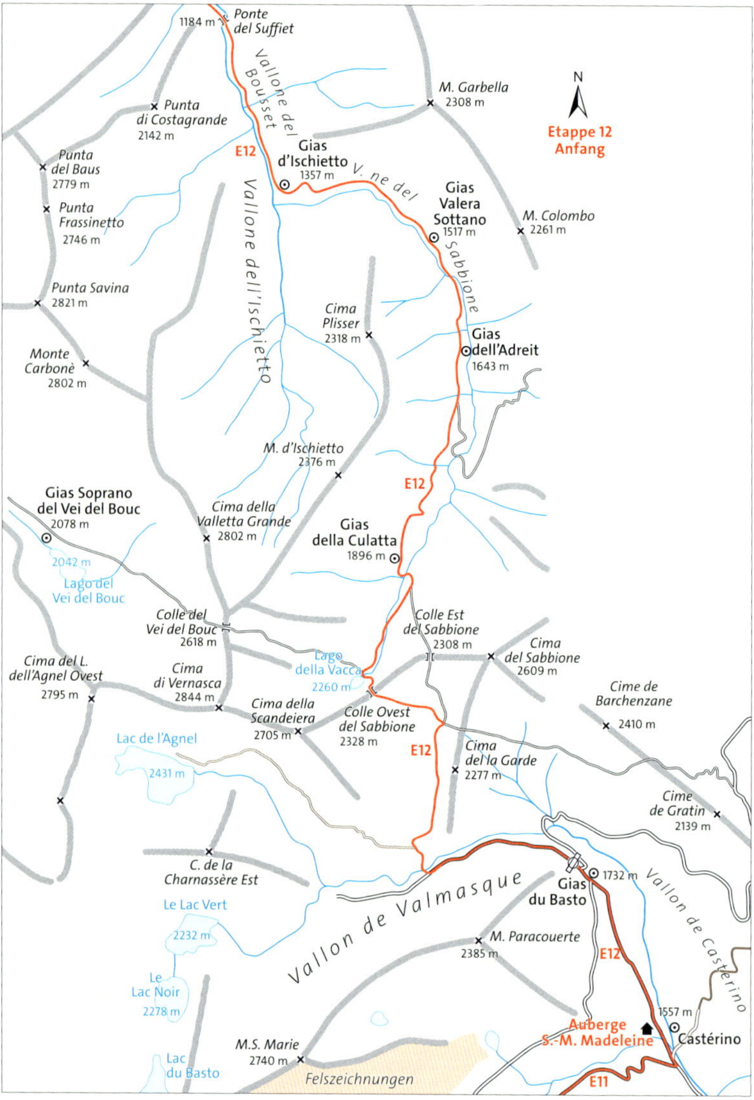

Ponte del Suffiet
1184 m
Vallone del Bousset
M. Garbella 2308 m
Punta di Costagrande 2142 m
N
Etappe 12 Anfang
E12
Gias d'Ischietto 1357 m
V. ne del Sabbione
Punta del Baus 2779 m
Punta Frassinetto 2746 m
Gias Valera Sottano 1517 m
M. Colombo 2261 m
Vallone dell'Ischietto
Punta Savina 2821 m
Cima Plisser 2318 m
Gias dell'Adreit 1643 m
Monte Carbonè 2802 m
M. d'Ischietto 2376 m
Gias Soprano del Vei del Bouc 2078 m
Cima della Valletta Grande 2802 m
Gias della Culatta 1896 m
2042 m
Lago del Vei del Bouc
Colle del Vei del Bouc 2618 m
Colle Est del Sabbione 2308 m
Cima del Sabbione 2609 m
Lago della Vacca 2260 m
Cima del L. dell'Agnel Ovest 2795 m
Cima di Vernasca 2844 m
Cima della Scandeiera 2705 m
Colle Ovest del Sabbione 2328 m
Cime de Barchenzane 2410 m
Lac de l'Agnel 2431 m
Cima della Garde 2277 m
Cime de Gratin 2139 m
C. de la Charnassère Est
1732 m
Gias du Basto
Vallon de Valmasque
Vallon de Castérino
Le Lac Vert 2232 m
M. Paracouerte 2385 m
Le Lac Noir 2278 m
1557 m
Auberge S.-M. Madeleine
Castérino
M.S. Marie 2740 m
Lac du Basto
Felszeichnungen
E11

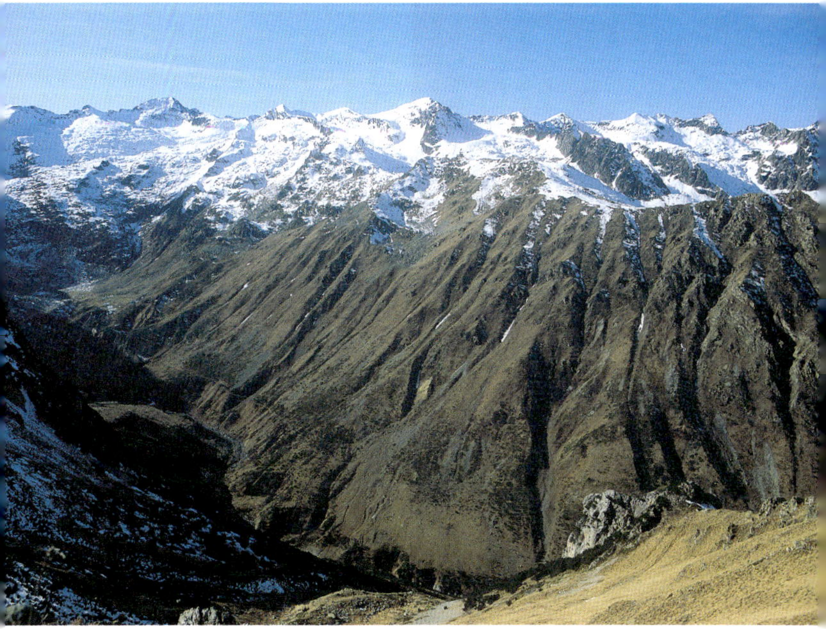

Das obere Sabbione-Seitental (hier vom Passo della Mena aus gesehen) ist seit Jahrtausenden Almgebiet, und über den Colle del Sabbione führt eine uralte Mulattiera ins Castérino-Tal.

Man folgt dieser in Richtung Refuge de Valmasque (Wegweiser), wobei die Straße ein recht langes Stück oberhalb einer Schlucht verläuft. Dann zweigt rechts (Richtung Nord-Westen) ein Weg ab (Wegweiser Lac de l'Agnel), dem man folgt. Kurz darauf führt eine Brücke über den Fluss (schöne Bademöglichkeit). Nach der Brücke hält man sich geradeaus und steigt in Serpentinen bergauf. Bei der nächsten Wegabzweigung (hier steht das erste Steinmännchen) hält man sich rechts und steigt einen Pfad Richtung Norden über einen Wiesenhang hinauf. Bald geht es links eines Bergbachs entlang. (Orchideen am Wegrand) bis zu einem flachen Hochalpgebiet, wo häufig Gämsen zu sehen sind. Hier wird der Bergbach überquert, und es geht ein Stück weit in Richtung des breiten Passeinschnitts des Colle Est del Sabbione, 2308 m, der schon von weitem zu sehen ist. (Hier stehen Militärruinen, die vom Weg aus nicht zu sehen sind, sowie sichtbare Bunker links und rechts. Unterhalb des Passes befinden sich »Trunen«, vom Militär gebaute Tonnengewölbe, die als Unwetterschutz dienen können.)

Der Weg über das Weidegebiet ist teils recht undeutlich, man kann jedoch auch weglos über das flache und grasige Gelände Richtung Pass aufsteigen. Noch vor Erreichen des Colle Est del Sabbione trifft man bei einem kleinen See auf die ehemalige Militärstraße, die quer zum Hang

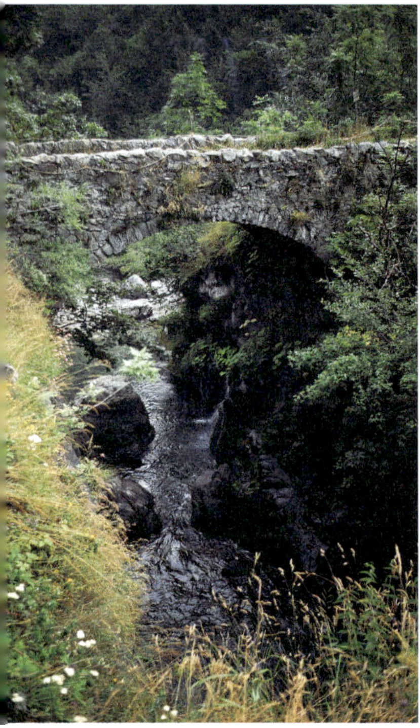

Die Brücke Suffiet weist keinen Bogen auf, sondern führt gerade über den Fluss. Aufgrund dieses Charakteristikums könnte es sich um eine von den Römern gebaute Brücke handeln.

(von Ost nach West) verläuft und von der Baisse de Peyrefique kommt. Die Begrenzungssteine dieser Militärstraße sind im Gelände gut zu erkennen. Linker Hand folgt man der Straße zum schmaleren Colle Ovest del Sabbione, 2328 m.

Auch hier existieren einige prähistorische Felszeichnungen, die jedoch etwas abseits vom Weg liegen und nur sehr schwer zu finden sind.

Nun geht es Richtung Norden (rechts) in Kehren hinunter zum schönen Lago della Vacca, 2263 m, wo man sich bei der Weggabelung rechts hält und dann der rot markierten Mulattiera auf die rechte Talseite folgt. Dieser Weg ist ein Beispiel für eine geschickt ins Gelände integrierte Wegführung, um eine gleichmäßige Steigung zu erreichen. Von hier hat man einen schönen Blick in das alpwirtschaftlich genutzte Tal.

Dann verläuft die Mulattiera ein Stück weit durch Grünerlengebüsch und macht recht eindrucksvoll deutlich, wie sich die Vegetation nach Beendigung der Alpbewirtschaftung verändert. Hier hat man den Vergleich zwischen den genutzten Flächen im Talboden sowie auf den flacheren Talbereichen und den steilen, nicht mehr genutzten und inzwischen verbuschten Flächen deutlich vor Augen. Und noch etwas fällt auf: Das Sabbione-Tal ist die geologische Grenzregion zwischen dem Argentera-Massiv und den das Massiv umgebenden weicheren Sedimentgesteinen. Der Gletscher hat hier ein breites U-Tal ausgehobelt, in das sich der Fluss nachträglich stark eingetieft hat. Das Vorhandensein sowohl kalk- als auch silikathaltiger Gesteine sorgt für eine große Pflanzenvielfalt, und so können hier auf engem Raum über 500 Arten gezählt werden.

Absteigend nähert man sich der Talmitte, überquert den Sabbione-Fluss vor der Gias della Culatta, und gelangt auf die linke Talseite. Dann umgeht der Weg – der nun stets über Alpgelände führt – in der Höhe eine instabile, rötliche Erosionsstelle aus tonhaltigem Lehm und geht ein weites Stück der linken Talseite entlang, bis der Fluss abermals überquert wird. Es folgen noch zwei weitere Alpgebäude (Adreit und Valera), und der Weg verbreitert sich zu einer Forststraße. Durch Buchenwald geht es auf dieser weiter an der Gias d'Ischietto,

1360 m, vorbei, und bei der sehr alten Steinbrücke Ponte del Suffiet, 1184 m, die vielleicht aus der Römerzeit stammt, wird der Bousset-Fluss überquert. Ein Wasserfall hat hier mit seiner Erosionskraft Formen geschaffen, die wegen ihres Aussehens »Marmitte dei Giganti« (Kochtöpfe der Riesen) genannt werden.
Bei der Ponte Porcera, 1078 m, wechselt man auf die orografisch rechte Seite des Bousset und geht die letzten Meter (mit tollem Blick auf die senkrecht aufragenden Kalkwände zur Rechten) auf der Asphaltstraße nach Trinità, 1084 m; die Locanda del Sorriso befindet sich auf der rechten Seite, schräg gegenüber der Kirche.

13 Trinità, 1084 m–Entracque, 900 m

↘200 m

Kurze und einfache Etappe entlang des Flusses im Bousset-Seitental

Markierung: Anfangs rot-weiß (GTA), dann unmarkierte Schotterstraße

Gehzeit: 1 h 30

In Trinità geht man von der Locanda del Sorriso zunächst auf der Asphaltstraße zurück in Richtung Tetti Porcera. Nach etwa 30 Metern geht auf der rechten Seite bei einem Torbogen ein Weg von der Straße ab. Der Torbogen ist mit einer GTA-Markierung gekennzeichnet. Zwischen den letzten Häusern von Trinità geht es dann den Hang hinunter zum Fluss Bousset. Man überquert die neue Brücke (die alte

Die Ortschaft Trinitá (links unten) und der darüber liegende Colle della Garbella, 2173 m, der auf der GTA -Etappe nach Palanfre überquert wird.

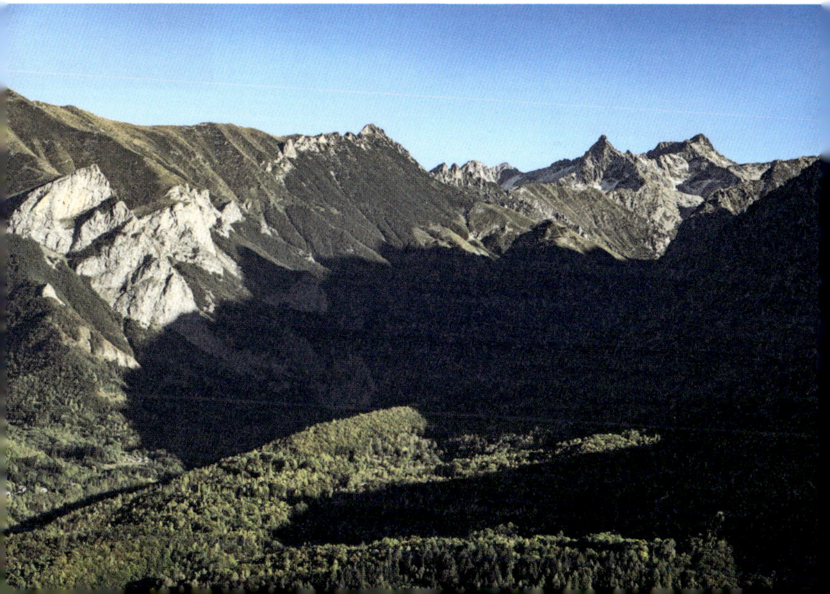

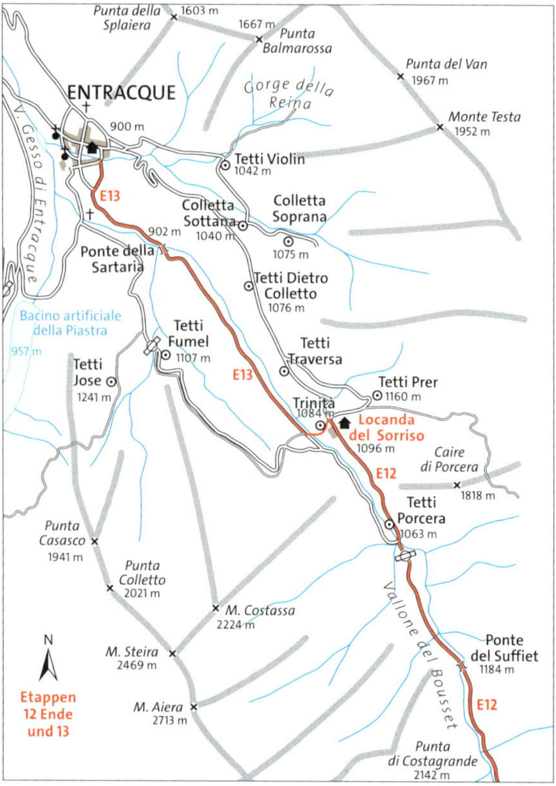

Brücke wurde im Jahr 2003 zerstört) und gelangt auf der gegenüberliegenden Flussseite zu einem Schottersträßchen. Hier hält man sich rechts (die GTA geht geradeaus weiter) und geht auf dem Sträßchen auf der linken Uferseite durch Wald, bis man bei der Ponte della Sartaria auf die rechte Uferseite wechselt. Bei der nächsten Gabelung hält man sich rechts und die Schotterstraße geht in eine Asphaltstraße über. Beim Erreichen der nächsten Straßenkreuzung hält man sich rechts, dann geht man nach links in die Via Michele Grosso und erreicht in wenigen Minuten das Zentrum von Entracque, 900 m.

Trinità di Entracque ist ein Etappenendpunkt der GTA, die von San Giacomo kommt (Etappe 50) und weiter nach Palanfrè und Limonetto (Etappen 51 und 52) führt.

Die Etappen 50 bis 52 sind die letzten Etappen der GTA in den Seealpen, bevor diese dann ab Etappe 53 durch die Ligurischen Alpen verläuft. Lohnend ist von Trinità aus

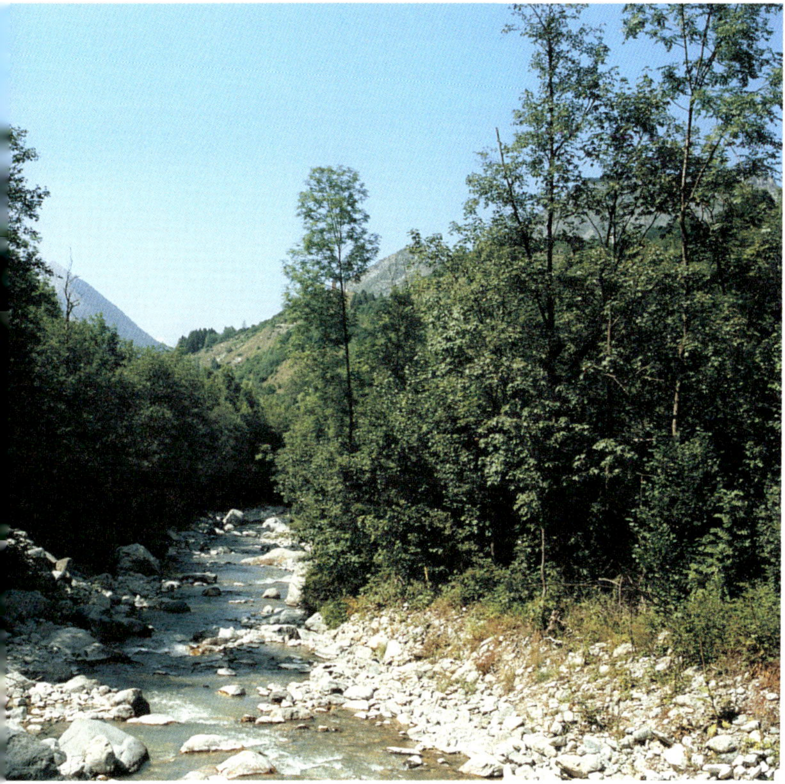

Ein Großteil der Etappe 13 führt am Torrente Bousset entlang.

die Begehung der GTA-Etappe 51, die über die Costa di Pianard, 2209 m, ins Valle Grande, ein Seitental des Vermenagna-Tals, führt, und dann Palanfrè, 1379 m, erreicht. Von der Costa di Pianard hat man eine sehr weite Fernsicht und einen schönen Ausblick auf die Seealpen, und Palanfrè ist ein sehenswerter Ortsteil der Gemeinde Vernante, der in einem grünen und beweideten Tal-Kessel liegt.
Auf dieser Etappe durchquert man auch den jahrhundertealten Buchenwald von Palanfrè, der seit 1978 unter Naturschutz steht, und der heute zum Seealpen-Naturpark gehört. Dieser Bannwald schützt den kleinen Ort seit seiner Entstehung vor abgehenden Lawinen. In Palanfrè kann in der parkeigenen Struktur Locanda del Parco/Albergo Arbergh übernachtet werden, und in der Nähe gibt es interessante Karst- und Erosionserscheinungen, die »marmitte dei giganti« (Kochtöpfe der Riesen) genannt werden.

Das Tal der Wunder

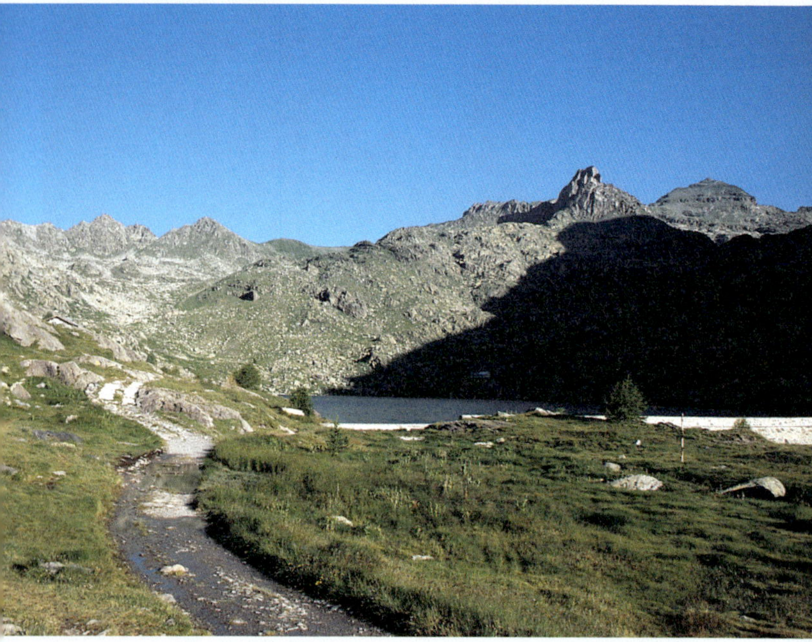

Das weitläufige Alpgebiet um das Refuge des Merveilles wurde erst durch Rodung vom Menschen geschaffen.

Die Mont-Bego-Region mit ihrem Kernstück, dem Tal der Wunder (Vallée des Merveilles, Valle delle Meraviglie), ist nach der Region Val Camonica (Lombardei, über 100 000 Felszeichnungen) die zweitgrößte prähistorische Fundstelle der gesamten Alpen. Die etwa 40 000 Felszeichnungen finden sich auf mehr als 4000 Felsen. Sie liegen zwischen 2000 und 2800 Meter Höhe in einer eindrucksvollen Hochgebirgslandschaft und sind in einem Gebiet von etwa 30 Quadratkilometern in den Tälern Merveilles, Valmasque, Fontanalba und Minière – rund um den Mont Bego – verteilt.

Der Begriff »Felsbilder« oder »Felszeichnungen« hat sich zwar eingebürgert, aber es handelt sich nicht um Gemälde, sondern um Figuren, Symbole und geometrische Formen (von wenigen Zentimetern bis zu vier Metern groß), die in die Felsen eingeschlagen oder eingemeißelt wurden. Ausgangsgestein sind die sehr harten Granite und Gneise des Argentera-Massivs mit ihrer grünlichen oder rötlichen Färbung, die von den eiszeitlichen Gletschern sehr glatt geschliffen worden sind (nur auf Gletscherschliff-Felsen gibt es Felszeichnungen). Da diese extrem langsam verwitternden Gesteine seit der Eiszeit an der Oberfläche eine leichte Patina angesetzt haben, kommt durch die Felszeichnungen oft die ursprüngliche Felsfarbe kräftiger ans Licht, so dass die Felszeichnungen durch Farbgebung und Schattenwurf gut zu sehen sind.

Die einzige Datierungsmöglichkeit ist bis jetzt die Orientierung an den abgebildeten Gegenständen (andere Datierungsformen naturwissenschaftlicher Art werden erarbeitet, bringen aber noch keine überzeugenden Ergebnisse). Daraus ergibt sich, dass diese Felszeichnungen meist zwischen 3300 und 1800 vor Christus eingeschlagen worden sind (wenige in der Zeit bis Christi Geburt). Eine kleine und wesentlich ältere Felsmalerei (ca. 8000 vor Christus) in einer »Balm« (Felsüberhang, der mit einer Steinmauer verschlossen wurde, so dass ein geschützter Raum entstand) im oberen Minière-Tal belegt, dass diese Region bereits von Jägern der Altsteinzeit im Sommer besucht wurde. Wahrscheinlich folgten sie den großräumigen Weidewechseln ihrer Jagdbeute zwischen Rhonetal beziehungsweise Riviera im Winter und Alpflächen im Sommer und entdeckten so sehr früh das Mont-Bego-Gebiet. Und als um 5800 vor Christus Ackerbau und Viehwirtschaft Rhonetal und Riviera erreichten, war die Viehwirtschaft dadurch geprägt, dass die Weidemöglichkeiten hier im Sommer wegen der großen Sommertrockenheit nicht besonders gut waren. Dagegen boten die angrenzenden Alpen mit ihren großen

Blick von der Baisse de Valmasque, 2552 m, ins Tal der Wunder mit seinen von eiszeitlichen Gletschern glatt geschliffenen Felsen. Nur auf diesen gibt es Felszeichnungen.

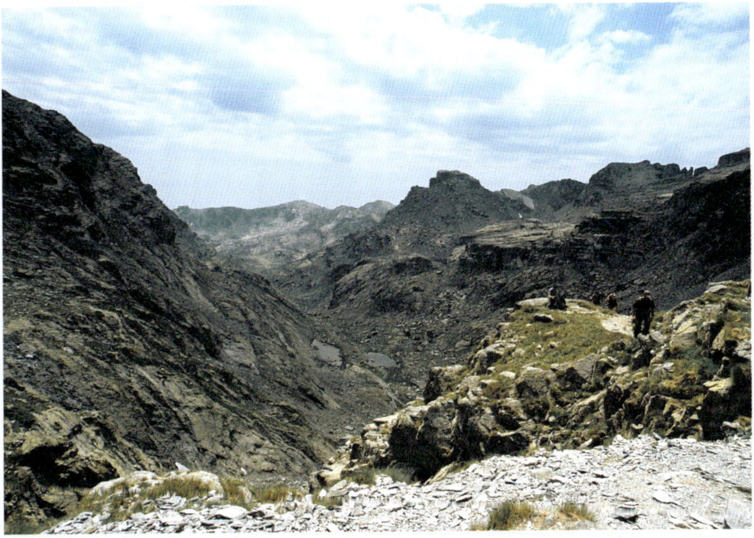

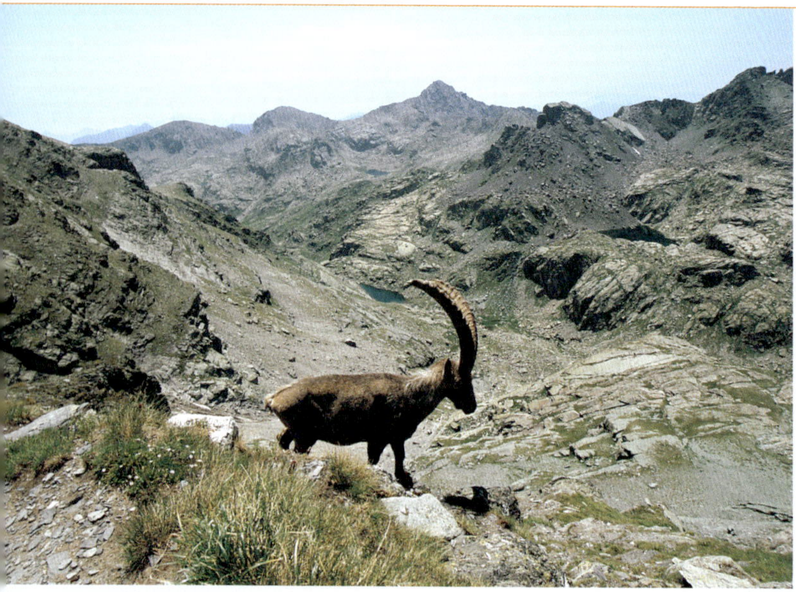

Blick ins Tal der Wunder beim Anstieg zum Mont Bego. Im Hintergrund rechts der Mont des Merveilles, 2720 m.

Alpflächen, die im Sommer erst schneefrei wurden, sehr gute und ertragreiche Weideflächen. Deshalb dürften diese Alpen bereits sehr früh genutzt worden sein. Der Beginn dieser Alpnutzung lässt sich im Mont-Bego-Gebiet für das Jahr 3300 vor Christus dokumentieren, dürfte aber wahrscheinlich sehr viel älter sein. Offenbar haben sich hier oben Hirten und Herden aus der Provence, der Riviera und der südlichen Po-Ebene getroffen. Die Zugangswege dürften nicht durch die Täler verlaufen sein, die zwischen dem Mont Bego und dem Mittelmeer überall sehr eng und oft schluchtartig steil sind, sondern über breitere Gratrücken und auf den Talschultern. Der Pas du Diable unterhalb der Cime du Diable, 2685 m, dürfte der alte Zugang vom Mittelmeer her gewesen sein (etwa auf der Wegführung der heutigen G.R. 52), und von Norden her kam man über den Sabbione-Pass, wo bereits die ersten Felszeichnungen zu finden sind.

Im Mai trafen sich Hirten und Herden offenbar bei Castérino, 1543 m, wo sie im Castérino-Seitental ihre Tiere im Wald weiden ließen und wo sie zur Eigenversorgung auch etwas Ackerbau betrieben. Mit der Schneeschmelze zogen sie mit den Tieren allmählich immer höher hinauf, bis sie Anfang August die obersten Weidegründe in Höhen zwischen 2200 und 2500 Meter erreichten. Anschließend ging es wieder in mehreren Stufen abwärts, und gegen Ende September traten sie von Castérino aus den Heimweg zu den Winterweiden an. Aufschlussreich ist die Tatsache, dass in Castérino erst ganz spät eine kleine Dauersiedlung entstand – an diesem eigentlich für ein Bauerndorf sehr gut geeigne-

ten Platz konnten sich keine Bauern ansiedeln, weil er seit Urzeiten von Hirten genutzt wurde.
Heute ist die Landschaft um das Refuge des Merveilles, 2135 m, herum waldfrei und macht den Eindruck eines weitläufigen Alpgebietes. Noch erkennbare Baumreste und aus dem Lac Long Supérieur, 2111 m, geborgene Baumstämme belegen jedoch, dass die Waldobergrenze hier ursprünglich bei 2200 bis 2300 Meter gelegen hat und erst durch die Alpnutzung auf etwa 1900 Meter heruntergedrückt wurde. Die Hirten haben also auch hier anfangs noch Waldweide betrieben, weshalb die natürlichen Rasen der alpinen Höhenstufe oberhalb von 2200 bis 2300 Meter eine wichtige Weidefunktion besaßen.
Sieht man sich die Stellen an, an denen sich die Felszeichnungen häufen, dann erkennt man, dass es sich meist um Gebiete handelt, die von Natur aus waldfrei waren, also um die eigentlichen prähistorischen Alpgebiete. Auch wenn hier häufig Felsen zu Tage treten, gibt es zwischen den Felspartien genügend Rasenflächen, die für eine Weide geeignet sind. Und es fällt auf, dass praktisch alle entlegeneren Stellen mit Felszeichnungen ideale Aussichtspositionen darstellen, von denen aus man die unübersichtlichen Alpgebiete mit ihrem starken Mikrorelief überblicken kann. Deshalb ist davon auszugehen, dass Alpwirtschaft und Felszeichnungen hier in einer sehr engen Verbindung stehen.
Inzwischen wird die alte Position kaum noch vertreten, dass es sich bei der Mont-Bego-Region um einen heiligen Ort gehandelt habe, zu dem nur Priester zum Zwecke ritueller Handlungen aufgestiegen seien und der sich außerhalb der Alltagswelt (Wirtschaftswelt) befunden habe. Die religiösen Bezüge sind aber auf jeden Fall sehr ausgeprägt: Der Mont Bego,

Von Gletschern rund geschliffene Felsen mit zahlreichen Felszeichnungen.

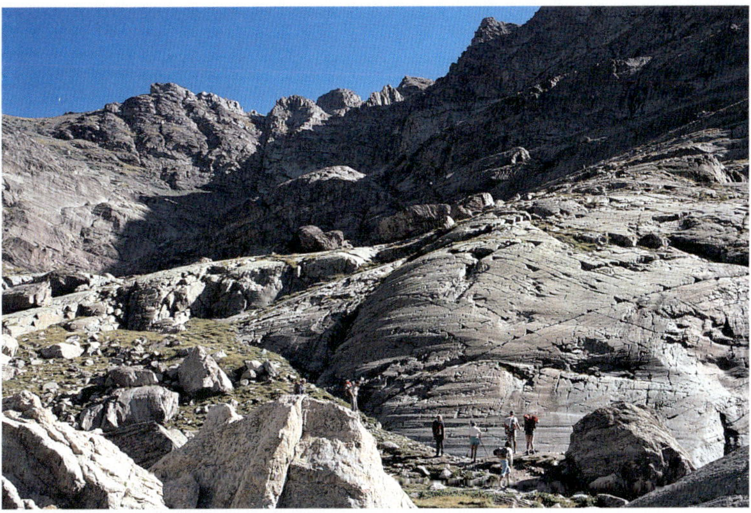

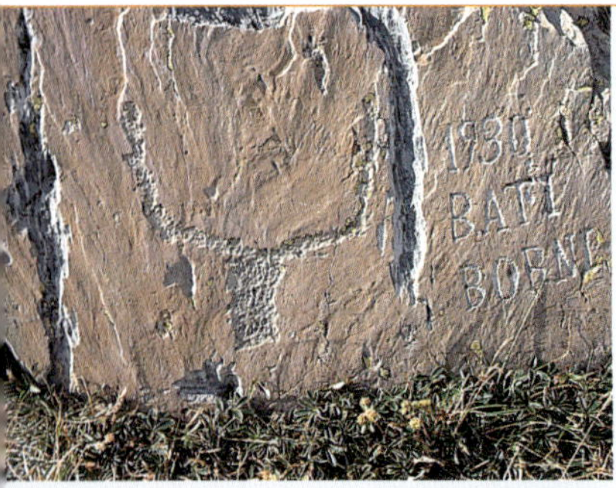

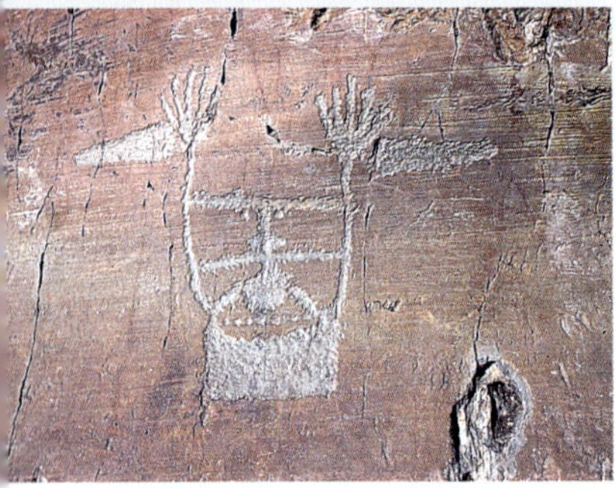

Oben: Das Motiv des »gehörnten Kopfes«, eines der zentralen Motive der Felsbilder am Mont Bego.

Unten: Die berühmteste Felszeichnung am Mont Bego zeigt den »Magier« oder »Zauberer«. Die Bedeutung dieser Figur ist noch nicht hinreichend geklärt.

2872 m, ist als »heiliger Berg« offenbar das religiöse Zentrum dieser Region, andere Namen (wie zum Beispiel Cime du Diable) deuten, wie einige der Felszeichnungen auch, ebenfalls darauf hin.

Welche Bedeutung die Felszeichnungen jedoch konkret gehabt haben, ist noch umstritten. Einerseits ist der »gehörnte Kopf« (Rinderkopf) die hier meistverbreitete Felszeichnung, und dieses Symbol tritt in frühen Bauernkulturen in ganz Europa und im gesamten Mittelmeerraum auf und wird meist als Fruchtbarkeitssymbol gedeutet, was gut mit den Rinderherden auf den Alpflächen zusammenpasst. Andererseits werden Pflugszenen und »Pläne« (offenbar Parzellenpläne oder Siedlungen) dargestellt, die sich auf die Wintersiedlungen am Rande der Alpen beziehen, also einen größeren räumlichen Kontext andeuten. Es erscheint am wahrscheinlichsten, dass im Mont-Bego-Gebiet die Alpwirtschaft von täglichen religiösen Handlungen der Hirten begleitet wurde, ohne dass wir aber heute nachvollziehen können, was damit im Einzelnen ausgedrückt werden sollte.

Die Erforschung dieser Felszeichnungen wurde übrigens vom Engländer Clarence Bicknell (1842–1918) begonnen und zu einem ersten Höhepunkt gebracht. Nachdem er die halbe Welt bereist hatte, hielt er sich, wie viele seiner Landsleute, für längere Zeit an der Riviera auf und stieß 1881 auf der Suche nach seltenen Alpenblumen im Fontanalba-Gebiet plötzlich auf die Felszeichnungen. Diese faszinierten ihn so sehr, dass er ihrer Erforschung sein gesamtes weiteres Leben widmete. Sein Buch von 1917 ist heute noch ein wichtiges Referenzwerk.

Da viele Besucher die Felszeichnungen entweder versehentlich beschädigten oder sie absichtlich herausbrachen (um sie mitzunehmen), sind seit den 1990er Jahren scharfe Kontrollen und Reglementierungen eingeführt worden, und es werden geführte Wanderungen zu den Felsbildern angeboten (s. Etappen 10a und 11).

In Tende, 791 m, gibt es ein »Museum der Wunder« mit vielen Informationen zu den Felsbildern (täglich außer Dienstag geöffnet), ein lohnendes Ziel für all diejenigen, die sich näher für dieses Thema interessieren. Außerdem besitzt der Ort Tende ein besonders sehenswertes Ortsbild, eine Gîte d'Etape sowie einen Bahnhof, so dass er eine gute Alternative zum Abschluss einer Wanderung durch die Seealpen darstellt. Man erreicht Tende auf dem sogenannten »Chemin de Valaire« in gut drei Stunden; dieser Weg beginnt am Lac des Mesches, 1390 m, also an der Verzweigung des Castérino- und Minière-Seitentals, und führt nach einer kurzen Anfangssteigung von etwa 200 Höhenmetern hangparallel nach Osten, bis er sich oberhalb von St-Dalmas de Tende nach Nord-Osten wendet und immer mehr an Höhe verliert.

Literatur

Leider gibt es keine deutschsprachige Literatur zum Tal der Wunder und zu den Felszeichnungen, deswegen wird ein italienischer, ein französischer und ein englischer Titel (Nachdruck der klassischen Darstelllung von Bicknell aus dem Jahr 1913) aufgeführt.

E. Bernardini, *Le incisioni rupestri della Valle delle Meraviglie. La storia, le interpretazioni, la visita.* Peveragno (CN) 2001, 175 Seiten.

D. Allaria/I. Ferrando, *Il mondo di Bicknell. Nella Valle delle Meraviglie e dintorni. Incisioni rupestri, flora, fauna e paesaggi.* Asti 2018, 196 Seiten.

T. Huet, *Les gravures piquetées du Mont Bego.* Société Préhistorique Française, Nanterre 2017, 166 Seiten.

C. Bicknell, *A GUIDE TO THE PREHISTORIC ROCK ENGRAVINGS IN THE MARITIME ALPS*, Cambridge 2016, 214 Seiten.

Weitere Informationen: www.menton-riviera-merveilles.it/valle-delle-meraviglie

Das Alpgebiet der Vallée des Merveilles mit dem Lac Long Supérieur von Westen aus gesehen.

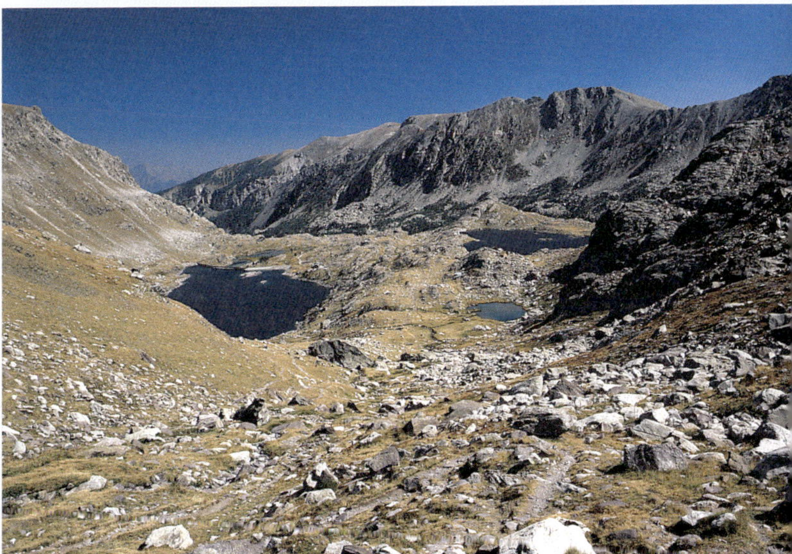

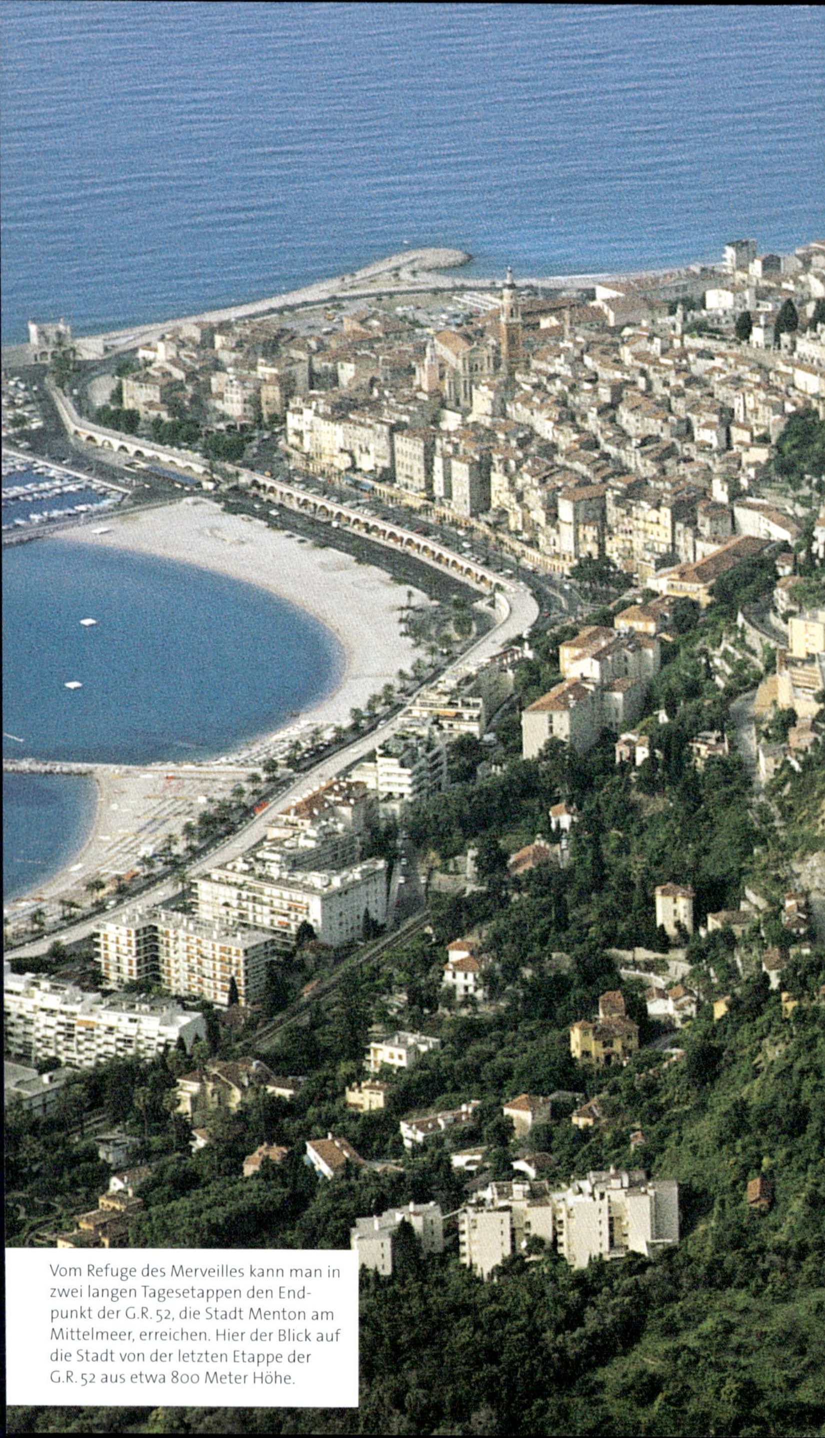

Vom Refuge des Merveilles kann man in zwei langen Tagesetappen den Endpunkt der G.R. 52, die Stadt Menton am Mittelmeer, erreichen. Hier der Blick auf die Stadt von der letzten Etappe der G.R. 52 aus etwa 800 Meter Höhe.

6 Aus den Seealpen ans Mittelmeer

Auf verschiedenen Weitwanderwegen durch die Seealpen und zum Mittelmeer

Mehrere Weitwanderwege durchziehen die Seealpen; auf ihnen ist auch das Mittelmeer auf aussichtsreichen Wanderungen leicht zu erreichen.

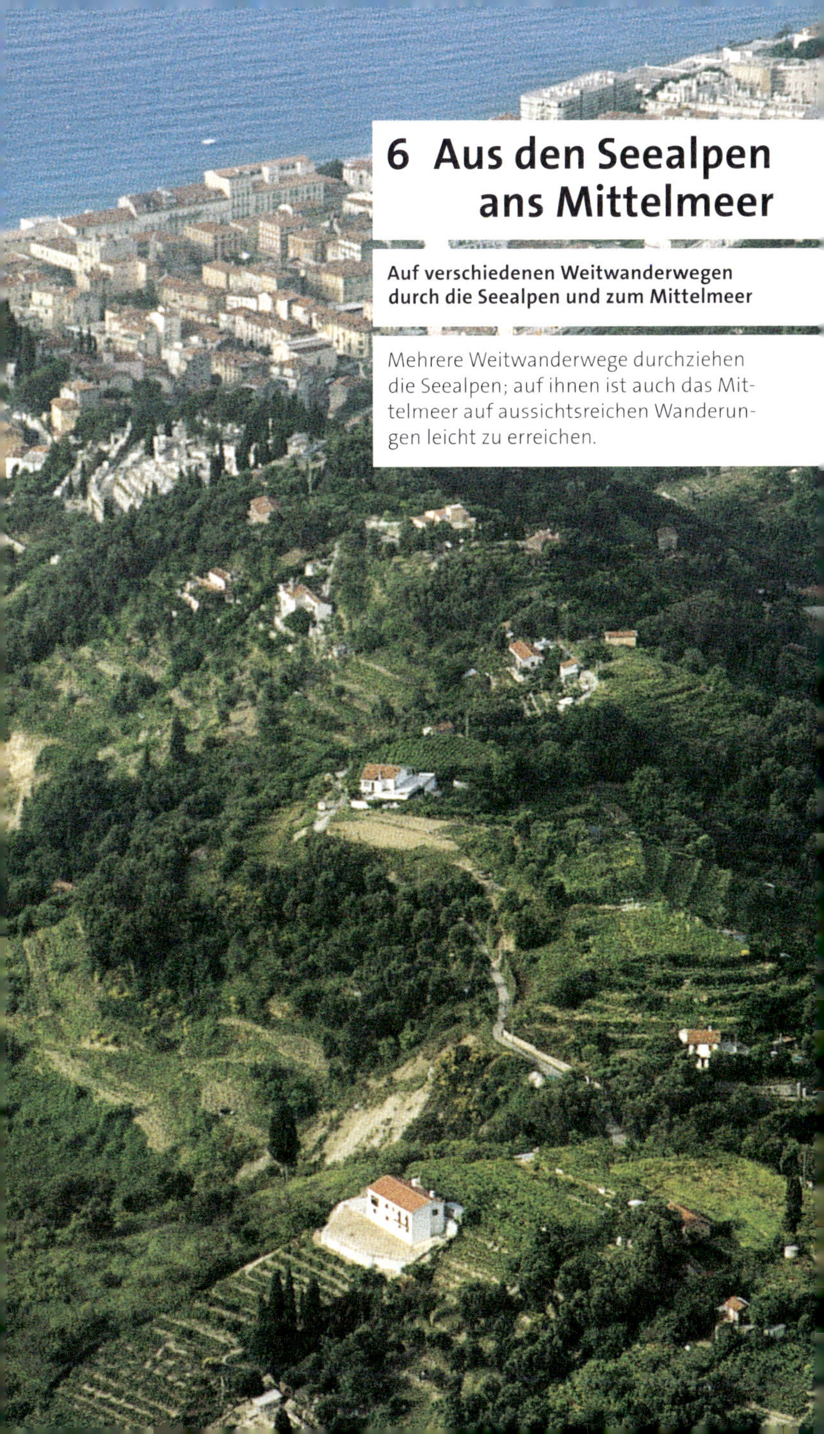

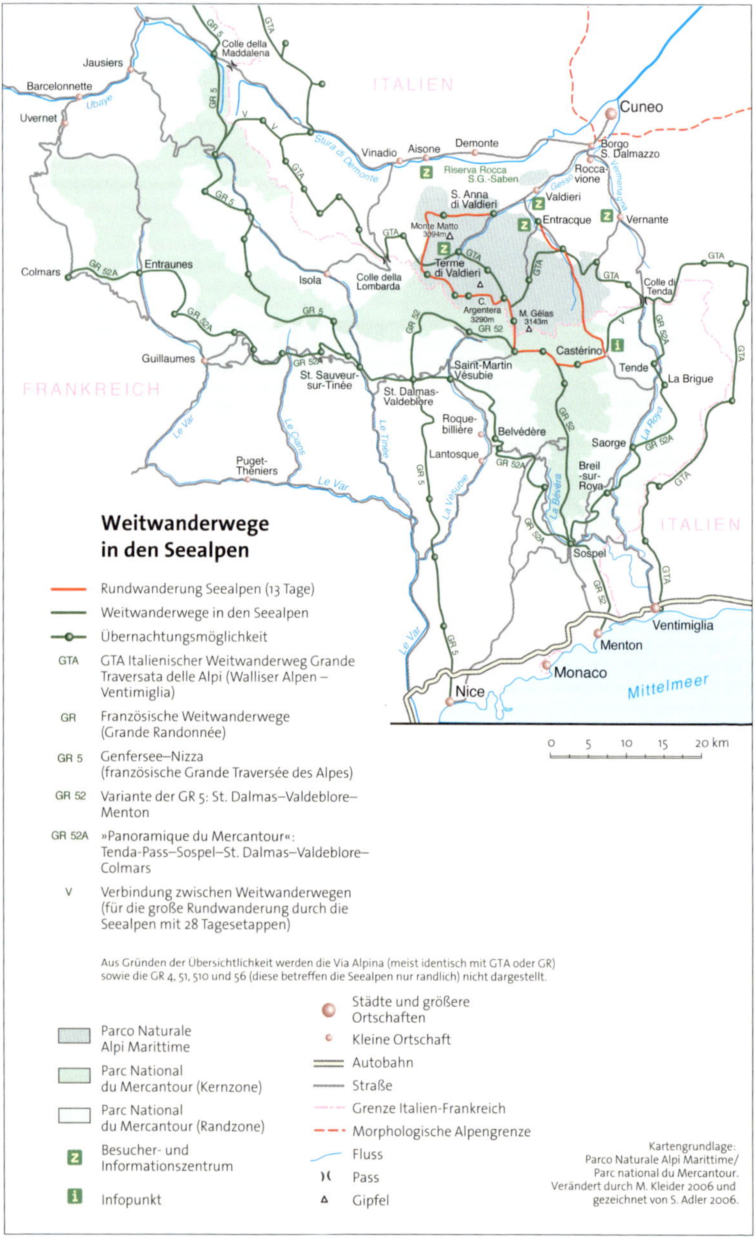
Weitwanderwege in den Seealpen
Rundwanderung Seealpen (13 Tage)
Weitwanderwege in den Seealpen
Übernachtungsmöglichkeit
GTA GTA Italienischer Weitwanderweg Grande Traversata delle Alpi (Walliser Alpen – Ventimiglia)
GR Französische Weitwanderwege (Grande Randonnée)
GR 5 Genfersee–Nizza (französische Grande Traversée des Alpes)
GR 52 Variante der GR 5: St. Dalmas–Valdeblore–Menton
GR 52A »Panoramique du Mercantour«: Tenda-Pass–Sospel–St. Dalmas–Valdeblore–Colmars
V Verbindung zwischen Weitwanderwegen (für die große Rundwanderung durch die Seealpen mit 28 Tagesetappen)
Aus Gründen der Übersichtlichkeit werden die Via Alpina (meist identisch mit GTA oder GR) sowie die GR 4, 51, 510 und 56 (diese betreffen die Seealpen nur randlich) nicht dargestellt.
Parco Naturale Alpi Marittime
Parc National du Mercantour (Kernzone)
Parc National du Mercantour (Randzone)
Besucher- und Informationszentrum
Infopunkt
Städte und größere Ortschaften
Kleine Ortschaft
Autobahn
Straße
Grenze Italien-Frankreich
Morphologische Alpengrenze
Fluss
Pass
Gipfel
Kartengrundlage: Parco Naturale Alpi Marittime/Parc national du Mercantour. Verändert durch M. Kleider 2006 und gezeichnet von S. Adler 2006.
0 5 10 15 20 km
ITALIEN
FRANKREICH
Mittelmeer
Colle della Maddalena
Jausiers
Barcelonnette
Ubaye
Uvernet
Cuneo
Borgo S. Dalmazzo
Vinadio
Aisone
Demonte
Stura di Demonte
Riserva Rocca S.G.-Saben
Roccavione
Vermenagna
Gesso
S. Anna di Valdieri
Valdieri
Entracque
Vernante
Monte Matto 3094m
Terme di Valdieri
C. Argentera 3290m
M. Gélas 3143m
Colmars
Entraunes
Isola
Colle della Lombarda
Colle di Tenda
Guillaumes
St. Sauveur-sur-Tinée
Saint-Martin Vésubie
Castérino
Tende
La Brigue
St. Dalmas-Valdeblore
Roquebillière
Belvédère
Lantosque
Saorge
Breil-sur-Roya
Puget-Théniers
Le Var
Le Cians
La Tinée
La Vésubie
La Bévéra
La Roya
Sospel
Ventimiglia
Menton
Monaco
Nice

Für alle diejenigen, die diese Alpenregion noch näher kennen lernen und noch intensiver erwandern möchten, bieten sich mehrere Möglichkeiten an:

1. Wanderungen auf verschiedenen Weitwanderwegen durch die Seealpen und über die Seealpen hinaus.
2. Eine große Rundwanderung durch die gesamten Seealpen (28 Tagesetappen).
3. Wanderungen von den Seealpen zum nahen Mittelmeer.

Diese Wanderungen sind leicht möglich, da eine Reihe von Weitwanderwegen einen direkten Anschluss an die Routenführung in diesem Führer haben und von hier aus sehr einfach weiter begangen werden können. Auf Abzweigungen und Verbindungen zu folgenden Weitwanderwegen wurde schon bei den Etappenbeschreibungen in Kapitel 1–5 jeweils explizit hingewiesen.

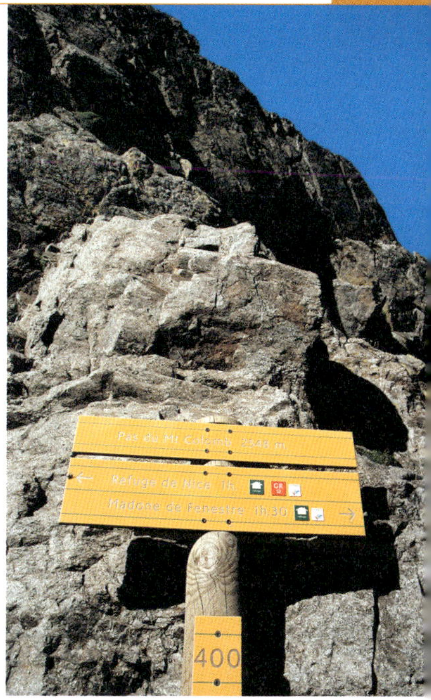

Im Nationalpark Mercantour ist das »Via Alpina«-Symbol (Weitwanderweg durch die gesamten Alpen) auf den Wegweisern angebracht.

Wanderungen auf Weitwanderwegen durch die Seealpen und über die Seealpen hinaus

1. Die italienische Grande Traversata delle Alpi (GTA), die im Norden in der Nähe des Lago Maggiore beginnt und im Süden am Mittelmeer endet, führt von West nach Ost in fünf Tagesetappen durch den Seealpenpark (Rifugio Malinvern–Terme di Valdieri–Rifugio Genova–San Giacomo–Trinità–Palanfrè–Limonetto) und kann gleich an mehreren Punkten (Terme di Valdieri, San Giacomo, Rifugio Questa, Rifugio Genova, Rifugio Soria-Ellena) mit unserer Route im Naturpark kombiniert werden. Was die konkrete Routenführung betrifft, so wählt die hier vorgestellte 13-tägige Rundwanderung bewusst Wege aus, die nicht mit den Etappen 47–50 der GTA identisch sind (und die bereits im GTA-Wanderführer von Werner Bätzing beschrieben werden). Allerdings ermöglicht der Einbezug dieser GTA-Etappen verschiedene Variations- beziehungsweise Rückkehrmöglichkeiten und erlaubt es, sich selbst weitere Rundwanderungen in den Seealpen zusammenzustellen. Darüber hinaus eröffnet die GTA die Möglichkeit, von den Seealpen aus durch die Ligurischen Alpen zum Mittelmeer oder durch die Cottischen Alpen in Richtung Schweiz zu wandern.

Informationen: GTA-Führer von Werner Bätzing.

2. Die 2002 eröffnete »Via Alpina« ist ein Weitwanderweg, der durch den gesamten Alpenbogen führt und in fünf verschiedene Wege (nach Farben) unterteilt ist, um alle Alpenstaaten anteilig in Bezug auf ihre Alpenfläche berücksichtigen zu können. Sie verläuft stets auf bereits bestehenden (Weit-)Wanderwegen und verläuft auf ihrem »roten Weg« (163 Etappen von Monaco nach Triest) im Bereich der piemontesischen Alpen häufig auf der GTA. Im Bereich des Seealpenparks sind drei Etappen des roten Wegs mit der GTA identisch (Rifugio Malinvern–Rifugio Soria-Ellena). Dann folgt die rote Via Alpina den Etappen 8 und 9 unserer Route (Rifugio Soria-Ellena–Refuge la Madone de Fenestre–Refuge de Nice) über den Colle di Fenestre nach Frankreich und ins Vallée des Merveilles. Von dort führt der rote Weg nach Osten (Richtung Ligurische Alpen) weiter und trifft am Tenda-Pass wieder auf die italienische GTA. Ersichtlich ist die Via Alpina anhand des Via Alpina-Symbols, das auf den Wegweisern angebracht ist.

Informationen
www.via-alpina.org

Sabine Bade/Wolfram Mikuteit, *Auf der Via Alpina durch Seealpen und Ligurische Alpen, Teil 1: Von Monaco nach Garessio,* und *Teil 2: Von Garessio nach Monaco,* Comminn-Verlag, Roxheim 2011 (3. Auflage).

3. Die »Grandes Randonnées« (G.R.) sind ein Netz von Weitwanderwegen in ganz Frankreich, und die französische Grande Traversée des Alpes (Vorläufer der italienischen GTA) vom Genfer See nach Nizza ist als G.R. 5 in diesem Netz integriert. Die Variante G.R. 52 (St-Dalmas-Valdeblore–Sospel–Menton) wird kurz vor dem Endpunkt der Etappe 8 (Refuge la Madone de Fenestre) unserer Route erreicht, und die Etappen 9 und 10a (Variante 1) unserer Route (Refuge la Madone de Fenestre–Refuge de Nice–Refuge des Merveilles) sind mit der G.R. 52 identisch. Diese verläuft dann durch den Nationalpark Mercantour weiter nach Süden, zum Mittelmeer. Die

Markierung des Weitwanderweges GTA.

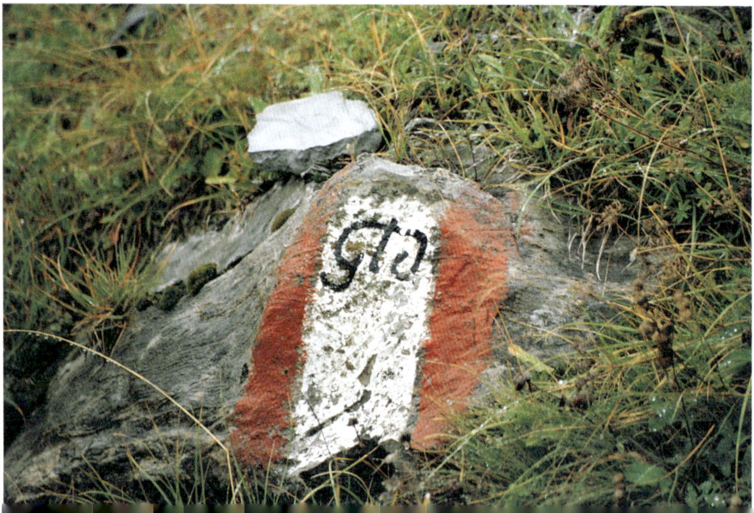

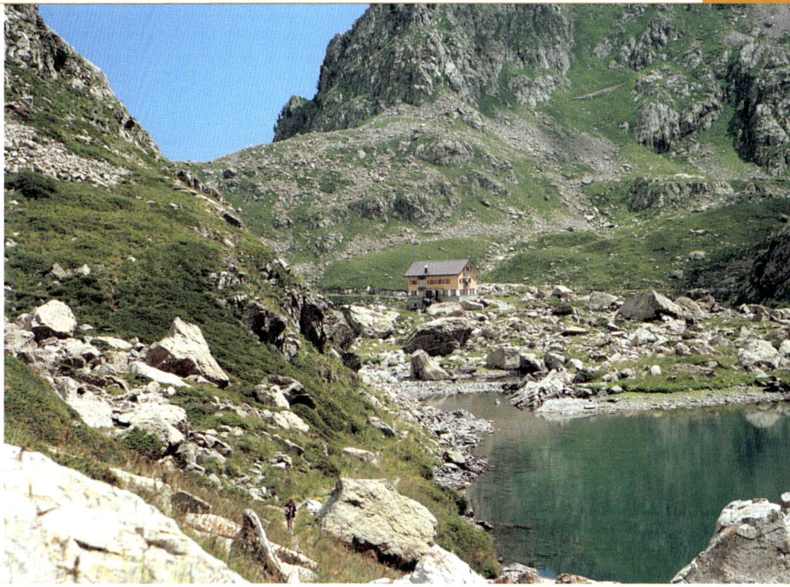

Am Rifugio Genova kann man auf die GTA überwechseln.

G.R. 52 A, genannt »Panoramique du Mercantour« umrundet die Seealpen im Süden: Sie führt vom Tenda-Pass durch das Roya-Tal nach Sospel und dann über den Col de Turini ins Vésubie-Tal, und von St-Martin-Vésubie genau nach Westen, und sie endet am Schluss in Colmars im Verdon-Tal am westlichen Rand der Seealpen. Damit kann man mittels der G.R.-Wege große Teile der Seealpen erkunden oder durch die gesamten französischen Alpen bis zum Genfer See wandern.

Informationen G.R. 52: www.komoot.de/collection/1897497/durch-den-mercantour-nationalpark-ans-meer-gr-52

Informationen G.R. 52 A: www.meintrekking.de/fernwanderwege/2019/12/28/gr-52-a-le-sentier-panoramique-du-mercantour

Große Rundwanderung durch die Seealpen

1. Nordwest-Teil der Seealpen: Etappen 1–3 des Seealpenrundwanderweges (wie in diesem Führer beschrieben). Dann vom Rifugio Questa aus Wechsel auf die italienische GTA via Laghi di Valscura–Colletto di Valscura–Vallone di Rio Freddo–Rifugio Malinvern. Ab dem Rifugio Malinvern die GTA-Etappen 46, 45, 44, 43 und 42 benutzen, aber bei Etappe 42 im Vallone Forneris in der Nähe des Bachs die GTA verlassen und problemlos auf der anderen Talseite nach Ferrere aufsteigen (Übernachtungsmöglichkeit). Von hier aus auf gut markierten Wegen zur französischen G.R. 5 überwechseln: Aufwärts im Ferrere-Seitental, dann über die Pässe Bassa di Colombart und Colle di Puriac zur französischen Gren-

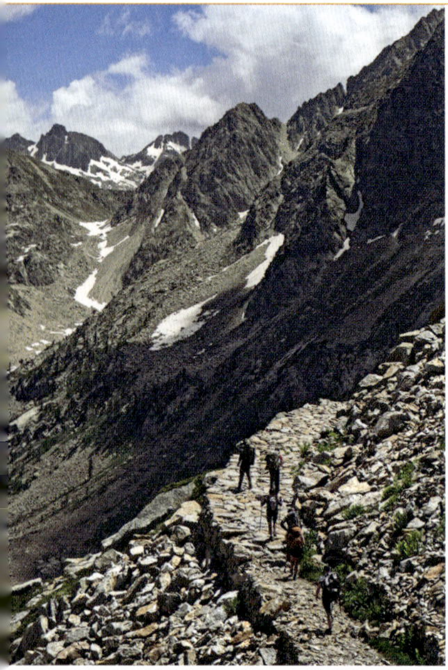

Ein sorgfältig gepflasterter, ehemaliger Jagdsteig des Königs

ze und dort abwärts zum Ort Bousiéyras (mit Gîte d'Etape der G.R. 5). Dann weiter auf der G.R. 5 beziehungsweise G.R. 52, auf der man nach 11 Tagesetappen das Refuge la Madone de Fenestre erreicht, also das Ende der Etappe 8 in diesem Band.

Diese große Schleife durch die nordwestlichen Seealpen umfasst 18 Tagesetappen zwischen Rifugio Questa und Refuge la Madone de Fenestre. Man benötigt dafür den GTA-Führer Band 2 von Werner Bätzing und den FFRP-Wanderführer zur G.R. 52, siehe *Literaturhinweise*.

2. Ost-Teil der Seealpen: Von Castérino (Ende von Etappe 11 in diesem Führer) folgt man der Via Alpina über die Baisse de Peyrefique bis zum Tenda-Pass, wo man auf die italienische GTA trifft (Etappe 53) und nach Limone Piemonte absteigt (dort Übernachtungsmöglichkeit). Auf den GTA-Etappen 52 und 51 erreicht man Trinità, das Ende von Etappe 12 in diesem Führer. Von Castérino bis Trinità braucht man drei Tagesetappen, und da die Verbindung Castérino–Limone P. völlig unproblematisch ist, reicht dafür der GTA-Führer Band 2 aus. Diese kleine Erweiterung ist wegen der Fernsichten und des Palanfrè-Schutzgebietes sehr zu empfehlen.

Wer gut eingelaufen ist, kann auch die folgende, sehr aussichtsreiche Variante wählen. Während der Normalweg zwischen der Baisse de Peyrefique, 2028 m, und dem Colle di Tenda, 1871 m, einer breiten Militärstraße fast ohne Höhenunterschiede folgt, verläuft die Variante steiler (zusätzliche 340 Höhenmeter), aber zugleich direkter (kürzere Wegstrecke). Bei der Brücke Pont de Peyrefique, 1916 m, zweigt von der Militärstraße ein gut sichtbarer Weg nach links (Militärweg) ab, der hinauf zum Fort de Giaure, 2254 m, führt, das direkt auf dem Grenzkamm zwischen Roya- und Vermenagna-Tal liegt.

Hier hat man eine sehr schöne Fernsicht in die Ligurischen Alpen. Von hier aus kann man einfach den Gipfel der Rocca dell'Abisso, 2756 m, erreichen, indem man einem gut sichtbaren Weg folgt, der problemlos zum Gipfel führt (am Schluss durch Schuttfelder). Die Aussicht vom Gipfel ist sehr lohnend; sie umfasst einen großen Teil der See- und der Ligurischen Alpen und reicht an außergewöhnlich klaren Tagen sogar bis ans Mittelmeer! Der Abstieg verläuft zurück zum Fort Giaure und dann auf einer kühn angelegten Militärstraße durch felsiges Gelände hinab ins Tal des Rio Prati della Chiesa (Kirchwiesen).

Hinweis: Im Jahr 2003 brach ein Stück der Militärstraße ab, so dass sie wegen des

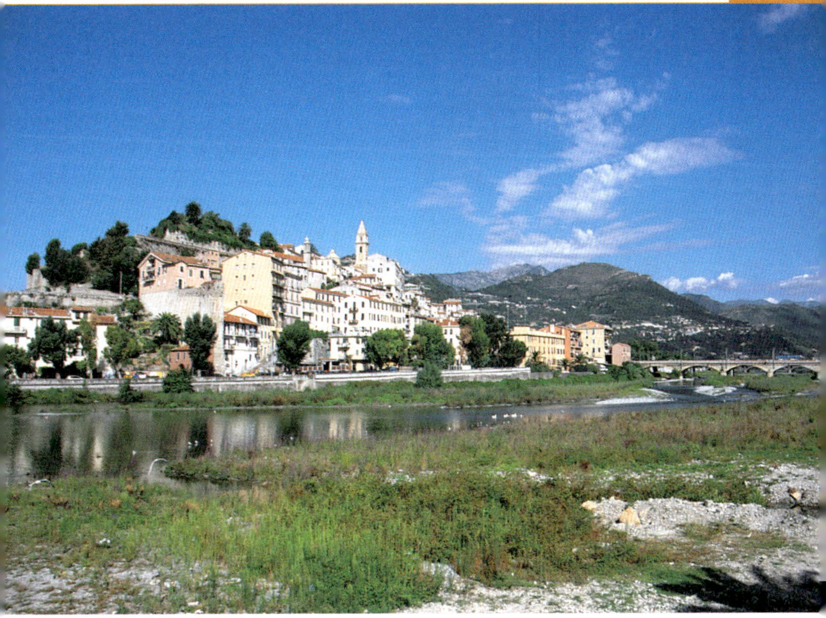

Eine Seealpenwanderung lässt sich leicht so ausbauen, dass man bis zum Mittelmeer, wie zum Beispiel Ventimiglia, laufen kann.

steilen Geländes (keine Umgehungsmöglichkeit!) bis heute nicht mehr benutzbar ist. Dafür ist eine »Umgehung« eingerichtet, die direkt am Laghetto dell'Abisso, 2211 m, vorbeiführt. Bitte Steinmarkierungen auf der Militärstraße beachten! Diese Variante dürfte wegen ihrer Fernsichten zu den lohnendsten Touren in den Seealpen zählen.

Kombiniert man diese beiden Erweiterungen (Nordwest-Teil und Ost-Teil) mit dem in Kapitel 1–5 vorgestellten Rundwanderweg, dann ergibt sich eine große Rundwanderung durch die Seealpen, die insgesamt 28 Tagesetappen umfasst.

Wanderungen zum Mittelmeer (nach Nizza, Menton oder Ventimiglia)

1. Auf der G.R. 5 nach Nizza: Vom Refuge la Madone de Fenestre (Ende Etappe 8) auf der G.R. 52 nach St-Dalmas-Valdeblore (zwei lange Tagesetappen) oder auf dem direkten Weg talabwärts bis St-Martin Vésubie und dann auf der G.R. 52 A nach St-Dalmas-Valdeblore. Von dort dann in drei Tagesetappen oberhalb der Flüsse Tinée und Var nach Nizza.

Informationen: FFRP-Führer, s. *Literaturhinweise*; Raffaele Nostitz, *GR 5: Genfer See–Nizza* (Outdoor Bd. 107), Conrad Stein Verlag, 2022, Philipp Bachmann, *Zu Fuß von Genf nach Nizza*, Band 2: Provenzalische Alpen, Rotpunktverlag, Zürich 2008.

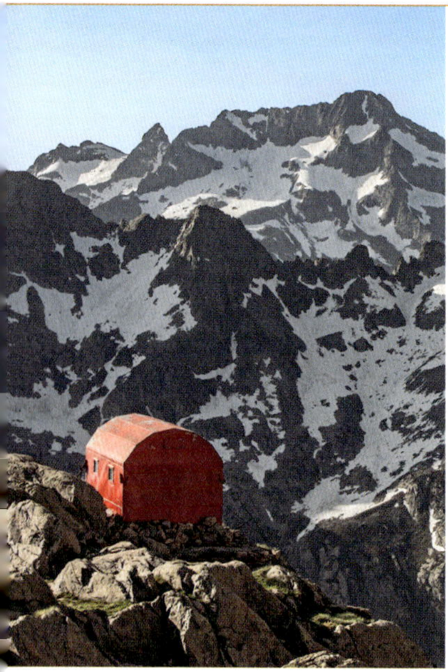

Das Bivacco del Baus mit dem Monte Gelas im Hintergrund.

2. Auf der G.R. 52 nach Menton: Vom Refuge des Merveilles (Ende Etappe 10a) in zwei sehr langen Tagesetappen zur Stadt Menton, die direkt an der französisch-italienischen Grenze liegt.

Informationen: FFRP-Führer, s. *Literaturhinweise*.

Für diejenigen, die von den Seealpen aus direkt zum Mittelmeer wandern möchten, empfehlen wir diese Route als die kürzeste und die aussichtsreichste (lange Gratstrecken). Deshalb stellen wir die Wegführung kurz vor, und mit Hilfe der IGN-Karte 1:100 000, Nr. 165, »Nice-Menton« (Serie Top 100) kann man sich gut über den Wegverlauf orientieren.

Wegführung: Vom Refuge des Merveilles über den Pas de Diable, 2436 m, zur Baisse Cavaline, 2107 m, und fast höhenparallel zum Col de Raus, 1999 m. Von dort hangparallel zur Baisse de St-Véran, 1836 m, und zur Pointe de Trois Communes, 2080 m (Aussichtsgipfel mit großen Festungen). Stets in der Nähe des Grates zwischen dem Bévéra- und dem Roya-Tal geht es immer weiter in aussichtsreicher Wegführung über die Baisse de Ventabren, 1862 m, die Baisse de la Déal, 1839 m, die Baisse de Linière, 1342 m, und die Baisse de Fighière, 750 m, bis man den Ort Sospel, 350 m, am Fluss Bévéra erreicht.

Hier gibt es die private Gîte d'Etape »Le Mercantour« (beim Hotel des Etrangers, Boulevard de Verdun no. 7, Tel. 0493 040009, www.sospel.net).

Wanderzeit: Gut 8 h.

Wenn einem diese Etappe zu lang erscheint, kann man von der Pointe de Trois Communes in 1 h 30 nach Westen zum Col de Turini, 1605 m, gehen, wo es verschiedene Hotels gibt. Am nächsten Tag muss man dann zum Gipfel zurückkehren, um die Wanderung fortzusetzen.

Von Sospel führt der Weg am zweiten Tag hinauf zum Col Razet, 1027 m, dann höhenparallel zum Col du Tretore, 1085 m, und dann leicht abwärts zur Prairie de Morga, 810 m. Dann erneut Aufstieg zum Col du Bercau, 1090 m, von dem aus sich ein schöner Blick auf das Mittelmeer öffnet. Anschließend Abstieg nach Menton (viele Hotels).

Wanderzeit: Knapp 8 h.

Wenn einem auch diese Etappe zu lang erscheint, kann man von der Prairie de Morga zum Ort Castellar, 390 m (verschiedene Hotels), absteigen (4 h 30). Von dort führt ein Wanderweg auf einem kleinen Grat bis direkt ins Zentrum von Menton.

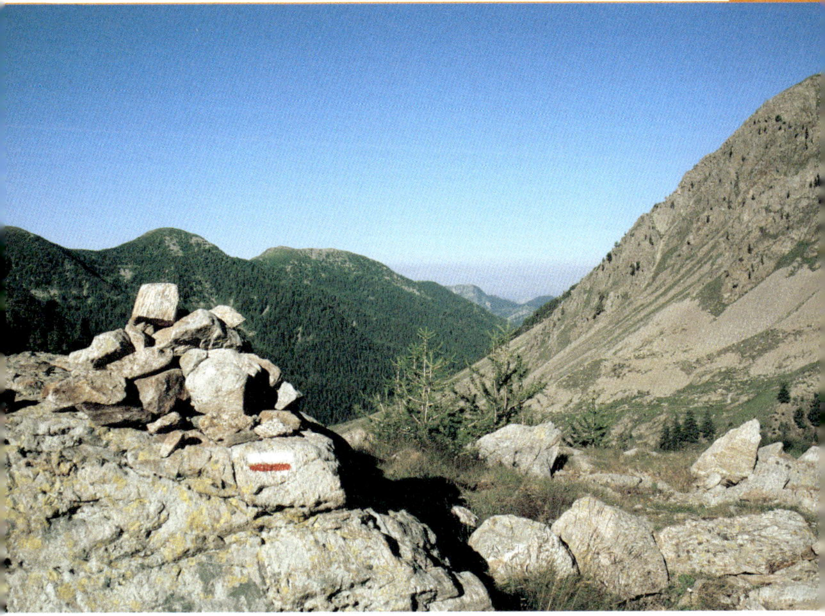

Die G.R. 52 führt gut markiert zum Pass du Mont Colomb (Etappe 9).

3. Auf der italienischen GTA nach Ventimiglia: Von Limonetto, das man von Castérino (Etappe 11) oder von Trinità (Etappe 12) aus erreicht, folgt man den Etappen 53–60 der GTA und erreicht nach 8 Tagesetappen die Stadt Ventimiglia.
Informationen: GTA-Führer, s. *Literaturhinweise.*

Bei allen drei Wanderungen zum Mittelmeer bietet es sich an, mit der Tenda-Eisenbahn nach Borgo San Dalmazzo oder Cuneo zurückzufahren. Da sich die Tenda-Linie im Roya-Tal (nicht weit von Sospel entfernt) in zwei Äste gabelt, kann man sowohl von Nizza als auch von Ventimiglia aus zurückfahren.
Mit dem Bau dieser alpenquerenden Eisenbahn wurde schon vor dem Ersten Weltkrieg begonnen, aufgrund außenpolitischer Probleme zwischen Italien und Frankreich wurde die Bahnlinie jedoch erst 1927 fertiggestellt. Ihr Bau war eine technische Meisterleistung und die Bahnverbindung galt als Prestigeprojekt Mussolinis, was sich im Bau großer Bahnhofsanlagen niederschlug.
1944/45 wurden einige wichtige Brücken von den deutschen Truppen zerstört und die Wiederaufnahme – allerdings mit einem sehr eingeschränkten Bahnbetrieb – erfolgte erst 1979.
Italienische Umweltschützer kritisieren den mangelnden Gütertransport auf dieser Linie; sie empfinden es als störend, dass der italienische Staat statt an einen Ausbau des Schienenverkehrs an den Bau einer Autobahn mit einem Seealpenbasistunnel denkt.

Sagen und Legenden

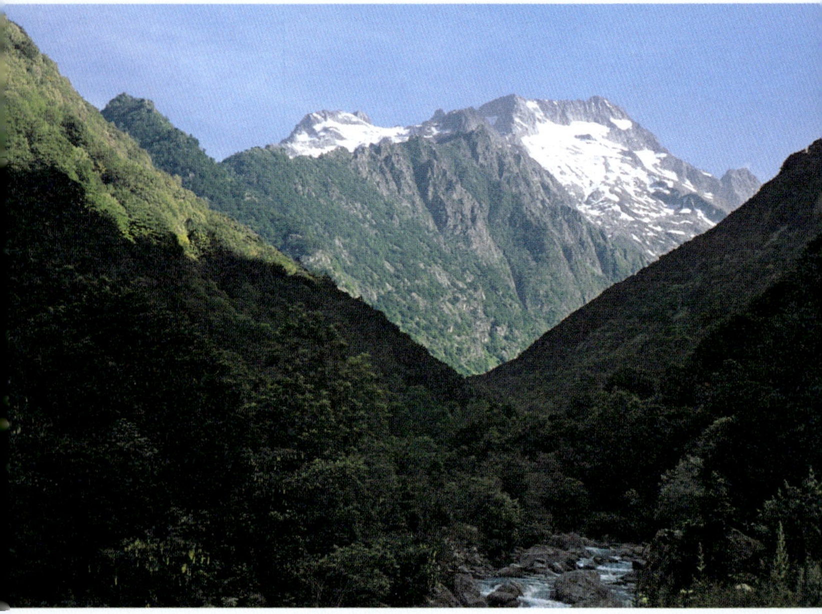

Der eindrucksvolle und teilweise vergletscherte Monte Gelàs vom Vallone Gesso della Barra.

Wie in allen Gebirgen in der Welt gibt es auch um die Seealpen Sagen und Legenden, die ihre Wurzeln in der Vergangenheit haben, und wie überall sind sie ein Ausdruck der lokalen Kultur. Über die Berge Maledia und Gelàs kursiert folgende Legende: »Vor langer Zeit waren diese Berge grüne und fruchtbare Weidegebiete mit blühenden bunten Blumen und kurzen und milden Wintern. An diesem glücklichen Ort wohnten drei unvergleichlich schöne, jungfräuliche Schwestern, Laura, Bice und Lidia. Sie führten ein bescheidenes, aber glückliches Leben. Eines Tages verliebte sich der mächtige Herr von Entracque in eine der Schwestern, die ihn jedoch zurückwies. Aus Rache wurden sie alle drei aus dem grünen Tal gejagt. Bevor sie den Platz, wo sie geboren und glücklich aufgewachsen waren, für immer verließen, wandten sie sich dem Gipfel zu, der sich wie ein Finger in den Himmel streckt, und verfluchten ihn. Sie taten dies, weil ihre Seelen voller Kummer und Zorn waren. Von diesem Tag an nennt sich dieser Gipfel »Maledia« (maledetta = verflucht), und reichlich Schnee bedeckt nun für mehrere Monate im Jahr die Hänge, wo es einst grün war. Und die höchsten Regionen wie die um den Monte Gelàs (»Gelàs« bedeutet »vergletschertes Gebiet«) sind seitdem ständig in Schnee und Eis gehüllt.«

Bei dieser Sage handelt es sich um eine Variante der klassischen Blümlisalp-Sage (eine fruchtbare Alpweide wird zur Eiswüste, weil die hartherzigen Älpler einem Bettler nichts gegeben haben). Dieser Sagentyp ist im gesamten Alpenraum verbreitet, und er verarbeitet eventuell die Erfahrungen der Alpenbevölkerung mit der signifikanten Klimaverschlechterung am Ende des Mittelalters (Beginn der »Kleinen Eiszeit«, die erst 1850 zu Ende geht).

Auch über den Lago del Vei del Bouc rankt sich eine Sage. Der stille See Vei del Bouc (Vecchio del Caprone – der alte Mann mit dem Ziegenbock), 2042 m, liegt südöstlich von San Giacomo in einer Mulde, die von Gletschern ausgeschliffen wurde, und er wird von einem Granitriegel im Westen abgeschlossen. Der See wird seit sehr langer Zeit von Menschen aufgesucht, wie vorgeschichtliche Felszeichnungen auf der Höhe des Wasserspiegels beweisen. Folgende Legende gibt dem See seinen Namen:

»An diesem einsamen Ort lebte unter einem Felsen (Balm) ein alter weiser Mann zusammen mit seinem Ziegenbock. Bevor er sich in die Berge zurückzog, hatte der Mann ein glänzendes und städtisches Leben geführt. Als das Tier, der einzige Freund und Gefährte des Mannes, starb, erlosch auch sein Leben kurze Zeit später. Der Fluss Gesso, der in den umliegenden Bergen entspringt, hatte Mitleid mit den beiden leblosen Körpern und hat sie überflutet. Dabei hat er an diesem Ort einen großen und tiefen See geschaffen.«

Am Lago del Vei del Bouc existieren prähistorische Felszeichnungen.

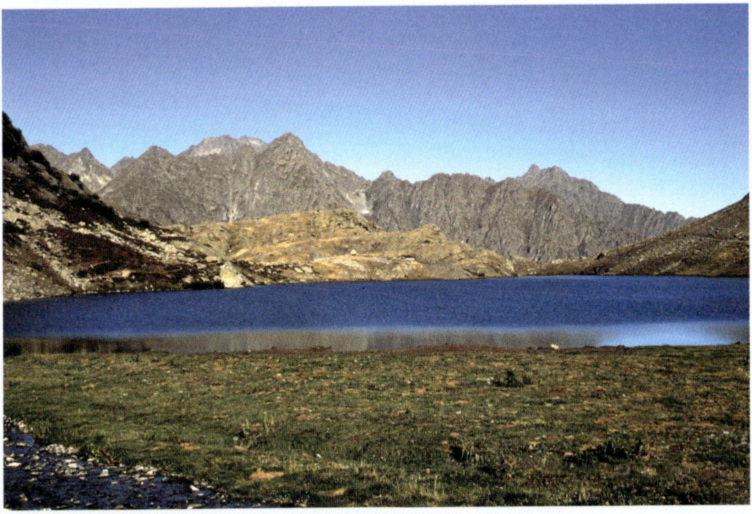

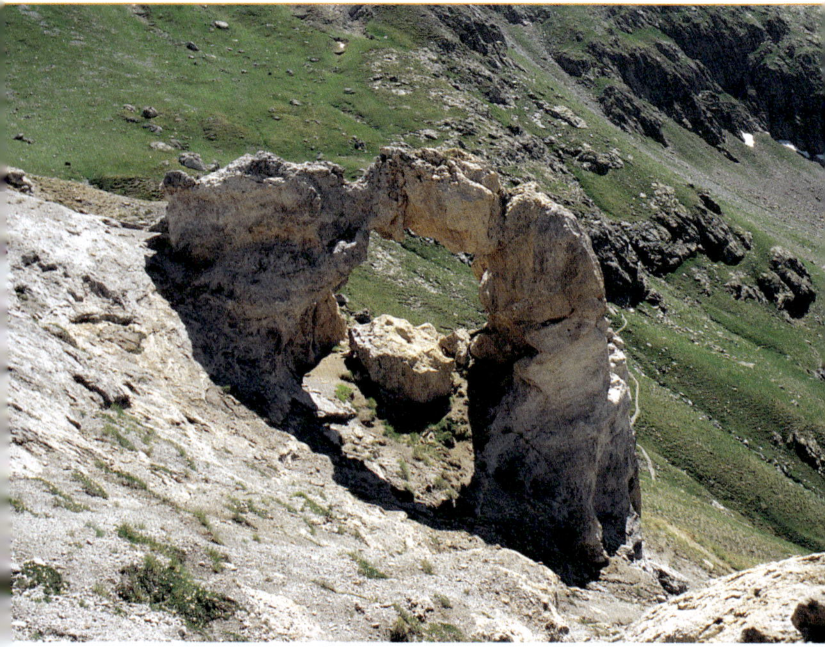

Ein durch Erosion entstandenes »Loch« in einem Felsen, ein sogenanntes »Felsentor« oder »Fenster«, hier in 2500 Meter Höhe in der Nähe der Lacs de Vens (oberes Tinée-Tal). Solche ungewöhnlichen Naturerscheinungen sind praktisch immer mit Sagen verbunden, die sich um ihren Ursprung drehen.

Diese Sage gehört zum weit verbreiteten Typ von Sagen, die besondere Naturphänomene erklären sollen. Zu fast allen auffälligen Naturphänomenen wie isolierte große Felsblöcke im Talboden, Schluchtstrecken im Talverlauf, starke Karstquellen, sichtbare Moränenreste, Karseen, Felssturzgebiete und so weiter gab es früher Sagen und Legenden, die entweder erklärten, wie es zu diesen Naturphänomenen kam, oder die von besonderen Ereignissen berichteten, die sich hier abgespielt haben.

Vom Ursprung des Wallfahrtsortes Madonna di Finestra (französisch: Madone de Fenestre) erzählt man folgende Legende:

»Vor langer, langer Zeit machte ein Gämsjäger, der die steilen Hänge an der Cime de l'Agnellière hinaufstieg, eine äußerst ungewöhnliche Begegnung: Er traf an einem Wildbach eine sehr schöne Frau, die gerade ihre Wäsche wusch, und ganz in der Nähe spielte auf einer Wiese frei und glücklich ein kleines Kind. Diese Geschichte des Gämsjägers verbreitete sich in Windeseile unter den ungläubigen Talbewohnern, die beschlossen, ebenfalls dorthin zu gehen, um zu überprüfen, ob der Gämsjäger die Wahrheit gesagt hätte. Und so geschah es dann, und nach langem Suchen entdeckten sie erneut die Frau und ihr Kind. Aber die Mutter sammelte sofort in Eile ihre Sachen zusammen, nahm ihr Kind auf den

Arm und wandte sich direkt zu einer Felswand, die sich wie durch Zauberhand öffnete und die Frau passieren ließ, die verschwand und nie wieder gesehen wurde.«

Die Öffnung im Felsen, das »Fenster« (finestra/fenêtre), ist heute noch zu sehen und bezeugt – nach der Legende – die Anwesenheit der Muttergottes (madonna) und des göttlichen Kindes, die auf die Erde herabgekommen waren, um den Menschen ein Beispiel demütigen Handelns zu geben. Wenig entfernt von diesem Ort erbaute man dann etwas später die Wallfahrtskapelle auf den Ruinen eines sehr alten Gebäudes, das vielleicht früher einmal dem Gott Jupiter geweiht gewesen war.
In dieser Legende wird die Erklärung eines Naturphänomens – das »Fenster« im Felsen – mit der Erklärung des Ursprungs dieses Wallfahrtsortes verbunden. Bei vielen Kirchen und Kapellen gibt es Legenden über ihren Ursprung, und Gleiches gilt von vielen Orten und Weilern.
Von einer Reihe von hoch gelegenen Orten in den Seealpen erzählt man sich folgende Geschichte: Ursprünglich wurde dieser Ort nur als sommerliche Alpweide genutzt, aber dann beschlossen drei Außenseiter (oft Brüder), gegen den Willen der Dorfgemeinschaft den Winter hier zu verbringen, und dies wurde dann der Beginn der ganzjährigen Besiedlung.

Felszeichnung »Les Attelages« im Gebiet der Chiappe de Fontanalba auf einem vom Gletscher glatt geschliffenen Felsen.

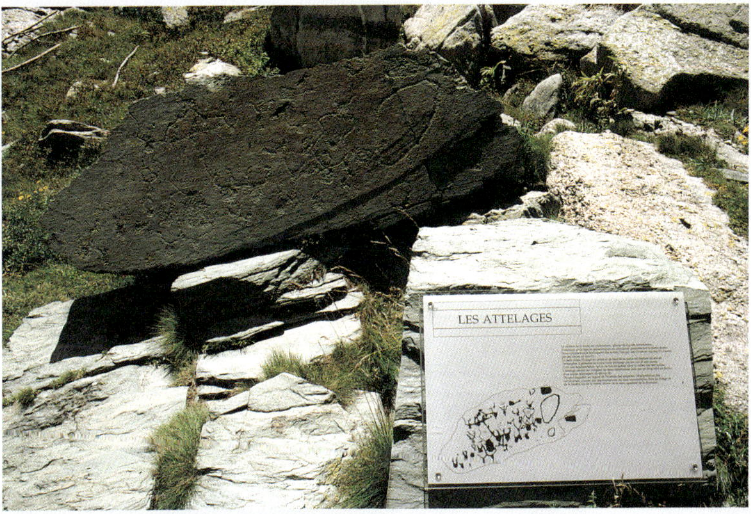

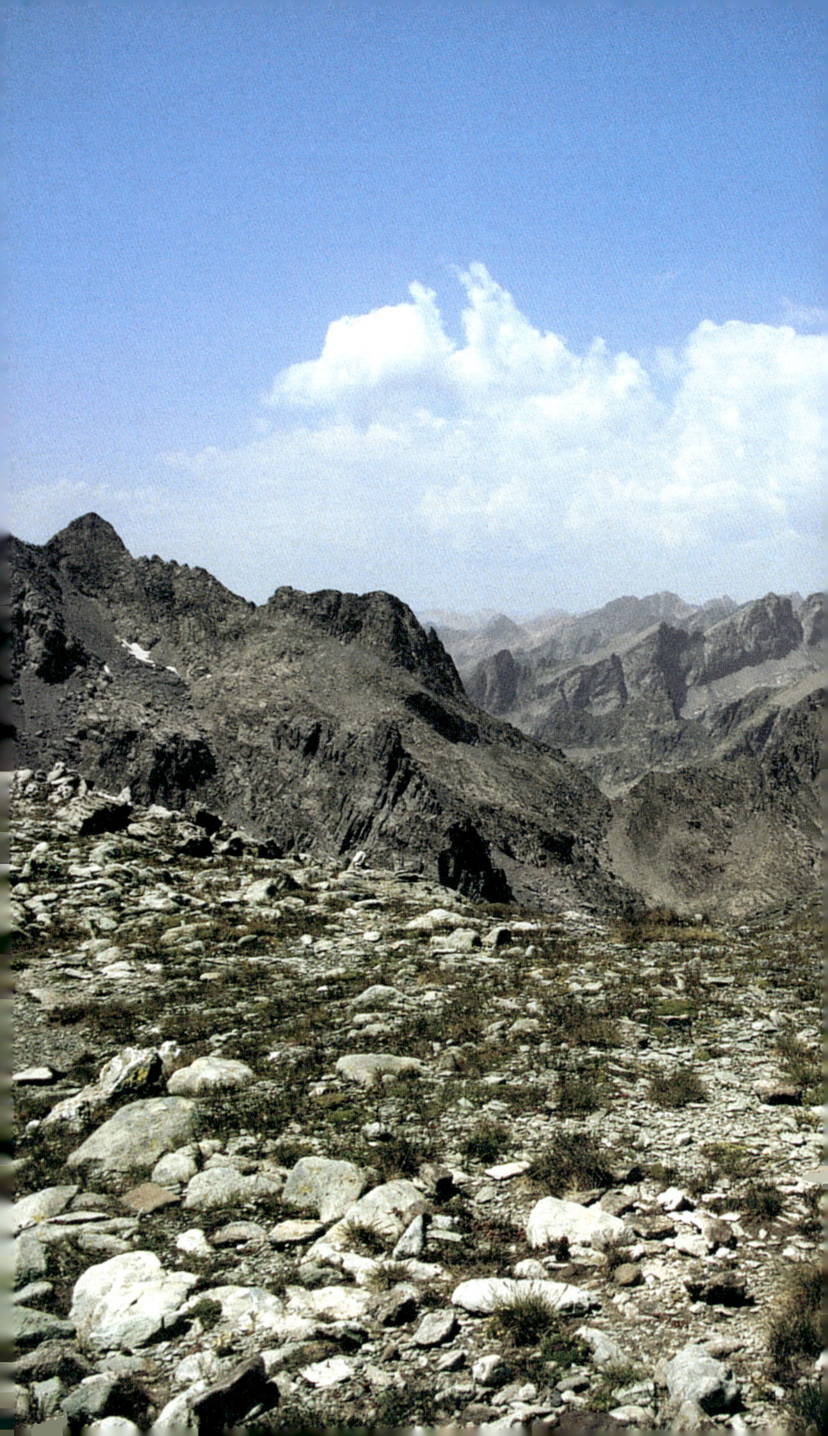

Praktische Hinweise für Wanderer

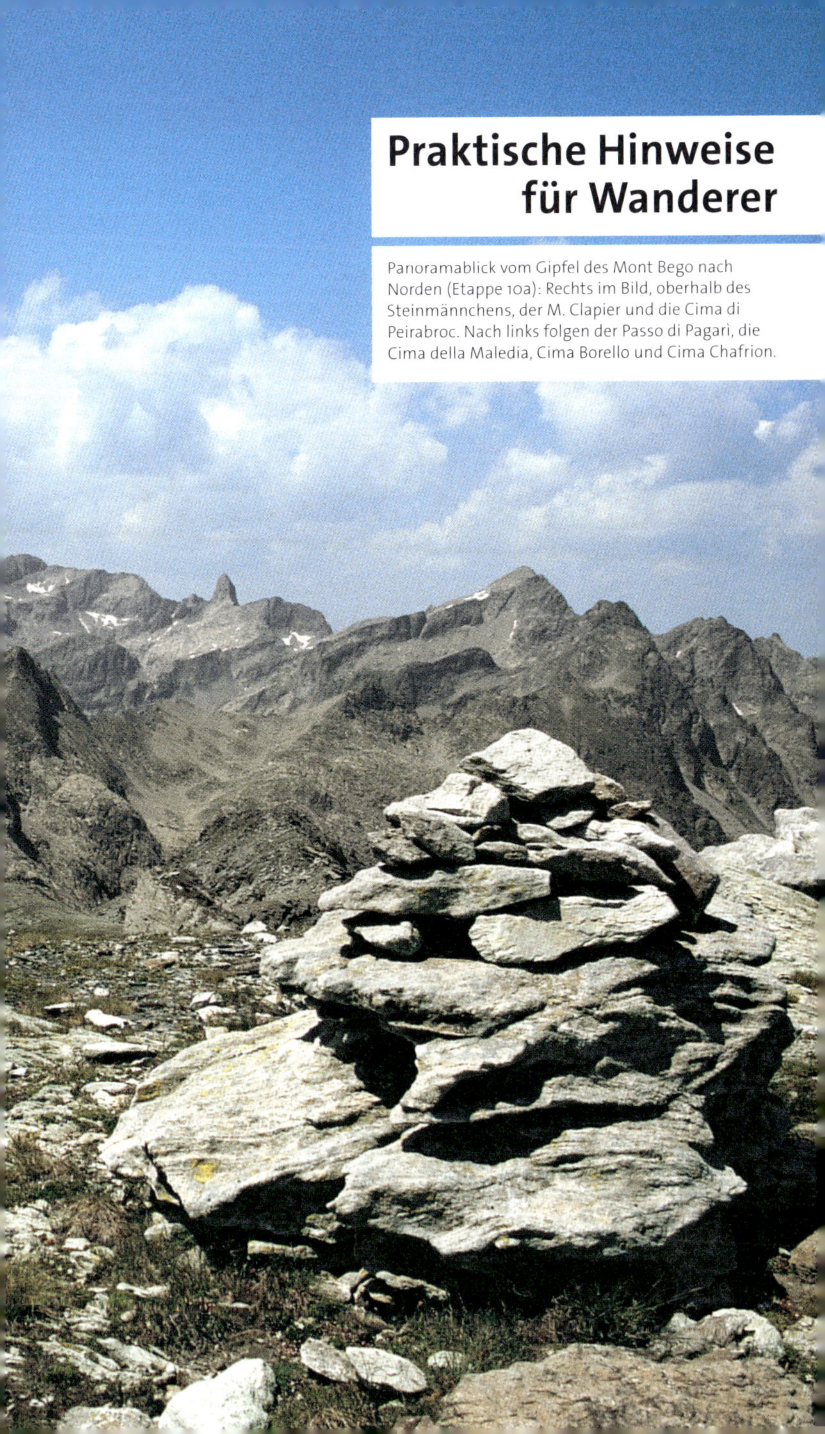

Panoramablick vom Gipfel des Mont Bego nach Norden (Etappe 10a): Rechts im Bild, oberhalb des Steinmännchens, der M. Clapier und die Cima di Peirabroc. Nach links folgen der Passo di Pagarì, die Cima della Maledia, Cima Borello und Cima Chafrion.

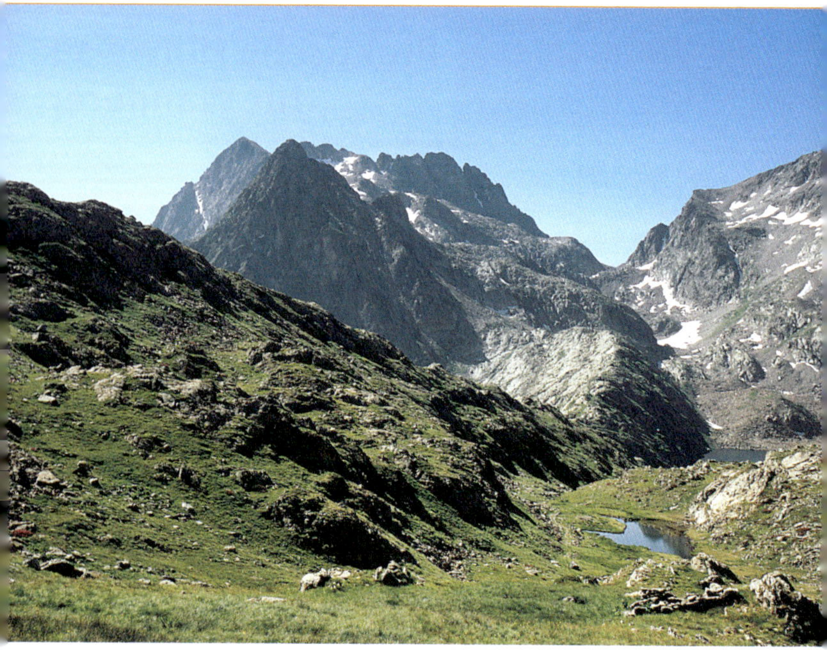

Blick zurück auf das Monte-Matto-Massiv (links) beim Anstieg zum Colle della Valletta (Etappe 3).

Zum Gebrauch des Führers

Da die deutschsprachigen Wanderer, die mit diesem Führer die Seealpen kennen lernen wollen, eine etwas längere Anreise haben, werden sie sehr wahrscheinlich für ein oder zwei Wochen in diese Region fahren. Deshalb stellt dieser Führer keine Tagesausflüge vor, sondern eine Rundwanderung durch die zentralen Seealpen. Da aber die Interessen der Wanderer dabei sehr unterschiedlich sein können, ist dieser Führer so angelegt, dass er auf drei verschiedene Weisen genutzt werden kann, nämlich als Beschreibung für eine »große« Rundwanderung (zwei Wochen), für eine »kleine« Rundwanderung (eine Woche) oder für eine Anzahl von Tagesausflügen.

1. Große Rundwanderung

Diese Rundwanderung, die durch den italienischen und französischen Teil der zentralen Seealpen führt, wird in vier Kapiteln (Kapitel 2–5) mit insgesamt 13 Tagesetappen und einer Alternative (Etappen 10a und 11a) beschrieben, und sie bildet den Kern der Routenbeschreibungen dieses Bandes. Bei den einzelnen Etappen werden eine Reihe von Varianten erwähnt und beschrieben, die alternative Routenführungen ermöglichen. Gelegentlich können zwei Etappen an einem Tag begangen werden (zum Beispiel Etappen 7 und 8), oder man kann die Gipfelbesteigungen auslassen, so dass auch die Dauer dieser großen Rundwanderung erheblich variiert werden kann.

2. Kleine Rundwanderung

Mittels der beschriebenen Etappen und der genannten Varianten lassen sich leicht verschiedene kürzere Rundwanderungen durch kleinere Teile der Seealpen zusammenstellen:

- 5 Tage: San Giacomo–Rifugio Soria-Ellena–Refuge la Madone de Fenestre (Etappe 8)–Refuge de Nice (Etappe 9)– Rifugio Pagarì (Variante Etappe 9)–San Giacomo.
- 5 Tage: S. Anna di Valdieri–Rifugio Bianco (Etappe 1)–Rifugio Questa (Etappe 3)– Rifugio Remondino (Etappe 4)– Rifugio Genova (Etappe 6)–Terme di Valdieri (Variante Etappe 6).
- 5 Tage: San Giacomo–Rifugio Pagarì (Variante Etappe 9)–Refuge de Nice (Variante Etappe 9)–Refuge de Fontanalba (Etappe 10)–Castérino (Etappe 11)–Trinità (Etappe 12).

Alle drei Vorschläge lassen sich leicht zu einer 6- oder 7-tägigen Rundwanderung erweitern.

3. Tagesetappen von einem Standquartier im italienischen Teil der Seealpen aus

Viele der Etappen können auch als Tagesetappen von einem festen Stützpunkt im Gesso-Tal aus unternommen werden (s. Kapitel 1), oder sie lassen sich mit einer Übernachtung auf einer Alpenvereinshütte zu sehr attraktiven zweitägigen Touren ausbauen. Mögliche Standquartiere sind die Dörfer Valdieri und Entracque (Hotels), von wo aus man alle Ausgangspunkte für Tageswanderungen erreicht (allerdings ist ein PKW nötig, um früh aufbrechen zu können). Direkt loswandern kann man von den folgenden Weilern aus: S. Anna di Valdieri (zwei Alberghi und ein B&B) Terme di Valdieri (Hotel und zwei Alberghi), San Giacomo (einfache Unterkunft/Posto tappa und Campingplatz) und Trinità (Albergo/Posto tappa):

- **S. Anna di Valdieri** ist Ausgangspunkt für eine Wanderung zum Rifugio Livio Bianco (Etappe 1) oder auf den Aussichtsgipfel Monte Bourel oder zu einem der größeren Seen in der Umgebung, wie zum Beispiel zum Lago soprano della Sella und für die Besteigung des Monte Matto (Etappe 2); für die Besteigung des Monte Matto von S. Anna aus empfiehlt es sich jedoch, zwei Übernachtungen im Rifugio Livio Bianco einzuplanen.
- Von **Terme di Valdieri** kann man Tagesausflüge zu den Rifugi Morelli-Buzzi und Genova (Rückkehrmöglichkeit Etappe 6

Der Colletto della Forchetta, 2951 m, und die Cima del Nasta, 3106 m, beim Aufstieg zur Cima del Baus.

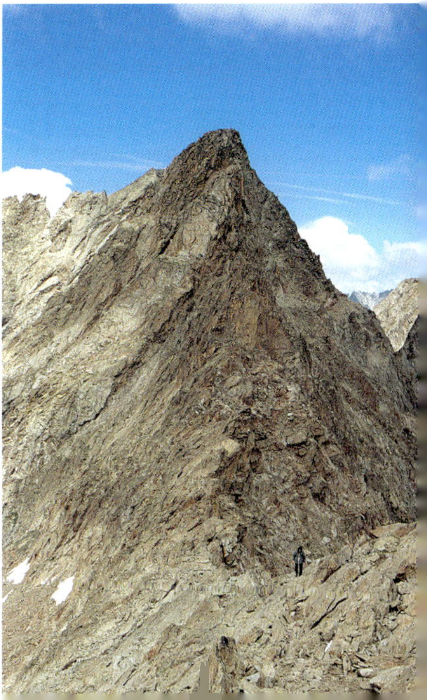

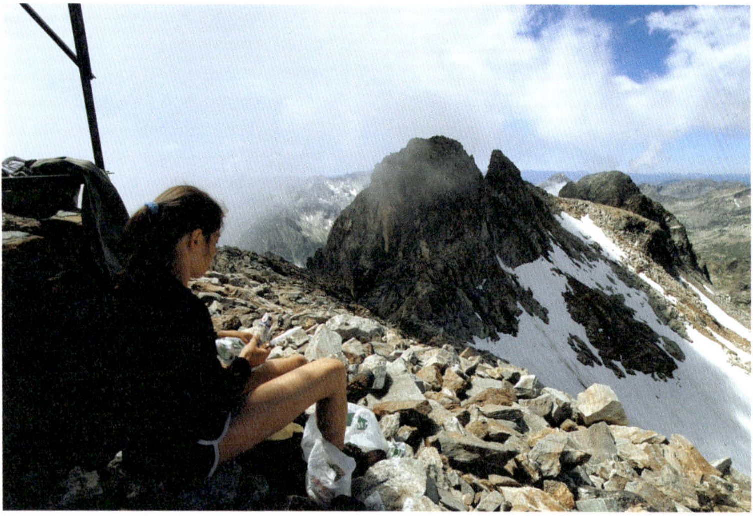

Der Ostgipfel des Monte Matto, 3087 m (Etappe 2), ist ein lohnendes Ziel mit einer großartigen Aussicht. In der Bildmitte sieht man die Cima Centrale, 3094 m, des Monte Matto.

in Gegenrichtung) oder zu den Seen Valscura, Claus, Portette und Fremamorta machen. Auch eine zweitägige Rundwanderung mit einer Übernachtung im Rifugio Questa, das leicht zu erreichen ist (Abstiegsmöglichkeit Etappe 3 in Gegenrichtung), bietet sich an. Von hier kann man dann am nächsten Tag über das Val Morta (Rückkehrmöglichkeit Etappe 3 in Gegenrichtung) oder die Hochebene Piano della Casa del Re (Etappe 4) zurück nach Terme di Valdieri gelangen. Zum anderen ist auch das Rifugio Remondino (Etappe 4 ab Piano della Casa) von Terme di Valdieri recht schnell erreicht, und auch die Cima del Baus (Etappe 5) kann von hier aus bestiegen werden, allerdings empfehlen wir auch bei dieser Gipfeltour, einen Übernachtungsaufenthalt im Rifugio Remondino einzulegen, da die Tour sonst sehr lang wird.

- Von **San Giacomo** sind schöne Tageswanderungen zum Colle di Fenestrelle (Abstiegsmöglichkeit Etappe 7 in Gegenrichtung und Etappe 7), zum Colle di Finestra (Abstiegsmöglichkeit Etappe 7 in Gegenrichtung und Etappe 8), oder zum Rifugio Pagarì möglich (Rückkehrmöglichkeit Etappe 9 in Gegenrichtung). Auch die in diesem Führer nicht beschriebene Wanderung zum Lago del Vei del Bouc, 2042 m, mit den prähistorischen Felszeichnungen im Uferbereich, ist eine sehr lohnende Tagestour von San Giacomo aus.

Es sind aber auch mehrtägige Abstecher nach Frankreich mit Übernachtungen im Refuge la Madone de Fenestre oder Refuge de Nice möglich (Etappen 8, 9 und Rückkehrmöglichkeit Etappe 9).

- Von **Trinità di Entracque** kann man die Etappe 50 der GTA entweder teilweise –

bis zum Colle del Vailetto – oder ganz – bis San Giacomo – gehen. Ebenso kann man eine Tagestour ins Vallone del Sabbione, zum Colle Ovest del Sabbione (Etappe 12 in Gegenrichtung), unternehmen.

Weitere gute Hinweise für Tageswanderungen von den genannten Ausgangsorten bietet der Wanderführer von Carlo A. Mattio (s. *Literaturhinweise*).

Charakteristik der Etappen

Die in diesem Führer beschriebenen Etappen sind Bergwege im alpinen Gelände ohne Kletterstellen und Gletscherüberquerungen. Einzige Ausnahmen sind lediglich die Ausflugsetappe auf die Cima del Baus (Etappe 5) und die Variante über den Gipfel des Mont Bego (Etappe 10a), die den gelegentlichen Einsatz der Hände und Schwindelfreiheit erfordern und die nur erfahrene Berggänger unternehmen sollten, sowie die nicht ganz so exponierte, aber ebenfalls nur für geübte Berggänger zu empfehlende Ausflugsetappe auf den Ostgipfel des Monte Matto (Etappe 2). Viele Etappen sind jedoch lang und verlaufen in einer einsamen Landschaft. Dabei erreicht man bei der Bewältigung der teils erheblichen Höhenunterschiede große Höhen (bis 2900 Meter, Ausflugsetappen bis über 3000 Meter). Erschwerend kommt hinzu, dass viele Etappen zwischendurch nicht abgebrochen werden können und dass in Notfällen Hilfe nicht so rasch wie in den touristisch erschlosseneren Alpenregionen herbeigeholt werden kann. Daher verlangen die Wege ein erhebliches Maß an Bergerfahrung.

Außer bei den Etappen 5 und 10a werden ausgesetzte Passagen bei den Routen vermieden, aber es gibt gelegentlich kurze, etwas ausgesetzte Stellen, die bergerfahrenen Wanderern bei gutem Wetter keine Probleme bereiten dürften, für einige aber manchmal doch schwierig sein könnten. In den Wegbeschreibungen wird darauf jeweils hingewiesen, und wir empfehlen dringend, in allen Zweifelsfällen – zum Beispiel bei schlechtem Wetter, Zweifel an der Wegführung oder körperlicher Unsicherheit – eine Tour abzubrechen und zum Ausgangspunkt zurückzukehren. Wir haben diesen Führer zwar gründlich vorbereitet, aber wir können aufgrund des Hochgebirgscharakters dieser Region keine Garantie übernehmen, dass die beschriebenen Wege jederzeit problemlos zu begehen sind. Deshalb wendet sich dieser

Der Lago Corno Stella mit dem Gipfel des Corno Stella (ganz rechts im Hintergrund)

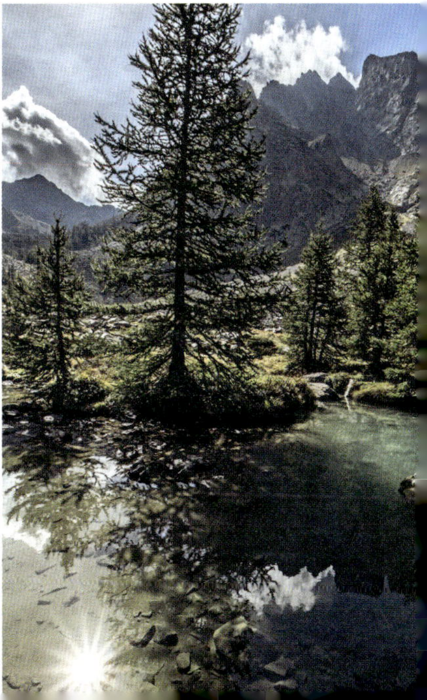

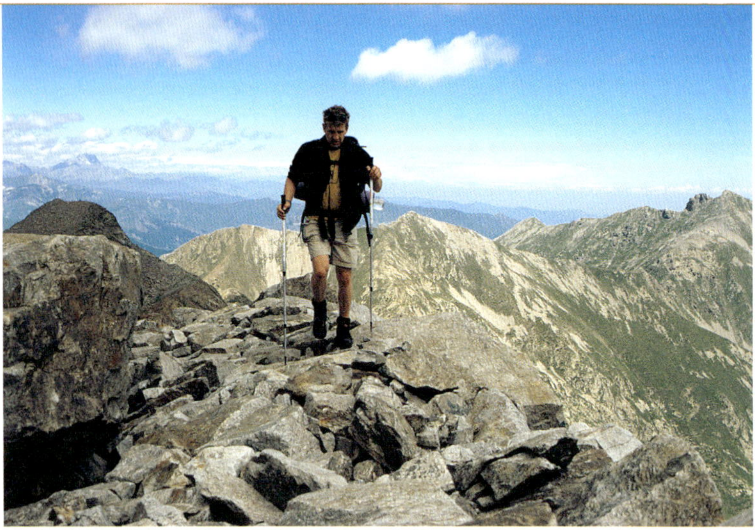

Das weit verzweigte Wegenetz macht Wanderungen in den Seealpen überhaupt erst möglich. Hier ein sorgfältig gepflastertes Wegstück des ehemaligen Jagdsteigs zum Colle della Paur.

Führer an den erfahrenen Bergwanderer, der eigenständig entscheiden kann und muss, wann eine Tour abgebrochen werden sollte.

Wer nicht genügend Bergerfahrung besitzt, hat die Möglichkeit, diese faszinierende Alpenregion auf geführten Wanderungen kennen zu lernen, die vom Naturpark und von Bergführern angeboten werden. Informationen:

- Bei der Parkverwaltung (Adresse: s. *Besucherzentren und Parkverwaltungen).*
- Bei der Vereinigung der Piemontesischen Bergführer (Collegio Guide Alpine del Piemonte), Via Principe Amedeo 17, 10123 Torino, Tel. 011 4324935, segreteria@guidealpinepiemonte.it, www.guidealpinepiemonte.it). Das Büro ist Dienstag und Donnerstag von 9 bis 17 Uhr besetzt.

Die Wege – schmale Fußwege, Saum- und Militärwege, selten kleine Fahrstraßen – sind meist gut markiert, und manchmal wird die Markierung durch Wegweiser ergänzt.

Trotzdem muss man beim Wandern stets auf die richtige Wegführung achten und einkalkulieren, dass man gelegentlich auch einmal vom Weg abkommen kann. Besondere Vorsicht ist bei der häufig völlig weglosen Überquerung von Geröllfeldern geboten, wo nur Steinmännchen (italienisch: Ometti) die Richtung weisen, was insbesondere bei Nebel – wenn das nächste Steinmännchen nicht zu sehen ist – leicht zu Orientierungsproblemen führen kann.

Falls man vorhat, andere Wege, die von der beschriebenen Route abzweigen, zu begehen, sollte man sich vorher auf jeden Fall über deren Zustand informieren, denn einige dieser »Wege« (ehemalige Militär- oder Alpinisteige) verlieren sich im Gelände, andere verlangen alpinistisches Können (Kletterstellen) beziehungsweise alpinistische Ausrüstung (Helm, Steigeisen usw.). Dies gilt allerdings nicht für die beschilderten und markierten Wander- beziehungsweise Weitwanderwege in diesem Gebiet (s. *Kapitel 6*) die völlig problemlos zu begehen sind.

Wegbeschreibungen und Variationsmöglichkeiten

Der Wegverlauf der einzelnen Etappen wird in diesem Führer grundsätzlich beschrieben, wobei schwierige Wegpassagen, die Probleme bereiten könnten, genauer benannt werden. Die Angaben links/rechts beziehen sich jeweils auf die beschriebene Wegrichtung, die »orografisch linke Seite« dagegen ist diejenige Seite, die vom bergab fließenden Bach aus gesehen links liegt. Die Höhenangaben und Namen der Wegbeschreibungen beziehen sich auf italienischem Gebiet auf die Wanderkarte »Fraternali 15« und auf französischem Gebiet auf die IGN-Wanderkarten der Serie TOP 25 (s. *Kartenmaterial)*, weil dies die besten Karten sind, die existieren und die daher von uns empfohlen werden.

Die angegebenen Zeiten für die einzelnen Etappen sind reine Gehzeiten ohne Pausen und sollen lediglich einen Anhaltspunkt darstellen. Je nach Stimmung, Kondition, Wetter und Wegzustand kann die tatsächliche Gehzeit stark abweichen. Auch die Wahrnehmung des Wegs kann sehr unterschiedlich ausfallen und ist von mehreren Faktoren abhängig, wie zum Beispiel der Jahreszeit, der Wetterlage, der Bergerfahrung und der persönlichen Stimmung, und deshalb kann es immer wieder vorkom-

Das Bousset-Tal mit der Pyramide des Monte Frissön im Hintergrund.

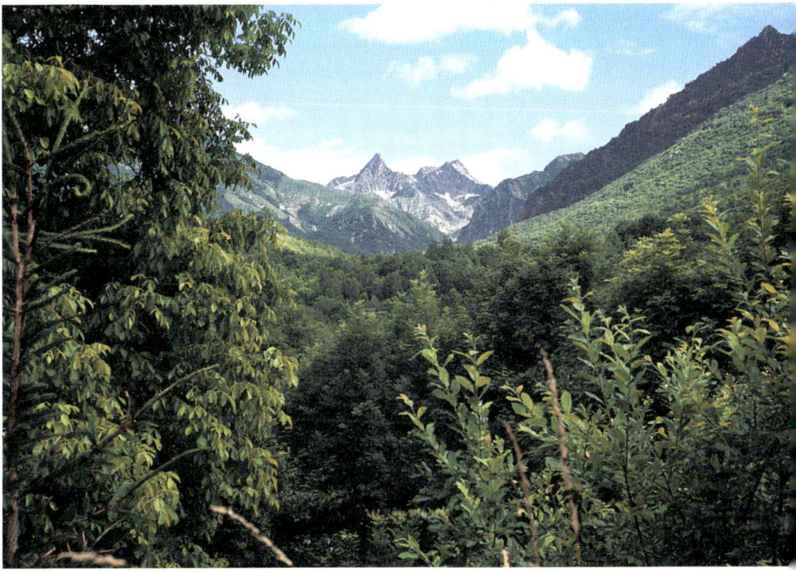

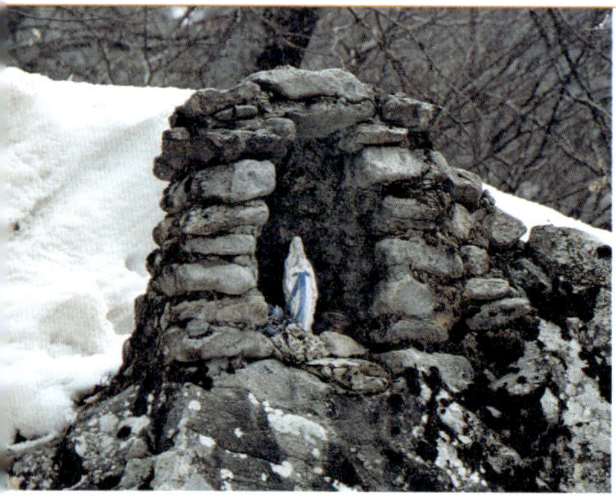

Ein Bildstock in der Nähe von San Giacomo.

men, dass Wanderer einzelne Etappen anders erleben, als sie im Führer dargestellt sind. Deshalb sind die Wegbeschreibungen zwar eine Hilfestellung für die Wanderung durch die Seealpen, aber sie setzen einen selbständigen Wanderer mit Eigenverantwortung und einem gewissen Maß an Bergerfahrung und Orientierungsfähigkeit im alpinen Gelände voraus.
Auf den Abdruck detaillierter Wanderkartenausschnitte mit genauer Wegdarstellung wurde bewusst verzichtet. Erfahrungen mit solchen Führern zeigen, dass sich die meisten Wanderer dann nur noch auf die äußerst kleinen Kartenausschnitte in den Führern beschränken und kein zusätzliches Kartenmaterial mitnehmen, ohne das aber keine befriedigende Orientierung im Gelände möglich ist. Daher ist es unbedingt erforderlich, Wanderkarten im Maßstab 1:25 000 für dieses Gebiet mitzunehmen, und zusätzlich empfehlen wir eine Übersichtskarte (1:100 000). Die beigefügten Kartenskizzen dienen lediglich der ersten Orientierung über den Wegverlauf und sollen das Verstehen der Wanderkarten erleichtern. Deshalb werden die besonders relevanten Geländeformen – Grate, Kämme oder Bergrücken – besonders hervorgehoben.
Die Routenführung ist so konzipiert, dass die Etappen bei einer Alpenvereinshütte (beziehungsweise den Ausgangsorten) beginnen und dann über einen hohen Pass ins Nachbarseitental zur nächsten Übernachtungsmöglichkeit führen. Damit sind Etappenlänge und -dauer meist vorgegeben, aber es gibt einige Variationsmöglichkeiten, auf die bei den einzelnen Etappen jeweils konkret hingewiesen wird.

Verhaltensregeln im Gebiet des Natur- und Nationalparks

Den Besuchern des Parks stehen einige Infrastrukturen zur Verfügung. Dazu gehören die Unterkünfte und Besucherzentren, Parkplätze, Picknickplätze, spezielle Themenwege und Lehrpfade, Informationstafeln, markierte Wanderwege sowie kulturelle Einrichtungen wie das »Ökomuseum des Roggens« in S. Anna di Valdieri. Sie ermöglichen es, sich über das Gebiet zu informieren und sich darin zu bewegen.
Es gelten jedoch einige Verhaltensregeln, die aber für einen verantwortungsbewussten Besucher eigentlich selbstverständlich sind:

- Fahr- und Parkverbot für Privatfahrzeuge abseits der öffentlichen Straßen
- Kein Pflücken und kein Sammeln von Tieren, Pflanzen und Steinen
- Keinen Abfall wegwerfen
- Kein Feuer anzünden
- Keine Tiere stören oder unnötigen Lärm machen
- Hunde an die Leine (in Italien), keine Hunde im Nationalpark Mercantour erlaubt!

- Keine Waffen
- Kein Zelten (Biwakieren ist dagegen erlaubt, definiert als »Zelt aufschlagen von 19 bis 9 Uhr, sofern man mehr als eine Stunde Fußmarsch vom Rande des Parkgebiets oder von einer Zufahrtsstraße entfernt ist«)
- Kein Gleitschirmfliegen

Generell gilt: »Nehmt nichts mit außer Fotos und hinterlasst nichts außer Fußspuren«.

Unterschiede zwischen dem italienischen und dem französischen Teil der Seealpen

Der französische Nationalpark Mercantour ist sowohl im eigenen Land als auch im Ausland besser bekannt als der italienische Naturpark der Seealpen und besitzt mit den Felszeichnungen im Tal der Wunder eine kulturelle Attraktion ersten Ranges, die mit einem Tagesausflug gut zu besichtigen ist. Folglich hat der Mercantour-Park wesentlich mehr Besucher, und die Hüttenbelegung ist deutlich höher als im Seealpenpark. Dies gilt vor allem für die Hütten im Tal der Wunder, eingeschränkt aber auch für die anderen Berghütten und Unterkünfte im französischen Nationalpark, da das Wandern und Weitwandern in Frankreich wesentlich beliebter ist als in Italien.

Bei der Planung der Wanderung sollten die Ferienzeiten berücksichtigt werden: Die italienischen Ferien beginnen schon im Juni und dauern bis Ende August, wobei der Höhepunkt in der Woche um den 15. August (Fest Mariä Himmelfahrt) liegt, dem sogenannten »Ferragosto«, in der fast

Meist am Rande der Naturschutzgebiete befinden sich große Hinweisschilder, die über die wichtigsten Regeln Auskunft geben.

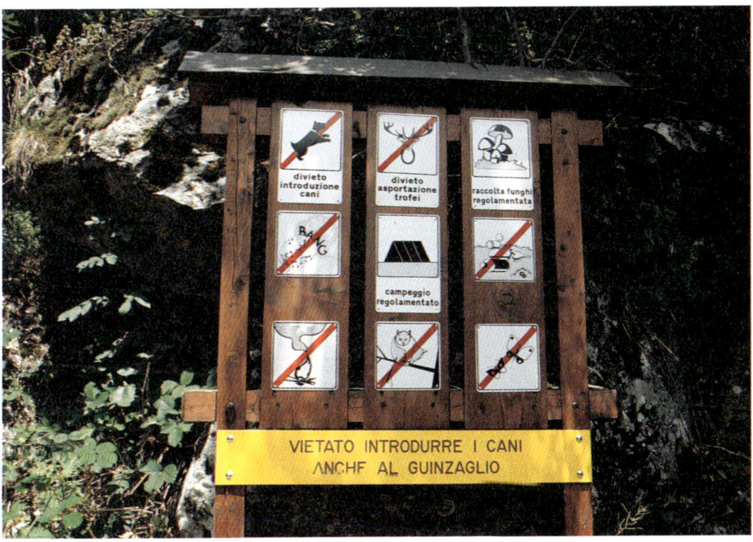

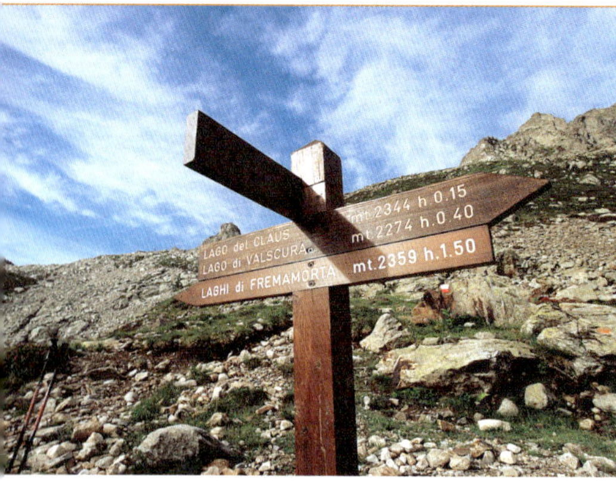

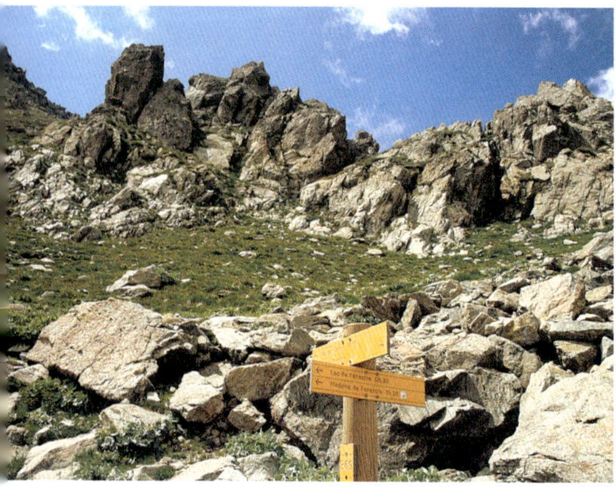

Italienischer Wegweiser im Naturpark der Seealpen und französischer Wegweiser im Nationalpark Mercantour.

alle Italiener die Städte wenigstens für einige Tage verlassen, um ans Meer oder in die Berge zu fahren. Die französischen Ferien beginnen Anfang Juli und enden erst Mitte September, wobei sich auch hier der Urlaub auf den August konzentriert. Die wenigen vorhandenen Unterkünfte sind daher in den ersten drei Augustwochen oft voll belegt, dies gilt vor allem für das Tal der Wunder. Wer diese faszinierende Region näher erforschen möchte, sollte diese Zeit möglichst meiden.

Eine Übernachtung in den Berghütten kostet sowohl auf der französischen als auch auf der italienischen Seite der Seealpen 55 bis 70 Euro mit Halbpension (Frühstück und Abendessen), Mitglieder des DAV, ÖAV und SAC erhalten gegen Vorlage ihres Mitgliedsausweises eine Ermäßigung. Angesichts der Qualität und der Quantität des Essens und der oft schwierigen Erreichbarkeit der Berghütten ist das Preis-Leistungs-Verhältnis insgesamt gut, unseres Erachtens aber im italienischen Teil noch etwas besser aufgrund der geringeren Hüttenbelegung (mehr Platz) und des besseren Essens.

Besser ist in den französischen Seealpen das Angebot an touristischen Informationen (Internet, Broschüren, Karten- und Führermaterial), zumeist gibt es auch in den Berghütten ein breites Angebot an Informationsmaterial, was im italienischen Teil eher selten der Fall ist.

Im Gegensatz zu anderen Regionen Italiens ist jedoch die Markierung der Wanderwege im Seealpenpark gut und daher nicht schlechter als im ebenfalls gut markierten Nationalpark Mercantour. Die Unterschiede liegen eher in der Art und Weise der Markierungen: In Frankreich gibt es mehr Wegweiser, die aufgrund ihrer einheitlich gelben Farbe auch besser zu sehen sind, als in Italien, wo die Markierungen meist am Boden angebracht sind.

Ausrüstung

Da am Ende jeder Tagesetappe eine Unterkunft zur Verfügung steht, kann man mit relativ wenig Gepäck diese Wanderung durchführen. Das Rucksackgewicht sollte nicht mehr als 10 Kilo betragen, damit die Wanderung nicht zu anstrengend wird. Unverzichtbar sind ein leichter Leinen- oder Hüttenschlafsack, gut eingelaufene, feste Wanderschuhe mit gutem Profil und warme, wetterfeste Kleidung, bestehend aus einer bequemen Wanderhose (zusätzlich Regenhose), warmer langer Fleeceunterhose, Fleecehemd, Fleecepullover und Jacke (mit Regenschutz). Bei der Kleidung sollte man sich auf alle Wetterverhältnisse (warm, kalt, trocken, nass) und sogar Schneefall einstellen.

Unbedingt mitnehmen sollte man auch Waschutensilien mit Handtuch, Sonnenschutz (eventuell auch Kopfbedeckung und Sonnenbrille), Trinkbehälter, Wanderkarten, eine kleine Notfallapotheke und ein Mobiltelefon.

Sinnvoll sind darüber hinaus Hüttenschuhe (in den meisten Berghütten gibt es auch Leihschuhe), Kompass, Taschenmesser, Taschenlampe und je nach Bedarf Höhenmesser, Fernglas und Kamera. Wander- oder Bergstöcke sind bei den großen Steigungen sehr zu empfehlen.

Besucherzentren und Parkverwaltungen

Bevor man zum Wandern aufbricht, sollte man eines der drei Besucherzentren des Seealpenparks aufsuchen. Hier bekommt man Informationsmaterial, das einem hilft, den Aufenthalt in der Natur noch intensiver zu erleben und das Gesehene besser zu verstehen. Das Zentrum in Entracque hat auch einen Parkshop, dort kann man Accessoires wie Mützen, T-Shirts usw. kaufen. Außerdem ist dort eine Dauerausstellung zum Thema Wolf untergebracht (Centro Uomini e Lupi). Das Zentrum in Terme di Valdieri beherbergt eine Ausstellung über die Schutzgebiete der Seealpen und das Besucherzentrum in Vernante (im Vermenagna-Tal) bietet Ausstellungen mit wechselnden Themen.

Die Öffnungszeiten der Besucherzentren variieren von Jahr zu Jahr beziehungsweise Monat zu Monat und sollten daher selbst vor Ort erfragt werden.

- Besucherzentrum Entracque, Piazza Giustizia e Libertà 3, Tel. 0171 1740052,

Besonders auf den Nordseiten der Pässe liegen bis weit in den Sommer hinein Schneereste. Meist ist die Überquerung solcher Schneefelder jedoch relativ problemlos möglich, da der Schnee tagsüber weich ist, so dass keine Steigeisen benötigt werden.

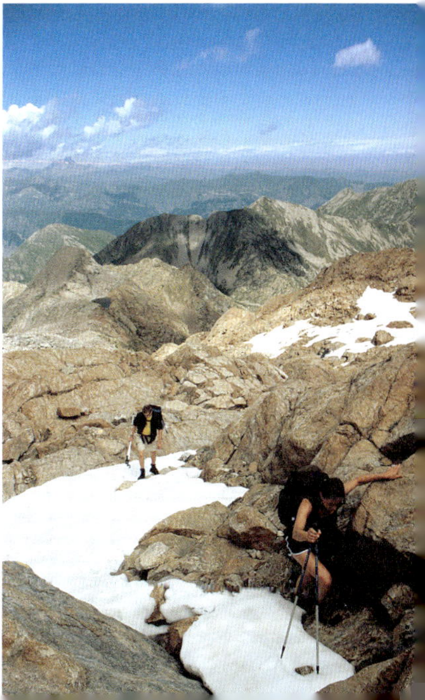

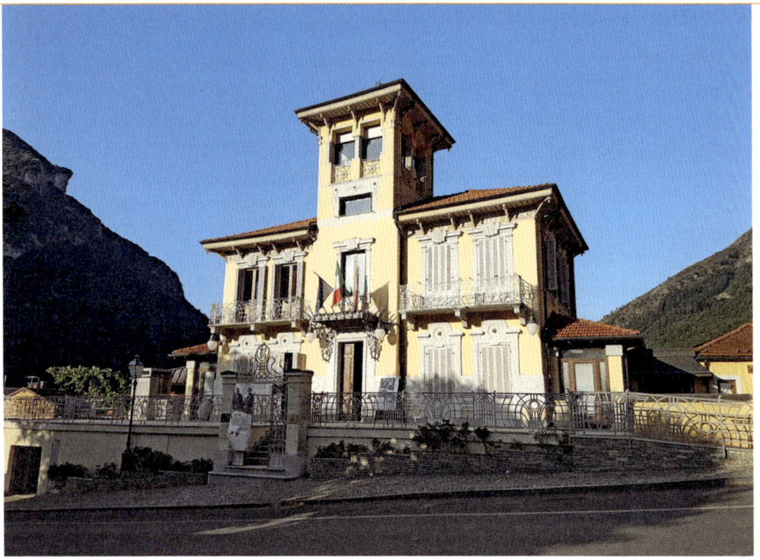

Die Villa Bianco in Valdieri ist der Sitz der Parkverwaltung.

geöffnet von Januar bis Ende September, www.centrouominielupi.it

- Besucherzentrum Valdieri (Località Terme di Valdieri), nur im Sommer geöffnet, www.parcoalpimarittime.it/visit/centri-visita-musei-giardini/centro-visita-terme-di-valdieri
- Besucherzentrum Vernante, Strada Statale 20 Nr. 12, Tel. 0171 920550, ganzjährig geöffnet, www.parcoalpimarittime.it/visit/centri-visita-musei-giardini/centro-visita-vernante

Im Bereich des Nationalparks Mercantour sei hier auf die zwei Informationsstellen in Castérino (Chalet di Castérino, nur im Sommer geöffnet) und in La Minière de Vallaure (nur im Sommer geöffnet) verwiesen, die einzigen, welche im Bereich unserer Routenführung liegen.
Weitere Informationen sind direkt bei den Parkverwaltungen erhältlich:

- Parco Naturale delle Alpi Marittime, Piazza Regina Ellena 30, I-12010 Valdieri (CN), Tel. +39 0171 976800, info@areeprotettealpimarittime.it, www.parks.it/parco.alpi.marittime/, www.parcoalpimarittime.it
- Parc National du Mercantour. 23, Rue d'Italie 06006 Nice Cedex 1, Tel. +33 0493 167888, www.mercantour-parcnational.fr

Die Unterkünfte

Zwei parkeigene Unterkünfte stehen dem Besucher im Seealpenpark zur Verfügung: Die Locanda del Sorriso in Trinità ist ideal für Gruppenaufenthalte und bringt typische Gerichte der okzitanischen Täler auf den Tisch. In Palanfrè gibt es das L'Arbergh, ein Ausgangspunkt für Wander- und Skitouren, aber vor allem ein Ort für Lehr- und Freizeitveranstaltungen des Parks. In den Ausgangsorten (Valdieri, Terme di Valdieri,

S. Anna di Valdieri, Entracque,) kann man auch zwischen einigen kleinen Hotels und Pensionen wählen, in denen man übernachten kann. Meist schläft man jedoch in italienischen (oder französischen) Alpenvereinshütten (Rifugio CAI/Refuge CAF) in einfachen Matratzenlagern, wo Decken für die Wanderer bereitliegen.

Bei der Ankunft in einer Berghütte wenden Sie sich immer zuerst an die meist freundlichen und hilfsbereiten Betreuer. Diese zeigen ihnen den Schlafraum und sagen Ihnen die Essenszeiten. Außerdem sollte man folgende Punkte beachten: Informieren Sie die Betreuer der Hütte über Ihr Ziel am nächsten Tag, und bitten Sie darum, dass man die telefonische Voranmeldung für Sie erledigt. Erkundigen Sie sich, ob es für die nächste Etappe irgendwelche Veränderungen gibt, denn die Hüttenbetreuer erfahren Neuigkeiten sehr schnell und können eventuell wichtige Ratschläge geben. Auch nach der Wetterlage sollte man sich erkundigen und auf die Einschätzung der Leute vor Ort vertrauen. Wenn man Ihnen von der Fortsetzung der Wanderung abrät, sollte das ernst genommen werden.

Sollten Probleme auftreten, sollte man sie gleich an Ort und Stelle ansprechen. Sollte etwas mit der Unterkunft nicht in Ordnung sein, ist ein Gespräch mit dem Hüttenbetreuer sinnvoll, bei Problemen mit dem Weg (zum Beispiel bei schlechter Markierung) sind sowohl die Hüttenbetreuer als auch die Parkverwaltungen die richtigen Ansprechpartner. Normalerweise ist man sehr darum bemüht, auftretende Probleme schnell zu lösen, oft hilft die Kunst der Improvisation.

Oben: Im Inneren des Besucherzentrums des Seealpenparks in Entracque.

Unten: Das hoch gelegene Rifugio Remondino (Endpunkt der Etappe 4) ist ein hervorragender Stützpunkt für Gipfelbesteigungen wie zum Beispiel auf die Cima del Baus (Etappe 5).

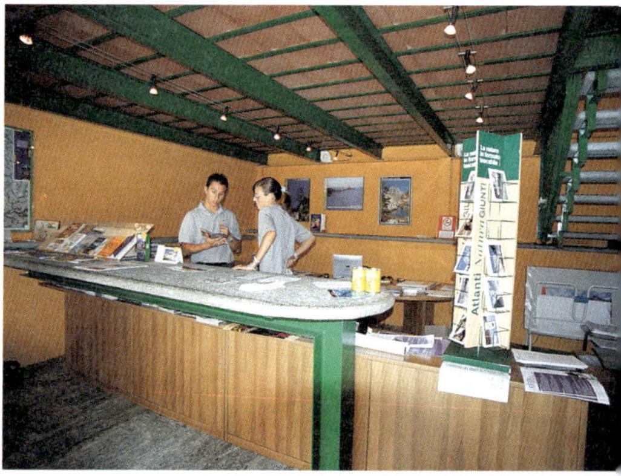

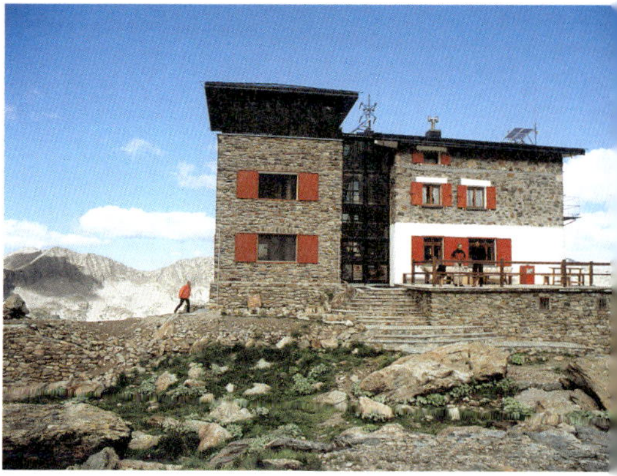

Größere Probleme sollten jedoch immer auch an uns gemeldet werden, damit wir sie via Internet schnell anderen Wanderern mitteilen können (s. *Adressen, Telefonnummern und Websites*).

Ein Hinweis ist besonders wichtig: Da einige der Alpenvereinshütten relativ klein sind, kann es, vor allem an den Wochenenden, zu einer vollständigen Belegung kommen. Deshalb sollte man sich prinzipiell spätestens einen Tag vorher nach einem Schlafplatz erkundigen und ihn reservieren. Besonders früh und online (s. *Unterkunft*) sollte man die Schlafplätze im Tal der Wunder reservieren, für das Refuge des Merveilles (Etappe 10a) sogar bis zu drei Monate im Voraus.

Günstige Wanderzeiten

Wir befinden uns hier in einer bereits mediterran beeinflussten Klimaregion, das heißt, die meisten Niederschläge fallen im Frühling und Herbst, der gesamte Sommer hingegen ist relativ trocken. Die Zeit zwischen Mitte Juni und Mitte Juli gehört wegen der Blumenpracht zu den schönsten Jahreszeiten, allerdings muss man damit rechnen, dass man gerade in den Juniwochen (die Schneeverhältnisse variieren von Jahr zu Jahr) auf den Nordseiten der Pässe noch auf große Schneereste treffen kann. Ohne entsprechende Ausrüstung kann die Fortsetzung der Wanderung dann schwierig und gefährlich werden, dies gilt besonders für die vorgeschlagenen Gipfelbesteigungen der Drei-

Das Refuge de Nice, 2232 m, liegt am Lac de la Fous im Nationalpark Mercantour.

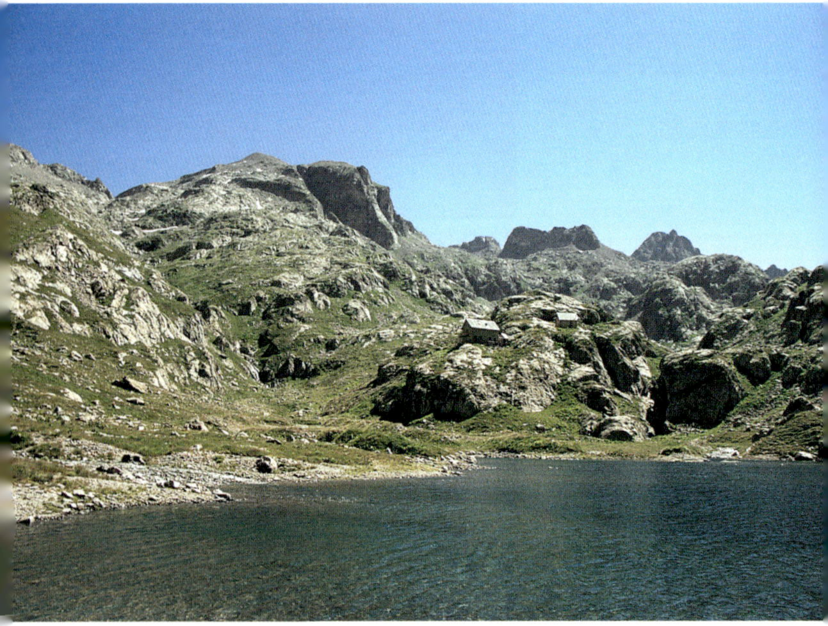

tausender und des Mont Bego. Außerdem sind die meisten Berghütten erst ab Mitte Juni täglich geöffnet. Die Pässe sind oft erst ab Mitte Juli schneefrei, können jedoch meist schon ab Ende Juni begangen werden.

Juli und August sind die trockensten und zum Wandern geeignetsten Monate, wobei der Juli im Allgemeinen zu bevorzugen ist. Die Luft ist dann auch an warmen Tagen noch relativ klar, so dass man – vor allem morgens – schöne Fernsicht genießen kann.

Der August weist etwas mehr Niederschläge als der Juli auf, die Tendenz zu sommerlichen Wärmegewittern am Nachmittag ist stärker. Bei anhaltenden Hochdrucklagen führt die starke Erwärmung des Bodens zu Diesigkeit, welche die Sicht erheblich beeinträchtigt und die Orientierung erschwert.

Im September beginnt das kalte, sehr klare Herbstwetter, das zwar eine fantastische Fernsicht ermöglicht, aber von strenger Kälte in der Pässe- und Gipfelregion begleitet wird. Der starke und kalte Wind lässt eine sommerliche Quellbewölkung nicht mehr aufkommen, dafür steigen im September die Niederschläge zum Monatsende hin schon deutlich an, und in höheren Lagen muss mit Schneefall gerechnet werden. Der Monat Oktober ist zum Wandern in den Seealpen nicht mehr zu empfehlen.

Wer Pech hat und in einem stabilen Genua-Tief steckt (s. *Klima* S. 29), kann auf die französische Seite (Lee-Seite) ausweichen, wo es eventuell weniger stark regnet. Aktuelle Wettervoraussagen gibt es auf folgenden Websites in italienischer Sprache:

- www.meteomont.net
- www.nimbus.it

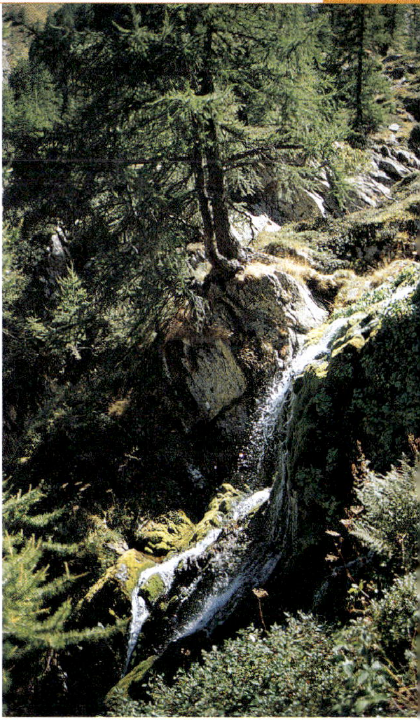

Kleiner Wasserfall des Torrente Valletta etwas oberhalb vom Lago Sottano della Valletta. Selbst im trockenen September führt dieser Bach noch Wasser, weil hoch gelegene Schneefelder nur sehr langsam abtauen.

Für den französischen Teil der Seealpen kann man im Internet in französischer Sprache Wettervorhersagen einholen: www.meteofrance.com.

Sprache

In dieser Gegend spricht fast niemand Deutsch und kaum jemand Englisch, daher sind Grundkenntnisse der italienischen beziehungsweise der französischen Sprache unverzichtbar und tragen dazu bei, den Kontakt zu vertiefen. In den italienischen Seealpen wird die Kommunikation auf Italienisch dadurch erleichtert, dass

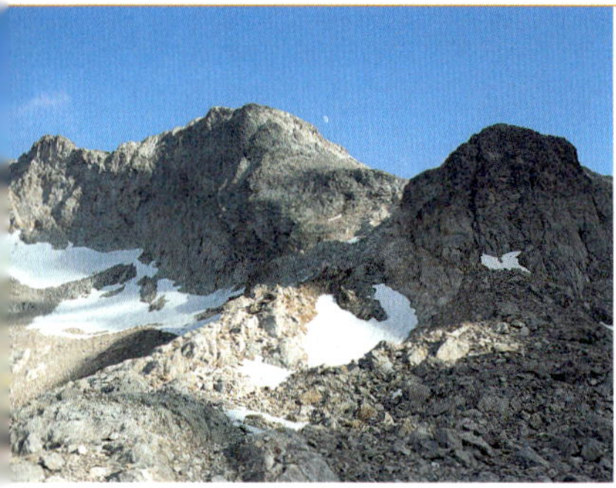

Blick vom Rifugio Pagarì auf die Cima di Pagarì, 2908 m.

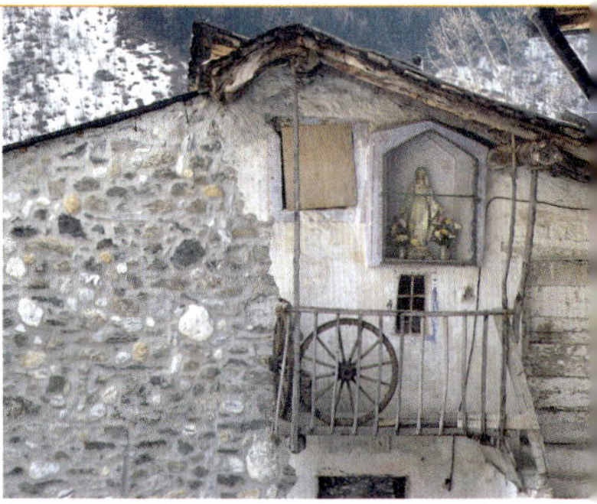

Hauswand in Trinità.

man im Piemont gegenüber Auswärtigen ein sehr klares, kaum dialektal verändertes Hochitalienisch spricht.

Der piemontesische Dialekt dagegen unterscheidet sich so stark vom Italienischen, dass ihn selbst Italiener aus anderen Regionen kaum verstehen, weil er zahlreiche Anklänge ans Französische enthält (Turin zum Beispiel wird »Türeng« ausgesprochen, aus dem italienischen »va bene« wird »va bing«). Dieser Dialekt dringt in den italienischen Seealpen seit der frühen Neuzeit sehr langsam, ab dem 19. Jahrhundert dann schnell aus der Tiefebene in die Alpentäler vor (zunehmende wirtschaftliche Verflechtungen sind die Ursache, im 20. Jahrhundert dann auch Radio und Fernsehen).

Ursprünglich werden aber die gesamten Seealpen durch eine Sprache geprägt, die lange als Dialekt abgewertet wurde, aber linguistisch gesehen eine eigene romanische Sprache ist – das Okzitanische –, welches auch in ganz Südfrankreich gesprochen wird. Sehr erstaunlich ist die geografische Grenze dieser Sprache im Osten, denn das Okzitanische endet genau dort, wo die Berge aufhören und die Tiefebene beginnt, nämlich am Rand des Gesso-Tals bei Borgo San Dalmazzo. Dies bedeutet, dass die wirtschaftlichen und kulturellen Verflechtungen der Seealpen im 7. bis 9. Jahrhundert, als sich diese Sprache herausbildete, mit den französischen Alpen sehr viel enger waren als mit der nahen piemontesischen Tiefebene – der Alpenhauptkamm als Verbindungs-, nicht als Trennraum!

Da Okzitanisch dem Französischen nahesteht, kann man sich auch im italienischen Teil der Seealpen häufig auf Französisch verständigen, allerdings wird es hier in der harten, südfranzösischen Variante ausgesprochen (keine Nasale). Im französischen Teil der Seealpen kann man sich jedoch nur selten auf Italienisch verständigen.

Esssitten und Regionalprodukte

Man kann nicht vom Piemont sprechen, ohne seine kulinarischen Spezialitäten zu erwähnen, ist es doch in ganz Europa für seine sehr gute Küche und für hervorragende Lebensmittel bekannt. Und aus dem Hügelgebiet der Langhe (südöstlich von Turin) stammen die besten Rotweine Italiens. Die Städte Cuneo und Turin sind vor allem wegen ihrer Vielzahl köstlicher Süßigkeiten bekannt, wie zum Beispiel der Schokoladenpraline »Cuneesi al rum«.

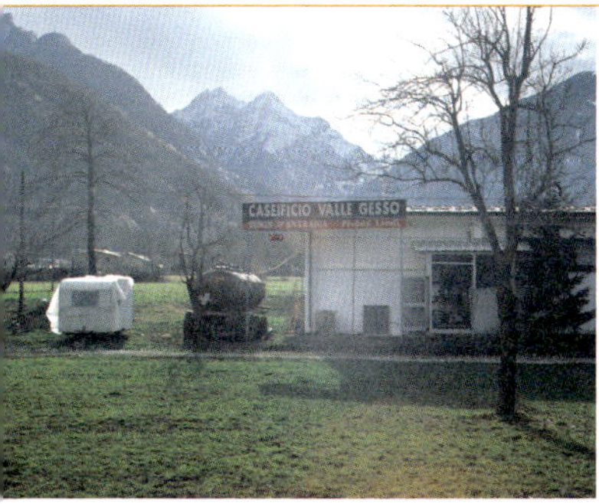

In den Käsereien von Entracque kann man lokale Käsesorten kaufen

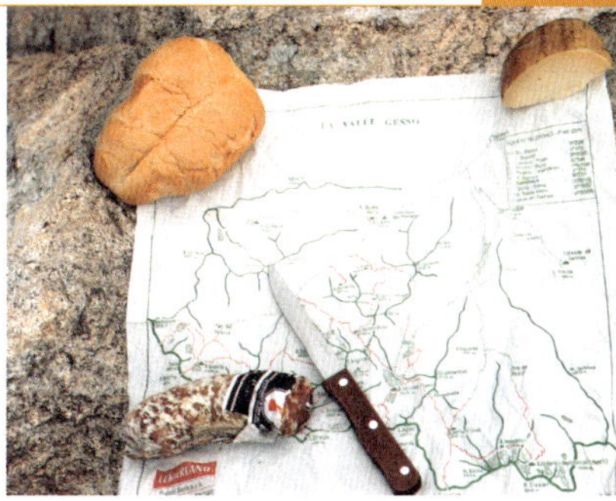

Eine Vesper ist auf einer Wanderung Gold wert.

In den Alpentälern sind die Gerichte eher »einfach-kräftig-bodenständig« geprägt, lokale Küche und Regionalprodukte haben aber auch hier fast überall eine hohe Qualität. Natürlich müssen bei den Alpenvereinshütten Abstriche gemacht werden, aber für gewöhnlich sind Qualität und Umfang (meist drei Gänge) des Abendessens für eine Berghütte beachtlich. Zumindest bei der An- oder Abreise stellt ein mehrgängiges Abendessen in einem der Ausgangsorte einen wichtigen, unverzichtbaren Bestandteil einer Wanderung im Piemont dar.

Am Wochenende beginnt ein Essen im Lokal meist mit den »Antipasti«, das sind raffiniert angemachte kalte und warme Vorspeisen. Dann kommt der erste Hauptgang (»Primo piatto«), der aus Nudeln (Pasta), Reis (Riso), oder Gemüsesuppe (Minestrone) besteht. Darauf folgt der zweite Hauptgang (»Secondo piatto«), meist Fleischgerichte mit Beilage. Anschließend folgt die Nachspeise, bestehend aus Käse (Formaggio), Früchten (Frutta), Kuchen oder einer Süßspeise.

Zum Essen wird Brot, Wasser (Mineral- oder Leitungswasser) und Rotwein gereicht, wobei der Hauswein, meist ein »Dolcetto«, überall zu empfehlen ist. Nach einem solchen Abendessen kann das Frühstück dann etwas kleiner ausfallen, wie es dort auch üblich ist, so dass man am Morgen ohne allzu vollen Bauch loswandern kann. Ein solches Abendessen ist für uns der ideale Abschluss eines Wandertages (beziehungsweise einer Wandertour), und

Spiegelung auf der glatten Wasseroberfläche eines Karsees.

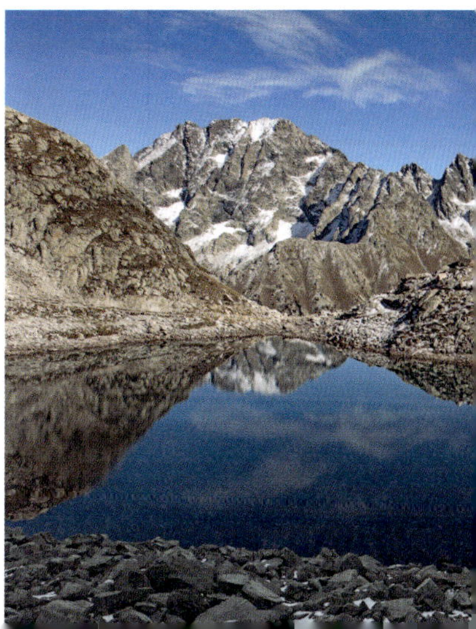

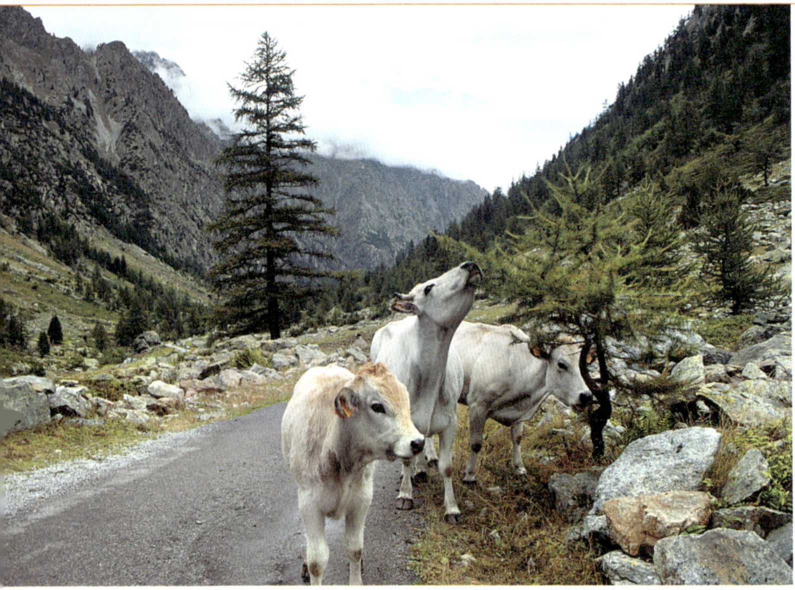

Die »Razza piemontese« ist die typische Rinderart in den Seealpen, hier auf dem Piano della Casa del Re (Etappe 4).

so lässt sich hier das alpine Landschaftserlebnis sehr gut und direkt mit dem Genuss der regionalen Küche verbinden.

Seit einigen Jahren ist man sich dieser Qualität bewusst und es gibt einige Initiativen, um die Gastronomie und die Regionalprodukte zu stärken und gezielt auszuweisen: So entstand in Piemont die internationale Slowfood-Bewegung (www.slowfood.de, s. dazu Carlo Petrini, *Slow food. Genießen mit Verstand*, Zürich 2003). Eine weitere Initiative geht vom italienischen Umweltministerium in Rom und von Slow Food Italia aus und wird von der großen Umweltorganisation Legambiente und vom Dachverband der italienischen Naturschutzgebiete Federparchi unterstützt, nämlich der »Atlas der typischen Regionalprodukte aus den italienischen Naturschutzgebieten«: *L'Atlante dei Prodotti Tipici dei Parchi Italiani*, der im Internet publiziert ist (www.atlanteparchi.it/home.html).

Es ist möglich, Regionalprodukte aus dem Tal direkt bei den Erzeugern oder in Geschäften einzukaufen, exemplarisch seien folgende Verkaufsstellen genannt:

- Im Caseificio Valle Gesso (Käserei) kann man verschiedene lokale Käsesorten, darunter auch Schaf- und Ziegenkäse, einkaufen. Die Käserei liegt direkt an der Hauptstraße zwischen Valdieri und Entracque (Borgata Tetti Rim 14, Entracque, Tel. 0171 978575, www.caseificiovallegesso.it).
- Der Caseificio Audisio ist hauptsächlich auf Frischkäse spezialisiert und liegt am Ortseingang von Entracque (Strada provinciale 1, Tel. 0171 978473).
- Andere Regionalprodukte wie beispiels-

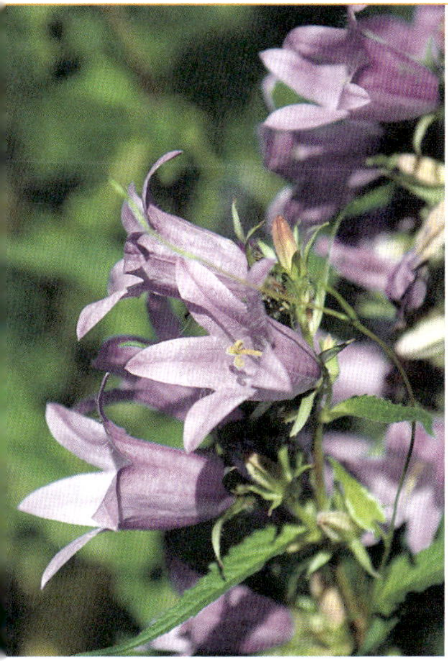

Stengelloser Enzian.

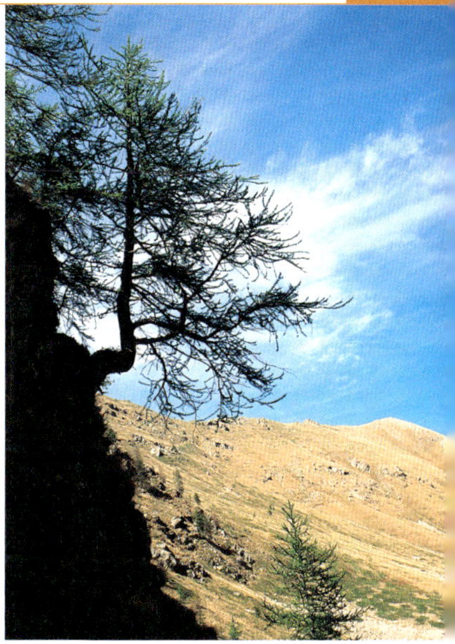

Lärchen sind neben den Arven die höchstgelegenen Bäume in den Alpen.

weise Berghonig, Salami und Alpenliköre sind im Laden/Restaurant I Bateur in Sant'Anna di Valdieri (S. 85) erhältlich.

Anreise

Die An- und Abreise mit öffentlichen Verkehrsmitteln gehört zu einem ökologisch verträglichen Tourismus dazu, denn so werden die Umweltbelastungen möglichst gering gehalten. Reist man mit einem Nachtzug, was gut machbar ist, dann ist diese Art des Reisens zudem fast gleich schnell wie mit dem Flugzeug und deutlich schneller als mit dem Pkw, denn gerade an den Sommerwochenenden kommt es auf den Autobahnen um die großen Städte herum oft zu Staus.

Seitdem im Jahr 2005 im Seealpenpark ein Shuttle-Service mit Bussen eingerichtet wurde (italienisch: Navetta), der die Orte des Seealpenparks (Entracque, Trinità, San Giacomo, Terme di Valdieri, S. Anna di Valdieri) während der Sommermonate miteinander verbindet und die Benutzung des eigenen Pkw vor Ort weitgehend überflüssig macht, wird einem die Entscheidung zugunsten einer Anreise mit der Eisenbahn sehr erleichtert.

Informationen unter: www.parcoalpimarittime.it/visit/info-pratiche/la-navetta-del-parco

Eisenbahn

- Simplon-Linie: Basel–Bern–Lötschberg–Brig–Simplon–Domodossola–Mailand–Turin
- Gotthard-Linie: Basel–Gotthard–Bellinzona–Lugano–Mailand–Turin.
- Brenner-Linie: München–Innsbruck–Brenner–Bozen–Verona–Mailand–Turin

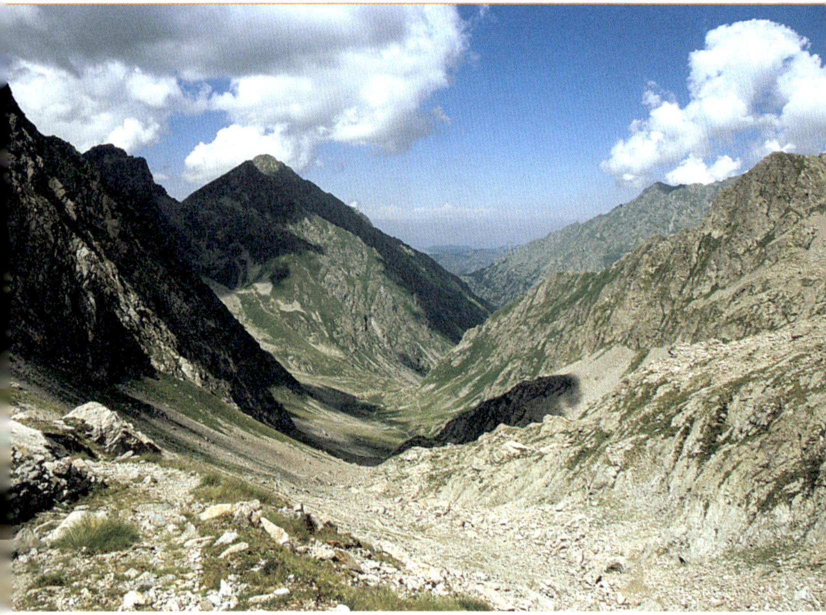

Blick hinunter in das vom Gletscher ausgehobelte Vallone di Finestra und die Hochebene Piano del Prajet (Etappe 8).

- Fréjus-Linie: Paris–Lyon–Bardonechia–Turin

Von Turin aus fährt eine Regionalbahn nach Cuneo: Turin–Savigliano–Fossano–Cuneo (Informationen beim Online-Reiseservice der Trenitalia: www.trenitalia.it).
Wer von der ligurischen Küste kommt, hat die Möglichkeit, mit der landschaftlich besonders attraktiven Tenda-Bahn nach Cuneo zu gelangen: Ventimiglia–Tenda–Cuneo (Information: Gare SNCF: www.voyages-sncf.com oder Trenitalia: www.trenitalia.com).
Vom Hauptbahnhof in Cuneo fahren mehrmals täglich Busse ins Gesso-Tal (Linie 77 der Gesellschaft Nuova Benese S.R.L., I-12100 Cuneo, Via F. Cavallotti 35, Tel. 0171 692929, www.benese.it).

Flugzeug

- Torino–Caselle: ca. 15 Kilometer nördlich von Turin
- Nice–Côte d'Azur: ca. 6 Kilometer westlich von Nizza

Die Zeitersparnis gegenüber dem Nachtzug ist nicht relevant. Von Nizza aus kann man mit der Küstenbahn Ventimiglia und dann mit der Tenda-Bahn Cuneo erreichen.

Pkw

Autobahn Turin–Savona, Ausfahrt Fossano. Auf der SS 231 erreicht man Cuneo, von dort auf der SS 20 nach Borgo San Dalmazzo. Borgo liegt am Taleingang der drei Täler, in denen sich die vier Gemeinden des Parks befinden. Von hier aus erreicht man:

- Valdieri und Entracque (Gesso-Tal): über die SP 22 (strada provinciale), die in Borgo

San Dalmazzo von der SS 20 ins Gesso-Tal abzweigt (nach Valdieri 9 Kilometer; nach Entracque 15 Kilometer)

- Von der ligurischen Küste oder der französischen Riviera führt der kürzeste Weg auf der N 204 hinauf durch das Roya-Tal, dann durch den Tenda-Tunnel und auf der SS 20 im Vermenagna-Tal hinab nach Borgo San Dalmazzo.

Wichtige Adressen, Telefonnummern und Websites

Zum Telefonieren nach beziehungsweise in Italien und Frankreich: Die Ländervorwahl für Italien ist »0039«. Von Deutschland und der Schweiz aus ist die »0« der anschließenden Ortsnetzkennzahl stets mit zu wählen, und auch in Italien muss man immer die komplette Nummer einschließlich Vorwahl wählen, selbst wenn man sich im gleichen Ortsnetz befindet. Handy-Nummern beginnen mit einer »3« und haben keine Null davor.

Die Ländervorwahl für Frankreich ist die »0033«. Dann ist die »0« der Ortsnetzkennzahl wegzulassen, und es folgt die »4«. Innerhalb Frankreichs ist die »0« vor der »4« stets mitzuwählen. Die Telefonnummern sind hier alle 10-stellig, und die Handy-Nummern beginnen immer mit »06«.

Für alle Not- und Unglücksfälle in Italien: Telefonnummer 118

Dies ist die Notfallzentrale des Nationalen Berg- und Höhlenrettungsdienstes in Italien (Corpo Nazionale Soccorso Alpino e Speleologico Italiano, E-Mail: segreteria@piemonte.cnsas.it, www.cnsas.it), die rund um die Uhr besetzt ist und über die auch die Hubschraubereinsätze organisiert

Das Fort de la Marguerie, 1842 m, am Tenda-Pass (vorn). Der Blick geht durch das sehr enge Roya-Tal in Richtung Mittelmeer. Im Hintergrund die Ligurischen Alpen mit der italienisch-französischen Grenze.

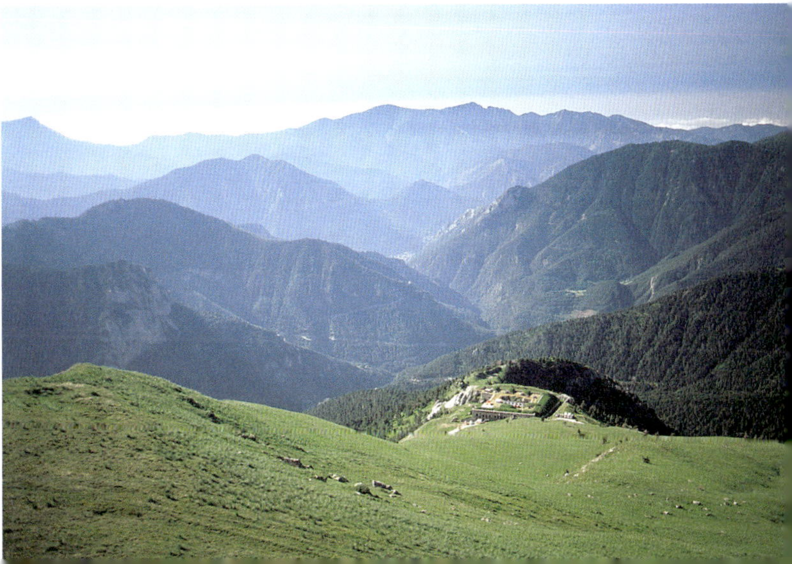

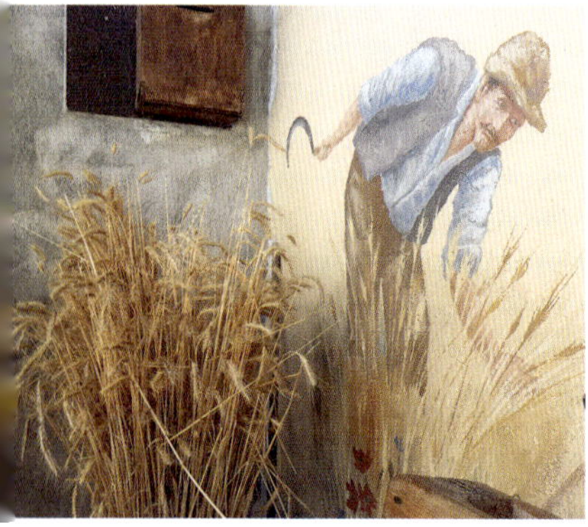

Murales in Sant'Anna di Valdieri.

werden. Bei einem Anruf ist es sehr wichtig, dass Sie den Unfallort genau angeben können, und zwar in der in Italien üblichen Form, also Provinz, Tal, Talort (Gemeinde, Frazione) und dann Weg von X nach Y in der Nähe von Z.

Immer wieder kommt es vor, dass bei Gruppen ein Mitglied irgendwo den Anschluss verpasst und an einer anderen Stelle als die übrige Gruppe das Tal erreicht, woraufhin die Gruppe dann die Bergwacht alarmiert. Bitte vereinbaren Sie für diesen Fall unbedingt untereinander Verhaltensregeln (sofortiger Anruf des »Vermissten« beim geplanten Etappenziel), damit die Bergwacht (Soccorso Alpino) nicht unnötig gerufen wird.

Für alle Not- und Unglücksfälle im Departement Alpes-Maritimes gilt die Telefonnummer 0497 222222. Vom Handy aus gilt auch die Telefonnummer 112.

Zum richtigen Verhalten bei einem Notruf in Frankreich gelten die gleichen Regeln wie eben bereits für Italien geschildert.

Es gibt eine Website, die einige Wanderführer des Rotpunktverlags begleitet, und auf dem Wanderweb findet sich auch eine Seite zu diesem Wanderführer: www.wanderweb.ch/seealpen.

Die Website ermöglicht es, Wanderbücher laufend auf den aktuellen Stand zu bringen, indem dort alle Neuigkeiten veröffentlicht werden, wie zum Beispiel Änderungen bei den Unterkünften oder Korrekturen bei den Wegbeschreibungen.

Gleichzeitig bietet die Website den Wandernden ein Forum, wo sie persönliche Erfahrungen von der Wanderung veröffentlichen können.

Alle Veränderungen, Korrekturen, Ergänzungen und Kommentare zu den einführenden Sachthemen, zur Konzeption dieses Wanderführers, zu den Unterkünften, Wegbeschreibungen und öffentlichen Verkehrsmitteln schicken Sie an: Michael Kleider, Nürnberger Straße 2, 91227 Leinburg, info@michael-kleider.de, www.michael-kleider.de.

Das Internet ermöglicht eine schnelle Aktualisierung der Angaben im Wanderführer, so dass man sich jetzt noch kurz vor Aufbruch informieren kann, ob es irgendwo relevante Änderungen gibt. Das erleichtert die Planung und erhöht die Freude an der Wanderung.

Kartenmaterial

Übersichtskarten

Institut Géographique National (IGN), Serie Top 100 (1:100 000), Blatt 165: »Nice-Menton«. Wegen der guten Geländedarstellung ist diese Karte empfehlenswert. Das im Führer behandelte Gebiet deckt sie zu großen Teilen (Etappen 3 Ende bis einschließlich Etappe 12) ab (www.ign.fr). Die Karte kann im Buchhandel für etwa 10 Euro erworben werden.

Fraternali, 1:50 000, Blatt 50-3: »Val Maira, Val Grana, Valle Stura, Valle Gesso«, GPS-kompatibel, wasser- und reißfestes Papier. Die Karte deckt einen Großteil des Naturparks der Seealpen, einen kleinen Teil des Nationalparks Mercantour (Etappen 1–8 Anfang, 12 Ende und 13) und die letzten Kilometer der Anreise von Norden, ab Cuneo, ab. Sie ergänzt die oben genannte Karte »Nice-Menton« im Norden und ist bei Michael Kleider (www.michael-kleider.de/shop) erhältlich.

Wanderkarten

Fraternali, Carta escursionistica, Blatt 15: »Valle Gesso/Parco Naturale delle Alpi Marittime«, 1:25 000, GPS-kompatibel, wasser- und reißfestes Papier. Die Karte deckt die Etappen 1–7, 8 (Anfang), 12 (Ende) und 13 des Seealpen-Wanderführers ab und ist bei Michael Kleider (www.michael-kleider.de/shop) erhältlich.

Institut Geographique National (IGN), »RANDONÉE ET PLEIN AIR«, cartes TOP 25, 1:25 000: Blatt 3741 OT, »Vallée de la Vésubie/Parc national du Mercantour«, GPS-kompatibel. Die Karte deckt die Etappen 8 (Ende), 9, 10 (Anfang) und 10a ab.

Institut Geographique National (IGN), »RANDONÉE ET PLEIN AIR«, cartes TOP 25, 1:25 000: Blatt 3841 OT, »Vallée de la Roya/Parc national du Mercantour«, GPS-kompatibel. Die Karte deckt die Etappen 10 (Ende), 11, 12 (Anfang), 10a und 11a ab.

Die sehr guten Wanderkarten der Serie TOP 25 sind für die Etappen auf französischem Gebiet die beste Wahl und die zwei genannten Kartenblätter decken das im Führer behandelte französische Gebiet vollständig ab. Die Karten können im Buchhandel für etwa 15 Euro bestellt werden.

Ein Steinbrunnen aus dem 18. Jahrhundert ziert den Rathausplatz von Valdieri.

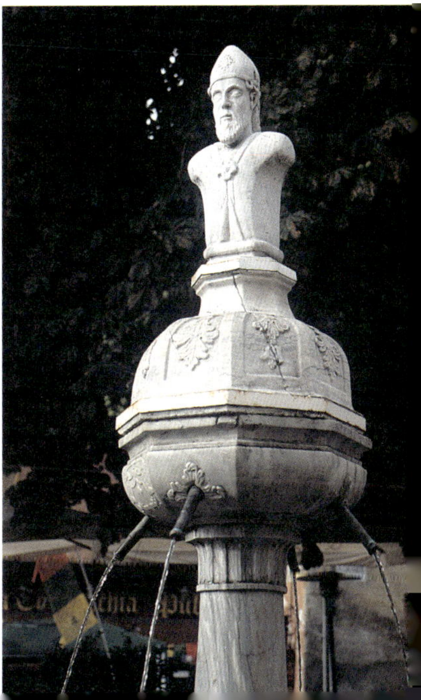

Literaturhinweise

Werner Bätzing, **Die Alpen. Geschichte und Zukunft einer europäischen Kulturlandschaft,** Verlag C.H. Beck, 4. aktualisierte Auflage, München 2015, 484 Seiten mit zahlreichen Fotos, Karten und Tabellen *(Breit ausgelegte und allgemein verständlich geschriebene Darstellung der Veränderung der Alpen mit Schwerpunkt auf den letzten 150 Jahren).*

Werner Bätzing, **Die Alpen. Das Verschwinden einer Kulturlandschaft,** wbg/theiss, 2. Auflage, Darmstadt 2021, 216 Seiten mit 228 Fotos *(Sehr anschauliche Einführung in die Entwicklung der Alpen und in die aktuellen Veränderungen der Landschaft anhand ausgewählter Farbfotos, darunter auch eine Reihe von Fotos aus den Seealpen).*

Werner Bätzing, **Die Grande Traversata delle Alpi / GTA – der große Weitwanderweg durch die Alpen des Piemont. Teil 2: Der Süden,** Rotpunktverlag, Zürich 2024, 9. aktualisierte Auflage, 293 Seiten *(Wanderführer für die GTA vom Susa-Tal / Cottische Alpen bis zum Mittelmeer mit zahlreichen Sachinformationen).*

Iris Kürschner, **Piemont Süd. Vom Monviso bis zu den Ligurischen Alpen.** Bergverlag Rother, 4. aktualisierte Auflage, München 2019 *(Der Wanderführer beschreibt Ein- und Mehrtagestouren in den Cottischen, See-, und Ligurischen Alpen).*

Der Blick von der Cima Lombarda (östlich des Lombarda-Passes) nach Osten, in die zentralen Seealpen, zeigt die typische Hochgebirgslandschaft des Argentera-Massivs. Der höchste Berg im Hintergrund (Mitte) ist der Monte Matto.

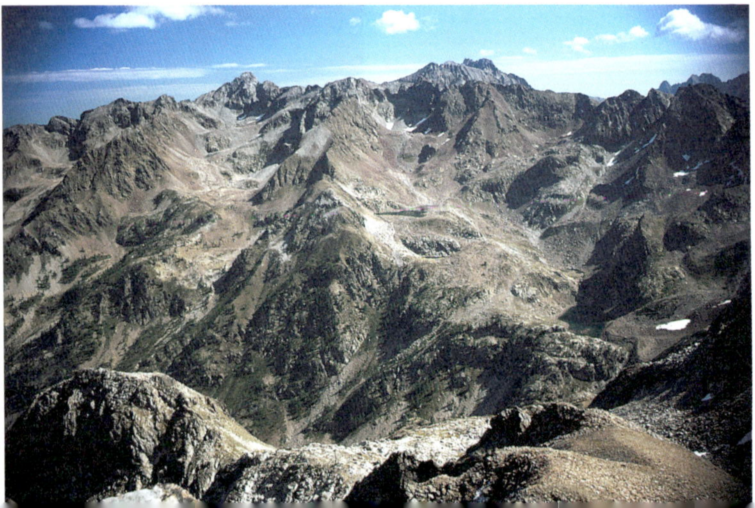

Marco Boglione, **Le Strade dei Cannoni. In pace sui percorsi di guerra,** Blu Edizioni, Peveragno 2003 *(Wanderführer mit Routenvorschlägen, die auf ehemaligen Militärsteigen und -straßen verlaufen).*

Luigi Botta / Franco Collidà, Cuneo, **La Provincia Granda,** Grandapress Edizioni, Cuneo 1997 *(Umfangreicher Band über die Provinz Cuneo mit den Themenbereichen Geografie, Geschichte, Kunst etc.).*

Michelangelo Bruno, **Valichi di Provenza (Tra Piemonte e Provenza),** Cavallermaggiore 2002 *(Geschichte der Pässe zwischen Piemont und Provence).*

Laura Conforti / Laura Marino, **le valli tra i parchi-Marguareis e Alpi Marittime,** Piú Eventi Edizioni, Cuneo 2018 *(umfangreicher Führer zu den Tälern Gesso, Vermenagna, Pesio und Bisalta).*

Victor de Cessole – il signore delle Marittime, Editrice Artistica Piemontese, Cuneo/Nice 2003 *(Ausstellungskatalog mit zahlreichen historischen Fotos).*

Marcel Coen / Maurice Moyal, **Transhumance – sur la route des alpages 1951,** hg. von Patrick Fabre / Guillaume Lebaudy, Images En Manoeuvres Editions, Marseille 2002 *(Der Bildband dokumentiert die traditionelle Transhumanz).*

FFRP (Fédération française de randonnée pédestre): **Grande Traversée des Alpes – Le Mercantour – Vallée des Merveilles (GR5/GR52/GR52A),** ISBN: 9782751412127.

Bruno Gallino / Nanni Villani, **Le più rare comunità vegetali delle Alpi Liguri e Marittime – Ventuno itinerari di scoperta,** Aree protette Alpi Marittime 2020 *(ein Führer für botanisch interessierte Wanderer zu schönen Ausflugszielen im Naturpark).* In den Besucherzentren und bei der Parkverwaltung erhältlich.

Carlo A. Mattio, **I più bei sentieri della Provincia di Cuneo. 68 escursioni in montagna,** Blu Edizioni, Turin 2009.

L. Mercallo / D. C. Berro, **Ultimi ghiacci. Clima e ghiacciai nelle Alpi Marittime,** Societá Metereologica Italiana, Moncalieri 2020 (*sehr ausführliche, genaue und im populärwissenschaftlichen Stil gehaltene Publikation über die Gletscher und das sich wandelnde Klima in den Seealpen mit all ihren Auswirkungen).*

R. Scholl, **Seealpen,** Rother Wanderführer, München 2019 *(beschreibt 49 Wandertouren in den französischen Seealpen, u. a. auch im Tal der Wunder).*

Diego Vaschetto, **Strade e Sentieri del Vallo Alpino. Mete storiche delle Alpi Occidentali,** Edizioni del Capricorno, Turin 2003 *(Der Wanderführer beschreibt Routen auf eindrucksvollen Militärwegen und enthält viele Informationen zur Militärgeschichte).*

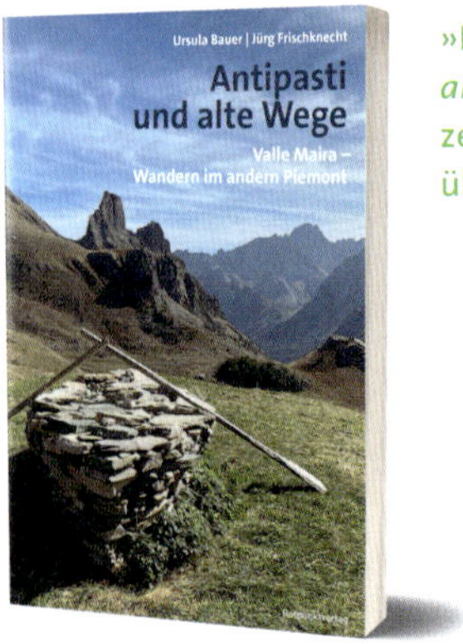

»Kein Zweifel: Inhaltlich setzt *Antipasti und alte Wege* Maßstäbe. Es gibt kein überzeugenderes Konzept für Wanderbücher über eine unbekannte Region.«

Die Alpen

»Werner Bätzing verbindet die Sachkenntnis des Wissenschaftlers mit dem Engagement des passionierten Wanderers und einer liebevollen Zuwendung zur Region.«

Frankfurter Allgemeine Zeitung

25 Jahre Antipasti und alte Wege

Das Valle Maira im Südwesten des Piemont – im vergangenen Jahrhundert dramatisch entvölkert – bietet heute sanften Tourismus pur. Initiative Leute, Dagebliebene und Zugewanderte, haben das fantastische alte Wegnetz des Tals an der Grenze zu den französischen Alpen zu neuem Leben erweckt. Hauptader ist der Mairaweg, auf dem sich das Tal in ein bis zwei Wochen umrunden lässt. Ursula Bauer und Jürg Frischknecht liefern alle Informationen zu den einzelnen Etappen des Mairawegs und seinen Varianten: Zweitageswanderungen in die Nachbartäler sowie Ausflüge zur Provinzhauptstadt Cuneo, zum Talort Dronero und nach Acceglio, dem Ausgangspunkt am Ende des Tals. Dazu wird zu jeder Etappe eine Geschichte serviert. Und Abend für Abend locken Klein-aber-fein-Adressen mit regionalen Antipasti und mehr.

Ursula Bauer, Jürg Frischknecht

Antipasti und alte Wege
Valle Maira – Wandern im anderen Piemont

Mit SW-Fotos und historischen Bildern, Routenskizzen und Serviceteil, 304 Seiten, Klappenbroschur
ISBN 978-3-03973-025-4

10., überarbeitete Auflage 2024

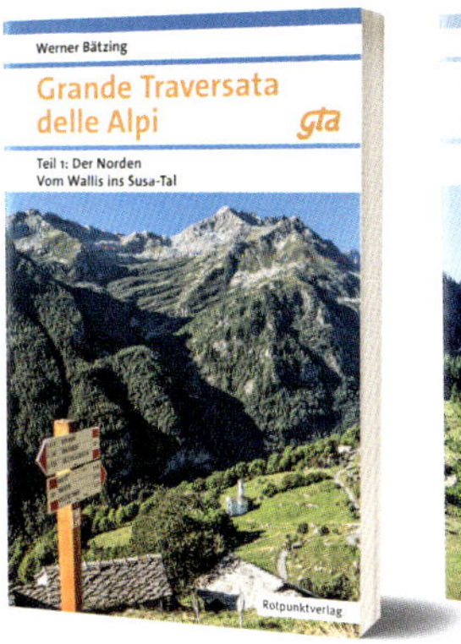

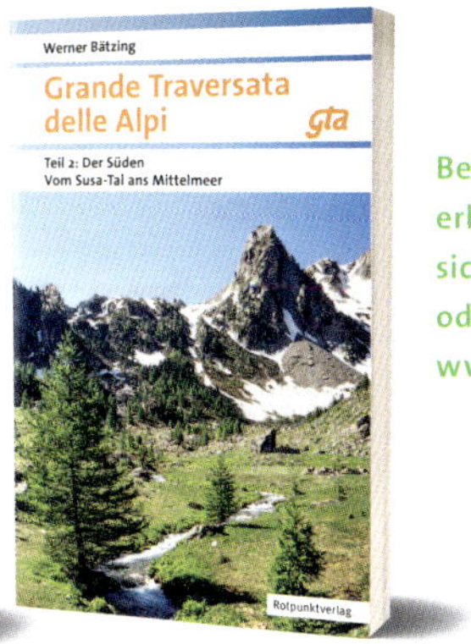

Beide Bücher auch im Paket erhältlich. Informieren Sie sich in Ihrer Buchhandlung oder unter www.rotpunktverlag.ch

Der große Weitwanderweg durch die Alpen des Piemont

Die Grande Traversata delle Alpi (GTA) ist eines der überzeugendsten Beispiele für einen umwelt- und sozialverträglichen Tourismus im gesamten Alpenraum, denn die Route meidet die touristischen Gebiete und verläuft stets auf alten Wegen. Übernachten kann man ausschließlich bei Einheimischen, und der Wanderer erlebt diese stark von Abwanderung geprägten Alpentäler aus der Perspektive der lokalen Bevölkerung.

Der erste Teil der Grande Traversata delle Alpi (GTA) führt von der Schweizer Grenze im Süden des Wallis durch die wilden Randgebiete des Nationalparks Gran Paradiso bis ins Susa-Tal westlich von Turin. Die Route verläuft auf 34 Tagesetappen stets auf alten Wegen. Übernachten kann man in sogenannten Posti tappa, die von Einheimischen geführt werden, und der Wanderer erlebt diese stark von Abwanderung geprägten Alpentäler aus der Perspektive der lokalen Bevölkerung.

Werner Bätzing

Grande Traversata delle Alpi
Teil 1: Der Norden. Vom Wallis ins Susa-Tal

Mit Serviceteil und Routenskizzen
224 Seiten, Klappenbroschur
ISBN 978-3-03973-027-8

9., aktualisierte Auflage 2024

Der zweite Teil der Grande Traversata delle Alpi führt vom Susa-Tal westlich von Turin bis ans Mittelmeer bei Ventimiglia. Die Route verläuft ebenfalls in 34 Tagesetappen mit zahlreichen Varianten durch die Cottischen, See- und Ligurischen Alpen. Die beiden Bände des Wanderklassikers wurden für diese 9. Auflage auf den neuesten Stand gebracht. Sie beschreiben den Wegverlauf und bieten alle Informationen, die GTA-Wandernde benötigen. Darüber hinaus vermitteln sie umfassendes Hintergrundwissen über die durchwanderten Regionen.

Werner Bätzing

Grande Traversata delle Alpi
Teil 2: Der Süden. Vom Susa-Tal ans Mittelmeer

Mit Serviceteil und Routenskizzen
296 Seiten, Klappenbroschur
ISBN 978-3-03973-028-5

9., aktualisierte Auflage 2024

Bildnachweis

Michael Kleider, Leinburg S. 15, 16, 19, 23, 24, 25, 27, 30, 37, 38, 39, 40 (oben, Mitte), 43, 47, 49, 52, 53, 56, 59, 60, 61, 62, 68, 70, 74, 77, 81, 82, 83, 85, 86, 87, 90, 93, 94, 95, 97, 98, 100, 101, 105, 109, 110, 111, 112, 113, 114, 115, 116, 118, 119, 120, 124, 125, 126, 127, 128, 130 (unten), 132, 133, 135, 139, 140, 141, 149, 150, 151, 152, 159, 160, 161, 163, 165, 166, 169, 170, 172, 173, 174, 176, 177, 178, 179, 180, 181, 182, 183, 184, 186, 187, 188, 189 (links), 190, 192, 193

Werner Bätzing, Bamberg S. 10, 14, 18, 20, 29, 42, 44, 45, 48, 50, 51, 62, 72, 73, 75, 76, 96, 99, 131, 134, 135, 136, 142, 143, 146, 153, 154, 155, 156, 168, 185, 189 (rechts), 191, 194

A. Kleider, Leinburg S. 89, 102

Archivio Aree Protette Alpi Marittime S. 21, 33, 41, 46, 65, 66, 67, 84, 103, 104, 117 (unten), 164, 167

Archivio Nanni Villani S. 2, 13, 23, 31, 37, 40 (unten), 55, 79, 106, 117 (oben), 129, 130 (oben), 145, 147, 162, 175, 187 (unten)

A. Rivelli, Archivio Aree Protette Alpi Marittime S. 64

Aus: J.-L. Bernard, Nostro modo. Testimonianze di Civittà provenzale alpina a Blins. Coumboscuro 1981, S. 85 S. 52 (unten)

Aus: N. Villani 2000, S. 118 S. 54

Aus: V. de Cessole 2003, S. 122 und S. 149
Für die Abdruckgenehmigung danken wir dem Parco Naturale delle Alpi Marittime S. 58

Collezione Antonio Aimar
Für die Abdruckgenehmigung danken wir dem Verlag Blu Edizioni und der Gemeinde Entracque S. 22

Collezione Silvio Bonino
Für die Abdruckgenehmigung danken wir dem Verlag Blu Edizioni und der Gemeinde Entracque S. 17, 71

J. C. Campana, Archivio Aree Protette Alpi Marittime S. 32

R. Kötter, Erlangen S. 35, 36

Naturpunkt-Fachbeirat
Daniel Anker, Thomas Heilmann,
François Meienberg, Lieni Roffler, Reto Solèr

Der Rotpunktverlag wird vom Bundesamt für Kultur mit einem Strukturbeitrag für die Jahre 2021–2024 unterstützt.

wanderweb.ch
Rotpunkt-Wanderbücher stets aktuell

Für Rückmeldungen, Korrekturen und Hinweise aller Art sind wir dankbar.
Bitte schicken Sie festgestellte Veränderungen an:
www.wanderweb.ch oder redaktion@wanderweb.ch.

www.rotpunktverlag.ch
www.wanderweb.ch

Umschlagbild Archivio Nanni Villani

Bild S. 2/3: Ein Wanderer auf dem Wegabschnitt zwischen den Seen Claus und Valscura inferiore. Links im Hintergrund ist die Testa di Tablasses mit der darunter liegenden Rinne zu sehen, auf der rechten Seite die Cresta Savoia und die Caire di Prefouns.

Bildbearbeitung: typopoint GbR, Ostfildern

Routenskizzen: Dipl. Geogr. Stephan Adler,
Institut für Geographie der Universität Erlangen-Nürnberg

Druck und Bindung: Print Best, Viljandi

ISBN 978-3-03973-026-1

Neuausgabe 2024